형이상학 에세이

형이상학 에세이

창조, 결정론, 무한, 인과성, 회의주의에 대하여

발행일	2026년 2월 10일 1판 1쇄
지은이	박제철
펴낸이	김일수
펴낸곳	파이돈
출판등록	제349-99-01330호
전자우편	phaidonbook@gmail.com
전 화	070-8983-7652
팩 스	0504-053-5433
ISBN	979-11-24348-00-0 (93110)

책값은 뒤표지에 있습니다.

형이상학 에세이

An Essay On Metaphysics

창조, 결정론, 무한, 인과성, 회의주의에 대하여

박제철 지음

파이돈

필자는 이 책의 제목을 '형이상학 에세이'로 정했다. 무엇보다 이 책이 형이상학이라는 학문 분과에서 다루어져 온 주제들, 즉 신의 창조, 결정론, 무한, 인과성, 외부세계 회의론 등을 중심으로 전개되기 때문에 제목에 '형이상학'이라는 단어를 넣었다. 다음으로 '에세이'라는 표현을 사용한 이유를 설명하고자 한다.

이 책은 필자가 그동안 발표해 온 여러 편의 논문을 토대로 구성되었다. 이 논문들은 정교하게 완성된 하나의 생각이 일시에 전개되어 만들어진 결과물이 아니라 오히려 암중모색의 과정에서 점진적으로 형성된 것이다. 각 논문을 준비하며 발표도 하고 학회지에 투고하는 과정에서 여러 선생님의 조언을 받았다. 그중 일부는 즉각 수용할 수 있는 것이었지만, 다른 일부는 필자의 의도가 충분히 전달되지 못한 데서 비롯된 오해가 아닌가 하는 의문이 생기기도 했다. 받아들인 조언은 곧바로 논문에 반영했지만, 오해라고 판단한 지점에 대해서는 그것을 해소하기 위한 또 다른 논문을 쓰지 않을 수 없었다. 이러한 반성의 과정이 새로운 연구를 낳는 계기가 되었다.

바로 이러한 이유에서 이 책의 제목에 '에세이'라는 단어를 넣었다.

'에세이'는 본래 무엇인가를 시도해본다는 의미를 지닌다. 이 책은 완결된 하나의 사상을 제시하기보다는 생각이 형성되고 수정되며 보완되어 온 과정을 담는 데 의미가 있다. 특히 2·3·4장은 "라이프니츠의 결정론"이라는 공통된 주제를 중심으로 쓰인 글들인데, 비판적 조언을 계기로 유사한 문제의식을 지닌 세 편의 논문이 작성되었다. 마찬가지로 8·9·10장 역시 반복된 비판과 오해를 해소하는 과정에서 서로 닮으면서도 다른 논의로 발전하게 되었다. 독자들은 이 장들을 읽으며 '왜 비슷한 이야기가 반복되는가'라는 의문을 가질 수도 있다. 이에 대해 필자는, 이 주제에 대해 누적되어 온 오해를 풀기 위해 오랜 시간 다양한 설명과 비유, 사고 실험을 동원할 수밖에 없었다고 답하고 싶다. 이러한 맥락을 염두에 둔다면, 반복처럼 보이는 논의의 이유를 충분히 짐작하고 이해할 수 있으리라 기대한다.

책의 구성과 내용을 간략히 소개하자면 다음과 같다. 이 책은 1부 6장, 2부 4장으로 이루어져 있다. 1부는 라이프니츠의 형이상학에 초점을 맞추고 있으며, 2부는 흄, 칸트, 퍼트넘의 형이상학을 다룬다. 각 장에서는 창조, 결정론, 신의 사유, 무한, 인과성, 외부세계 회의론과 같은 형이상학적 주제들을 논의한다.

1부는 라이프니츠의 신의 창조 이해를 중심으로 전개된다. 인간의 자유와 세계의 필연성 사이의 긴장은 근대 형이상학을 관통하는 핵심 문제 가운데 하나이다. 라이프니츠는 스피노자의 강력한 결정론을 비판하면서도 신의 전지성과 세계의 합리성을 끝까지 유지하고자 한 철학자였다. 이러한 이유로 그는 자유와 필연성의 조화를 가장 정교하게 시도한 사상가로 평가되어 왔다. 그러나 이러한 평가는 동시에 하나의 질문을 남긴다. 라이프니츠는 과연 결정론—인간의 운명은 이미 결정되어 있는가, 그리고 신은 이 세계만을 창조할 수밖에 없었는가—을 피하는 데 성공했는가? 1부는 바로 이 질문에 대해 단계적이고 체계적인 답변을 제시하는 데 목적을 둔다.

1부의 출발점은 라이프니츠의 가능세계 이론과 공가능성 개념에 대한 재검토이다. 기존 연구는 공가능성을 주로 논리적 무모순성의 문제로 이해해 왔지만, 필자는 이러한 해석이 라이프니츠의 형이상학적 의도를 충분히 포착하지 못한다고 본다. 라이프니츠에게 가능세계는 단순한 논리적 가능성의 집합이 아니라, 신의 창조 행위를 규율하는 원리였다. 이를 드러내기 위해 필자는 '신의 생각의 논리'와 '신의 창조의 논리'를 구분하고, 공가능성을 세계 창조 이전에 신에게 부여되는 규칙으로 해석한다. 이를 통해 이후 논의를 위한 문제틀—가능성, 필연성, 그리고 창조—이 마련된다.

2장은 라이프니츠 철학의 결정론적 성격을 다룬다. 라이프니츠는 절대적 필연과 가설적 필연의 구분을 통해 유다가 죄를 짓는 것이 필연적이지 않다고 주장하지만, 필자는 이 구분이 완전 개체 개념 이론과 결합될 경우 결정론을 피할 수 없음을 논증한다. 핵심은 명제필연과 사물필연의 구분이다. 라이프니츠의 가설적 필연은 사물필연으로 해석되어야 하며, 이 경우 그는 초본질주의에 이르게 된다. 이는 자유와 우연을 보존하려는 그의 기획과 충돌한다.

이 결론은 3장에서 더욱 강화된다. 3장은 라이프니츠를 결정론으로부터 구제하려는 여러 주석가의 해석을 검토하고, 그 공통된 오류가 명제필연과 사물필연의 혼동에 있음을 밝힌다. 아르노와의 논쟁을 중심으로 이 장은 1686년 시기의 라이프니츠 형이상학이 어떻게 결정론에 개입하게 되었는지를 보여준다.

4장은 1부의 전환점을 이룬다. 이 장은 『변신론』(1710)에 나타난 라이프니츠의 논의를 중심으로 그가 핵심 전제를 유지한 채 결정론에서 벗어나는 방식을 해명한다. 필자는 이를 데이비드 루이스의 상대역 이론을 통해 재구성한다. 유다와 동일하지는 않지만 유사한 개체들—유다의 상대역들—을 도입함으로써 라이프니츠는 유다가 죄를 짓지 않았을 가능성을 확보한다.

5장은 신이 창조에 있어 자유로운가라는 문제를 다룬다. 라이프니츠에 따르면 신은 여러 가능세계를 생각할 수 있지만, 창조의 순간에는 가장 완전한 세계를 선택할 수밖에 없다. 이로 인해 세계의 창조는 자유로운 선택이라기보다 논리적 필연의 결과처럼 보이게 된다. 그 결과 유다는 죄를 지을 수밖에 없었고, 신 역시 이 세계를 창조할 수밖에 없었다는 결론에 이른다.

6장은 라이프니츠의 무한 개념을 비판적으로 검토한다. 그는 선이 유한한 수의 점들로 구성될 수 없음을 보이는 데에는 성공하지만, 무한한 수의 점들로도 구성될 수 없다는 주장에서는 귀류법을 오용한다. 라이프니츠는 칸토어적 부분 – 전체 관계와 유클리드적 부분 – 전체 공리를 혼동한다. 이 둘은 모순을 일으키지 않으며, 따라서 귀류법도 성립하지 않는다.

2부는 흄과 칸트의 인과 이론, 그리고 퍼트넘의 반회의주의 논증을 다룬다. 7장은 흄의 인과 이론을 옹호하며 인과성을 시간적 선후 조건으로 설정하는 칸트 이론의 한계를 드러낸다.

8·9·10장은 퍼트넘의 '통 속의 뇌' 논증을 비판적으로 검토한다. 퍼트넘의 논증은 외부세계 회의론을 논파하는 데 실패할 뿐 아니라

가능세계와 현실세계, 믿음체계의 구분을 무시하고, 나아가 회의론의 원래 구도를 왜곡한다. 그 결과 퍼트넘의 논증은 회의주의를 반박하기보다 오히려 논파하기 쉬운 대상만을 공격하는 허수아비 논증에 머문다.

이 책에서 다루는 형이상학적 문제들은 수많은 주석가의 논쟁 속에서 여전히 살아 있다. 이 책 역시 그러한 정당화의 시도 가운데 하나이다. 누가 옳고 누가 그른지의 문제는 아니다. 이러한 논의의 과정을 따라가는 것 자체가 형이상학적 주제에 대한 이해를 깊게 만든다고 필자는 믿는다. 이 책이 독자들에게 그러한 사유의 계기가 되기를 기대한다.

2026년 2월
박제철

차례

2부

흄, 칸트, 퍼트넘의 형이상학
– 인과성, 회의주의

1부

라이프니츠의 형이상학

– 창조, 결정론, 무한

라이프니츠가 바라본 창조:
공가능성 개념에 대한 물리적 해석

이 글에서 필자는 창조에 관한 라이프니츠의 사상, 특히 창조와 관련된 문제 가운데 하나인 공가능성compossibility의 문제를 주요하게 다루고자 한다. 공가능성이란 다음과 같은 질문에 대한 답이다. 즉, 임의의 두 개체가 함께 존재할 수 있는가? 그러니까 공가능성이란, 임의의 두 개체 사이에 존재하는 특정 관계를 말한다. 이제 이 문제는 다음과 같은 질문으로 직결된다. 아담은 이브 없이 존재할 수 있는가? 아담은 제우스와 함께 존재할 수 있는가?

이에 대한 하나의 해석으로 논리적 해석이 있다. 이 해석에 따르면, 아담은 이브 없이 존재할 수 없으며, 아담은 제우스와 함께 존재할 수 없다. 라이프니츠 사상에 대한 논리적 해석은 신의 전지성에 초점을 두고 있다. 신은 창조 이전 모든 가능한 개체들을 생각하며, 특정 가능한 개체들로 이루어진 하나의 세계(아담, 이브, 카인, 아벨 등으로 이루어진 세계), 또 다른 가능한 개체들로 이루어진 또 다른 세계(제우스, 헤라, 아프로디테, 아폴론 등으로 이루어진 세계), 등 수없이 많은 가능세계를 생각한 다음, 그중 하나를 골라 창조한다는 것이다.

이 해석은 나름의 장점으로 인해 오랫동안 선호되어 왔지만 다음과 같은 라이프니츠의 주장으로 결정적 문제가 있는 해석으로 판명되었다. 즉, 라이프니츠는 "신이 아담만 창조하는 것은 절대적으로 가능하다"라고 주장한다. 이러한 입장을 김준영은 '세계독립성 테제'로 읽으며, 이를 옹호한다. 필자는 이러한 세계독립성 테제가 라이프니츠의 입장을 전적으로 반영하지 않는다고 생각한다. 라이프니츠는 "신이 아담만 창조하는 것은 절대적으로 가능하지만, 가설적으로는 불가능하다"라고 주장하기 때문이다.

이 글에서 필자는 "가설적으로"라는 표현이 어떻게 이해되어야 하는지를 분석하고, 최종적으로 신이 이 세계를 어떻게 창조했는지에 대한 라이프니츠의 사상을 분석하고자 한다. 그럼으로써 필자는 공가능성에 대한 논리적 해석의 문제점을 제기하고, 공가능성에 대한 물리적 해석을 제시하고자 한다.

이 세계는 어떻게 창조되었을까?

이 물음에 대해서 과학 이전에 여러 철학적 대답들이 있었다. 라이프니츠도 이에 대한 자신만의 답을 제시한다. 라이프니츠의 주장을 살펴보기 전에 우선 스피노자의 생각을 알아보자. 세계의 창조와 관련한 스피노자의 입장을 필연주의라고 부른다. 필연주의란, 지금 창조된 세계와 다른 그 어떠한 세계의 창조도 불가능하다는 주장이다. 즉, 신이 이 세계를 창조하기 전에 신에게 주어진 선택지는 오직 하나, 바로 이 세계의 그림이라는 주장이다. 이러한 오직 하나의 그림, 오직 하나의 대본에 근거해 신은 이 세계를 창조한 것이다. 이 하나의 대본에는 가능한 모든 실체가 묘사되어 있다. 따라서 스피노자의 필연주의에 따르면, 가능한 모든 실체는 창조되는 것이다. 그러나 라이프니츠는 스피노자의 생각에 동의할 수 없었다. 스피노자의 생각은, 신을 마치 하나의 프로그램만 설치된 자동 기계 정도로 처리해 버리기 때문이다. 라이프니츠에 따르면, 이러한 생각은 불경한 것이며 신의 전지, 전능을 훼손한다. 신은 이런 방식으로도, 또는 다른 방식으로도 창조할 수 있었다는 것이다.

그래서 라이프니츠는 창조에 대해 스피노자와는 다른 그림을 그렸다. 라이프니츠에 따르면, 신은 창조 이전에 수없이 많은 그림과 대본을 가지고 있었으며, 그중 하나를 골라 창조한 것이다. 예를 들어 (라이프니츠가 기독교 신자라는 사실을 염두에 두고), 창조 이전에 신은 아담과 이브 세계라는 그림, 혹은 대본도 가지고 있었고, 제우스와 헤라 세계라는 그림, 혹은 대본도 가지고 있었다. 이 이외에도 여러 그림, 혹은 대본을 가지고 있었으며, 그중 아담과 이브 세계를 선택해 창조했다는 것이다. 창조에 대한 이러한 그림에서 신은 스피노자의 필연주의와는 달리, 자동 기계 정도로 처리되는 것이 아니라, 여러 선택지 중 하나를 선택하는, 특히 모든 선택지 중 가장 훌륭한 그림, 혹은 대본을 선택하는, 그러한 전지, 전능, 전선의 존재로 처리된다.

이 글에서는 창조와 관련한 이러한 라이프니츠의 그림 중 하나의 요소, 하나의 주제, 즉 공가능성이라는 문제를 살펴본다. 공가능성이란, 두 개의 개체가 함께 존재할 수 있음을 뜻한다. 우리 세계를 모델로 삼아 보자면, 아담, 이브, 카인, 아벨은 공가능한 개체들이다. 이러한 공가능 관계에 대비되는 것은 양립불가능성이다. 이 관계에 따르면, 두 개체, 예를 들면, 아담과 제우스는 양립불가능하다. 이제 물음은 다음과 같다. 라이프니츠는 공가능성과 양립불가능성을 어떻게 바라 봤을까? 어느 경우에 두 개체는 공가능하며 또한 양립불가능한가?

따라서 다음과 같은 질문이 제기된다. 아담은 이브 없이도 존재할 수 있을까? 혹은 아담은 제우스와 함께 존재할 수 있을까? 라이프니츠가 공가능성과 양립불가능성을 어떻게 바라봤는지에 대한 이러한 물음에 대해, 라이프니츠 해석가들은 다양한 주장을 내놓았다. 이제 이러한 해석적 주장들을 고찰하면서 공가능성과 양립불가능성에 대한 라이프니츠의 입장을 정리해 보자. 필자는, 기존의 유망한 해석 중 하나를 살펴보면서, 라이프니츠의 입장에 대한 새로운 해석을 제시하고자 한다. 이 해석에 따르면, 아담과 이브는 반드시 함께 창조되어야만 하며, 아담과 제우스는 절대 같이 창조될 수 없다. {아담, 이브, 카인, 아벨…}이라는 집합, 그리고 {제우스, 헤라, 아프로디테, 아폴론…}이라는 집합, 이 두 집합과 관련해, 하나의 집합에서의 원소는 절대 빠질 수 없고, 한 집합에서의 원소는 다른 집합의 원소로 절대 들어갈 수 없다. 공가능성에 대한 이러한 해석적 입장을 '논리적 해석'이라고 한다. 이제 이 해석에 대해 자세히 살펴보면서 논의를 이어가 보자.

논리적 해석

논리적 해석에 따르면, 두 개의 개체 a, b는 서로 모순을 일으키지 않으면 공가능하다. 이 경우 두 개체가 서로 모순을 일으킨다는 말은, "아담이 존재한다"라는 명제와 "제우스가 존재한다"라는 명제가 모순을 일으킨다는 말이다. 우리 세계를 모델로 삼아 말하자면, 아담과 이브는 서로 모순을 일으키지 않으며, 그런 한에서 공가능하지만, 아담과 제우스는 서로 모순을 일으키므로 양립불가능하다. 논리적 해석에 따르면, 서로 모순을 일으키지 않는 개체들은 공가능하며 같이 창조될 수 있지만, 서로 모순을 일으키는 개체들은 공가능하지 않아 같이 창조될 수 없다. 따라서 라이프니츠에게 있어 신이 아담을 창조한다면, 공가능한 이브도 반드시 같이 창조해야만 하며, 신이 아담을 창조한다면, 공가능하지 않은 제우스는 절대 같이 창조할 수 없는 것이다.

논리적 해석은 개체의 공가능성과 양립불가능성에 대한 라이프니츠의 사상을 잘 보여주는 것처럼 보인다. 적어도 라이프니츠의 사상에 대한 동시대 철학자들의 해석은 라이프니츠가 이 두 개념을 논리적 해석이 말해주는 대로 이해하고 있음을 보여준다. 즉, 신이 아담을 창조하고자 한다면, 아담(아담의 완전개체 개념)과 양립가능한 이브(이브의 완전개체 개념)도 반드시 창조해야만 하며, 카인, 아벨도 마찬가지로 반드시 창조해야만 한다. 그리고 만약 신이 아담을 창조하고자 한다면, 그와 모순을 일으키는 제우스는 절대로 창조할 수 없다. 다음과 같은 아르노, 그리고 데 보스의 이해가 그러하다. 먼저 아르노의 해석을 보도록 하자(이 편지는 라이프니츠가 40살일 때(1686년) 아르노로부터 받은 편지이다).

그[라이프니츠]가 13절에서 한 얘기만 예로 들어 보겠습니다. "각 사람의 개체 개념은 그에게 일어날 모든 일을 포함하고 있다." 이것이 사실이라면 신은 자유롭게 아담을 창조했을 수도, 또 자유롭게 아담을 창조하지 않았을 수도 있습니다. 그러나 그가 아담을 창조하기로 마음먹었다고 가정하면, 다음과 같은 결론이 나옵니다. 즉, 인류에게 일어난 모든 일, 인류에게 일어날 모든 일은 운명 이상 가는 필연에 의해 일어났고, 또 일어나야 할 것이다. 아담의 개체 개념은 그가 얼마만큼의 자손을 가질 것인지를 포함하며, 또 그 자손들 각각의 개체 개념은 자신들이 앞으로 할 모든 일을 포함할 것이며, 또 그 자손의 자손들 모두를 자신들의 개념 안에 포함할 것이기 때문입니다. [1]

여기서 아르노는 라이프니츠의 주장을 논리적 해석이 이해하는 방식으로 해석하고 있다. 아담의 개체 개념은 그 자손들, 그 자손의 자손들 모두를 포함한다는 주장 말이다. 따라서 신이 아담을 창조하면, 신은 이브, 카인, 그리고 아벨도 같이 창조할 수밖에 없다. 다음은 데 보스의 해석이다(이것은 라이프니츠가 69살이던 때(1715년), 데 보스로부터 받은 편지를 라이프니츠가 받아 적은 것이다).

만약 모든 모나드가 자신의 지각을 자기 고유의 원천으로부터 얻어 낸다면, 다시 말해, 하나의 모나드로부터 다른 모나드에게로 그 어떤 물리적 영향도 없이 자신의 지각을 자기 고유의 원천으로부터 얻어낸다면, 거기에 더해서, 각 모나드의 지각들이 신이 창조한 나머지 모나드들과, 그리고 그것들의 지각들과 정확히 대응한다면, 그렇다면, 신은 지금 존재하는 모나드들 중 그 어떤 것도, 다른 나머지 모나드들을 창조하지 않고서는, 그것을 창조하지 못했을 것입니다. [2]

---

1   Le Roy, 88.
2   L, 611.

여기서 데 보스가 라이프니츠에게 제기하는 의문은 다음과 같다. 라이프니츠의 주장이 옳다면, 신이 아담을 창조하면, 이브, 카인, 아벨도 반드시 창조해야 하는 것 아니냐는 것. 공가능성과 양립불가능성에 대한 라이프니츠의 사상을 이렇게 이해하는 것은 논리적 해석의 입장과 일치한다. 예를 들어 아담, 이브, 카인, 아벨은 공가능한 개체들로서 신은 이 중 어느 하나를 창조하면서 다른 하나는 배제할 수 없다는 주장이다. 여기에 더해, 라이프니츠의 반스피노자주의를 적용하면, 신은 아담, 이브, 카인, 아벨을 창조하면서 동시에 제우스도 같이 창조할 수 없다. 제우스도 같이 창조할 수 있다면, 가능한 모든 개체를 함께 창조하는 것이 가능할 텐데, 그렇게 한다면, 스피노자처럼 모든 가능한 개체를 신이 창조한다는 주장으로 나가기 때문이다. 따라서 스피노자주의를 피하려면, 라이프니츠는 신이 아담과 제우스를 동시에 창조할 수 없다고 주장해야 한다. 이러한 방식으로 논리적 해석은 라이프니츠의 공가능성 개념과 양립불가능성 개념을 설명해 낸다. 논리적 해석은 라이프니츠의 철학에 대한 아르노와 데 보스의 독해법을 잘 정리하고 있는 것으로 보인다. 따라서 라이프니츠의 공가능성 관계에 대한 논리적 해석은 가장 유망한 해석으로 여겨져 왔다.

하지만 이러한 공가능성과 양립불가능성에 대한 논리적 해석은 라이프니츠의 언급을 통해 큰 문제점을 드러낸다. 위에서 인용한 데 보스의 주장(라이프니츠에 의해 재기술된)을 언급한 후 라이프니츠는 이에 대한 자신의 입장을 설명한다. 그런데 그러한 라이프니츠의 입장은 논리적 해석과는 달리, 신이 이브 없이 아담을 창조할 수 있다는 주장으로 나아간다. 라이프니츠는 다음과 같이 주장한다.

저의 답은 쉬우며, 이미 주어졌습니다. 신은 절대적으로^{absolutely} 그것을 할 수 있습니다. [3]

김준영은 이를 세계독립성이라는 테제로 정리하고 있다.

세계독립성^{World-Apart}: 어떠한 가능 실체 x에 대해서도 신이 다른 가능 실체들은 창조하지 않으면서 x만 창조하는 것이 가능하다. [4]

그러면서, 김준영은 다음과 같이 주장한다.

많은 연구자들이 이미 지적했듯이, 라이프니츠가 분명하게 존재론적 독립성을 받아들이고 있는 문헌적 증거가 존재한다. 드 보세^{Des Bosses}와의 서신에서 라이프니츠는 신이 오직 하나의 실체만 창조하는 것이 절대적으로 가능^{absolutely possible}하다고 말하고 있다. [5]

이러한 해석에 따르면, 라이프니츠의 철학적 입장에서 신은 이브, 카인, 아벨 없이 아담만 창조할 수 있다. 이것이 사실이라면, 논리적 해석은 큰 위기를 맞게 된다. 논리적 해석에 따르면, 신이 아담을 창조하면 그는 반드시 이브, 카인, 아벨도 창조해야만 하기 때문이다. 세계독립성 테제가 인정된다면, 논리적 해석은 문헌적으로 무너지게 된다. 라이프니츠는 신이 오직 아담만 창조하는 것이 절대적으로 가

---

3   L, 611.
4   김준영(2022), 138.
5   김준영(2022), 139.

능하다고 말하기 때문이다.

세계독립성 테제

세계독립성 테제는 논리적 해석이 라이프니츠의 일반적 주장과 일치하지 않음을 보여준다. 세계독립성 테제는 실제로 논리적 해석을 깨는 역할을 한다. 하지만 필자는 세계독립성 테제가 글자 그대로 이해될 수 없다고 생각한다. 김준영의 주장과 달리, 라이프니츠는 "신이 오직 하나의 실체만 창조하는 것이 절대적으로 가능하다"라고 말하는 데서 그치지 않기 때문이다. 실제로 라이프니츠는 "신은 절대적으로absolutely 그것[오직 하나의 실체만 창조하는 것]을 할 수 있습니다"라고 말하지 않는다. 라이프니츠는 "신은 절대적으로absolutely 그것[오직 하나의 실체만 창조하는 것]을 할 수 있습니다만"이라고 말한다. 즉 "신은 절대적으로absolutely 그것을 할 수 있습니다"라는 주장은 완결된 주장이 아니다. 뒷부분이 더 중요하다. 쉼표 뒤에 나온 문장을 망라해 라이프니츠의 주장을 완결시켜 보자[6]. 즉, "신은 아담만을 창조할 수 있을까?"라는 물음에 대한 라이프니츠의 대답을 완결시켜 보자. 라이프니츠는 다음과 같이 말한다.

---

6   메시나와 러더포드는 이점을 분명히 밝히고 있다. 이들은 "절대적으로"와 "가설적으로"의 차이에 대해 라이프니츠의 생각을 정확히 인용하고 있다(해석상의 문제는 뒤로하고). "To Des Bosses's objection that 'God cannot have created any of these monads which now exist without having constituted all the rest', Leibniz responds: 'He can do it absolutely; he cannot do it hypothetically, because he has decreed that all things should function most wisely and harmoniously' (GP II 496 / L 611)."(Messina/Rutherford(2009), 976.)

저의 답은 쉬우며, 이미 주어졌습니다. 신은 절대적으로^{absolutely} 그것을 할 수 있습니다만, 가설적으로는^{hypothetically} 그것을 할 수 없습니다.[7] 신은 모든 사물이 가장 현명하게, 그리고 조화롭게 작동하도록 명령하셨기 때문입니다.[8]

이제 관건은 "절대적으로"와 "가설적으로"라는 표현의 라이프니츠적 용법이다. 라이프니츠는 이 표현들을 어떻게 이해하고 있길래 "절대적으로"는 할 수 있지만(이브 없이 아담만 창조할 수 있지만), "가설적으로"는 할 수 없다고(아담을 창조하면 반드시 이브, 카인, 아벨도 창조해야 한다고) 주장하는가?

절대적 필연 vs. 가설적 필연

위에서 언급한 데 보스와의 서신은 1715년, 그러니까 그의 나이 69세에 작성된 것이다. 우리는 "절대적으로"와 "가설적으로"라는 표현을 그의 나이 40세에 쓴 『형이상학 서설^{Discours de Metaphysique}』에서도 찾아볼 수 있다. 라이프니츠는 다음과 같이 주장한다.

우리는 이렇게 말했었다. 개체적 실체의 개념은 그 개체에 일어날 모든 일을 담고 있다고. 이 개념을 고찰하면, 마치 원의 본성으로부

---

[7] 불어로는 다음과 같다. "Il l'a pu absolument, mais non hypothétiquement[⋯]"(Frémont, 240). 영어 번역문은 좀 더 직접적이다. 영어 번역문에서는 위의 번역처럼, 신이 "가설적으로는 그것을 할 수 없다"고 번역하고 있다: "He can do it absolutely; he cannot do it hypothetically[⋯]"(L, 611)

[8] L, 611.

터 그것의 모든 속성을 연역해 낼 수 있는 것처럼, 우리는 이 실체에 대해 참되게 언명할 수 있는 모든 것을 알 수 있다. 그러나 이렇게 볼 때, 우연적 진리와 필연적 진리의 차이가 파괴되는 것으로 보인다. 그리고 인간의 자유는 자리를 얻지 못하고, 절대적인 운명이 우리의 모든 행동뿐만 아니라 세계에서 일어나는 모든 사건을 지배할 것으로 보인다. 이에 대해 나는 이렇게 대답한다. 확실한certain 것과 필연적인 것을 구분해야 한다고. 신이 미래를 앞서 보기 때문에 미래적 우연은 확실하다고 하는 데에 모든 이는 동의한다. 그러나 그렇다고 해서 미래적 우연이 필연적이라고 인정할 수 없다. 정의 혹은 개념으로부터 어떤 결론이 틀림없이 도출될 수 있다면, 그 결론은 필연적이다. 그런데 한 사람에게 일어날 모든 일은 그 사람의 본성에 혹은 개념에 이미 잠재적으로 포함되어 있다고 우리는 생각한다. 이는 원의 정의 안에 원의 속성들이 들어 있는 것과 마찬가지이다. 이처럼 어려움은 지속된다. 이에 충분히 답하고자 나는 이렇게 말한다. 연관connexion 혹은 계기consecution에는 두 종류가 있다. 하나는 절대적으로 필연적이다. 이것의 반대는 모순을 함축하고, 이러한 연역은 영원한 진리들 중에 놓여 있다. 이것은 마치 기하학에서의 연역과 같다. 다른 것은 오직 가설적으로만$^{ex\ hypothesi}$ 필연적이다. 달리 말해 그것은 우연적으로만par accident 필연적이다. 반대가 모순을 함축하지 않으므로, 그것은 그 자체로 볼 때 우연적이다. [9]

여기서 라이프니츠는 두 가지 종류의 개념을 구분하고 있다. 하나

---

9 Le Roy, 47-48.

는 개체적 실체 개념으로서, 예를 들면 "아담"이라는 개념이다. 다른 하나는 일반 개념으로서, 예를 들면 "원"이라는 개념이다. 칸트에 따르면, 개체 개념이란 없다. 반면에 라이프니츠는 "원"이라는 일반 개념 말고도 "아담"과 같은 개체 개념이 있다고 주장한다. 이제 라이프니츠의 주장은 다음과 같다. "원"이라는 일반 개념을 분석하면, "원"이라는 개념이 가진 모든 성질을 알 수 있듯이, "아담"이라는 개체 개념을 분석하면, 아담에게 벌어질 모든 사건을 알 수 있다. 그래서 "아담"이라는 개체 개념을 분석하면, "에덴동산에서 쫓겨남"이라는 개념을 얻어낼 수 있다는 것이다. 이렇게 볼 때 라이프니츠에게 있어 모든 참인 명제는, 그 명제의 주어 개념이 일반 개념이든, 아니면 개체 개념이든 상관없이 모두 분석적으로 참인 명제가 된다. 그런데 모든 분석적으로 참인 명제는 필연적으로 참이다.[10] 따라서 "원"에 관한 분석적으로 참인 명제는 필연적으로도 참이며, 이와 마찬가지로 "아담"에 관한 분석적으로 참인 명제는 필연적으로 참인 명제가 되는 것이다. 여기서 문제가 발생한다. 라이프니츠의 말처럼, "그러나 이렇게 볼 때, 우연적 진리와 필연적 진리의 차이가 파괴되는 것으로 보인다. 그리고 인간의 자유는 자리를 얻지 못하고, 절대적인 운명이 우리의 모든 행동뿐만 아니라 세계에서 일어나는 모든 사건을 지배할 것으로 보인다." 예를 들어 아담은 필연적으로 죄를 짓게 되는 것이다. 이러한 문제점을 해결하기 위해 라이프니츠는 절대적 필연과

---

10 이것은 마치 "총각은 남자이다"라는 명제가 분석적으로 참이면서 필연적으로 참인 것과 같다. 위의 명제는 "결혼하지 않은 남자는 남자이다"라는 명제와 같기 때문이다. 위 명제의 주어 개념을 분석하면(총각=df. 결혼하지 않은 남자), 술어 개념이 나온다. 그래서 분석적으로 참이며, 위 명제의 부정, 즉 "총각은 남자가 아니다"는 모순적 명제이므로, 그래서 필연적으로 참인 것이다.

가설적 필연을 구분하고, "원"에 대한 참인 명제는 절대적으로 필연적이며, "아담"에 대한 참인 명제는 가설적으로만 필연적이라고 주장한다. 절대적으로 필연적인 명제는, 그 명제의 반대가 모순을 함축하는 명제이다. 이것은 마치 기하학에서의 연역과 같은데, 연역된 정리를 부정하면(반대), 모순이 발생하는 것이다. 반면에 "아담"에 대한 참인 명제는 가설적으로만 필연적인데, 반대가 모순을 함축하지 않으므로, 그것은 그 자체로 볼 때 우연적이다. 이렇게 주장한 후 라이프니츠는 다음과 같이 말한다.

> 그리고 이러한 연관은 신의 아주 순수한 관념, 혹은 단순한 오성에 근거하지 않고, 신의 자유로운 명령, 그리고 우주의 계기에 근거한다. 예를 들자. 시이저는 독재자가 될 것이며 공화국의 지배자가 될 것이며, 로마인들의 자유를 박탈할 것이기 때문에, 이러한 행위는 그의 개념 안에 포함되어 있다. [11]

여기서 우리의 관심사는 절대적 필연과 가설적 필연이 어떻게 구분되는가 하는 것이다. 라이프니츠는 "이러한 연관은 ["아담"이라는 개체 개념과 "에덴동산에서 쫓겨남"이라는 개념 사이의 연관은] 신의 아주 순수한 관념, 혹은 단순한 오성에 근거하지 않는다"라고 주장한다. 이렇게 주장하면서 라이프니츠가 의도한 것은 "원"이라는 일반 개념과 관련한 어떤 참인 명제에서 주어 개념과 술어 개념의 연관은 신의 아주 순수한 관념, 혹은 단순한 오성에 근거한다는 것이다. "원"과 관련된

---

11 Le Roy, 47–48.

참인 명제는 신의 순수한 관념, 혹은 단순한 오성에 근거함으로써, 신조차도 이러한 명제를 부정할 수 없다는 것이 라이프니츠의 주장이다. 즉, 유클리드 기하학의 모든 정리는 신조차도 부정할 수 없는 것이다. 반면에 "아담"이라는 개체 개념과 관련된 명제는 "신의 자유로운 명령, 그리고 우주의 계기에 근거한다." 절대적 필연과 가설적 필연의 구분이 정당한지의 문제와 독립적으로, 이러한 주장이 의미하는 바는 분명하다. 절대적으로 필연적인 명제는 신의 생각, 신의 오성과 관련이 있다. 신조차도 유클리드 기하학의 정리들을 부정할 수 없다. 한편 가설적으로 필연적인 명제들은 신의 자유로운 명령, 그리고 우주의 계기에 근거한다. 그렇다면, 가설적으로 필연적인 명제들은 신의 생각, 신의 오성과 관련이 있는 것이 아니라 신의 창조 행위와 관련이 있는 것이다. 절대적 필연과 가설적 필연에 대한 다음과 같은 벤슨 메이츠의 해석을 참조하는 것이 좋을 것 같다.

이 주제와 관련해서 라이프니츠는 또 다른 구분을 제시한다. 이것은 절대적 필연과 가설적 필연의 구분이다. 그는 "절대적"이라는 수식을 우리가 위에서 묘사한 종류의 필연성[유클리드 기하학의 모든 정리]에 붙인다. 반면에 명제 P는 "가설적으로 필연적"이라 불리는데, 그 명제가 절대적으로 필연적이 아닐 경우, 그리고 가설적 명제 '만약 이 세계가 존재한다면, 그렇다면 P가 절대적으로 필연적일 경우 그러하다. — 혹은 같은 말이겠지만, 만약 연언명제 '이 세계가 존재하고, 그리고 −P'는 절대적으로 불가능하다면[12]. 이러한 배경하에

---

12 "$(p \rightarrow q)$"는 다음과 같은 명제와 동치(같은 값)이다: "$-(p \ \& \ -q)$"

서 모든 우연적 사실은 가설적으로 필연적이다. [13]

메이츠에 따르면, 명제 P는 가설적으로 필연적이라 불리는데, 다음과 같은 가설적 명제, 즉 '만약 이 세계가 존재한다면, 그렇다면 P가 절대적으로 필연적일 경우 그러하다. 이렇게 보자면, "아담은 에덴동산에서 쫓겨난다"라는 명제는 가설적으로 필연적인데, 다음과 같은 명제가 절대적으로 필연적이기 때문이다: "이 세계가 존재한다면 아담은 에덴동산에서 쫓겨난다." "아담은 에덴동산에서 쫓겨난다"는 명제는 절대적으로 필연적이지 않지만, 다음과 같은 가설적 명제, 즉 "이 세계가 존재한다면 아담은 에덴동산에서 쫓겨난다"는 명제는 절대적으로 필연적인 것이다. 이렇게 볼 때, 절대적 필연과 가설적 필연의 구분은 그 의미가 분명해진다. 절대적 필연은 신의 생각, 신의 오성과 관련이 있고, 가설적 필연은 신의 창조, 이 세계의 존재와 관련이 있다.

라이프니츠는 신의 생각과 신의 창조를 구분한다. 신의 생각 속에서 그 자체로 가능했던 것들이, 신이 일단 세계를 창조하면 불가능해진다. 그렇다면, 절대적 필연과 가설적 필연의 구분은 다음과 같은 결론으로 귀착된다. 즉, 신의 생각의 논리와 신의 창조의 논리는 서로 다르다. 벤슨 메이츠의 다음과 같은 해석을 참조하도록 하자.

라이프니츠는 주로 논리적 필연과 물리적 필연을 구분하기 위한 방식으로서 절대적 양상modality과 가설적 양상의 구분에 관심을 갖는

---

13 Mates(1986), 46.

다. [14] 그는 다음과 같이 주장한다. 이전에는 가능했던, 혹은 그 자체로 가능했던 많은 것들이, 신이 일단 이 세계를 창조하고 나면, 불가능해진다. [15]

신은 절대적으로 필연적인 유클리드 기하학의 정리를 부정할 수 없다. 이러한 정리들의 부정은 "그 자체로" 불가능하다. 한편 신은 "아담은 에덴동산에서 쫓겨난다"라는 명제를 부정할 수 있다. 이 명제에 대한 부정은 "그 자체로는" 가능하다. 하지만 신이 세계를 창조하고 나면, "아담은 에덴동산에서 쫓겨난다"라는 명제에 대한 부정은 불가능하다. 신은 "아담은 에덴동산에서 쫓겨나지 않는다"라는 명제를 생각할 수 있다. 그러나 라이프니츠에 따르면, 신이 이 세계를 창조하면, "아담은 에덴동산에서 쫓겨나지 않는다"라는 명제는 불가능하다. 즉, 신의 창조를 전제하면, "아담은 에덴동산에서 쫓겨난다"라는 명제는 필연적으로 참이 된다. 이렇게 신의 생각 속에서는 "아담은 에덴동산에서 쫓겨나지 않는다"라는 명제는 가능한 명제이지만, 신의 창조가 전제된다면, 이러한 명제는 불가능한 명제가 된다. 신의 생각의 논리, 그리고 신의 창조의 논리, 이 둘은 완전히 다른 것이다.

데 보스와의 서신

다시 1715년으로 되돌아가 보자. 세계독립성 테제를 논할 때, 우리

---

14 라이프니츠는 다음과 같이 말한다. "현 세계는 물리적 혹은 가설적 의미에서 필연적이다. 절대적으로, 혹은 형이상학적으로가 아니라 말이다."(G, 303)
15 Mates(1986), 118.

는 데 보스와의 서신에 주목했다. 데 보스와의 서신에서 라이프니츠는 다음과 같은 상황을 고찰했다. 신은 이브 없이 아담만 창조할 수 있었을까? 이에 대해 라이프니츠는 다음과 같이 주장한다.

> 저의 답은 쉬우며, 이미 주어졌습니다. 신은 절대적으로absolutely 그것을 할 수 있습니다만, 가설적으로는hypothetically 그것을 할 수 없습니다. 신은 모든 사물이 가장 현명하게, 그리고 조화롭게 작동하도록 명령하셨기 때문입니다. [16]

앞에서 논한 절대적 필연과 가설적 필연의 구분을 염두에 두고 이 서신을 읽으면 우리는 다음과 같은 사실을 알게 된다. 신은 이브 없는 아담을 생각할 수 있다. 이브 없는 아담은 그 자체로 가능하다. 그러나 신이 이 세계를 창조한다면, 이브 없는 아담은 불가능하다. 신은 절대적으로absolutely 이브 없는 아담을 생각할 수 있다. 그러나 가설적으로는hypothetically, 즉 창조가 전제된다면, 이브 없는 아담을 창조할 수 없다. 이렇게 생각의 논리와 창조의 논리를 구분하면, 라이프니츠의 생각은 일관적으로 읽힌다. 신의 생각의 논리를 보자면, 신은 이브 없는 아담을 생각할 수 있다. 하지만, 신의 창조의 논리를 보자면, 이브 없는 아담은 불가능하다.

필자는 여기서 논리적 해석과 세계독립성 테제 각각의 장단점을 발견할 수 있다고 생각한다. 세계독립성 테제는 다음과 같은 점에 주목한다. 즉, 신은 이브 없는 아담을 생각할 수 있다는 것. 이는 논리

---

16 L, 611.

적 해석이 놓치고 있는 부분이다. 논리적 해석은 "아담"이라는 개체 개념에 "이브"라는 개체 개념이 포함되어 있다고 주장한다.[17] 이러한 주장에 따르면, 이브 없는 아담은 불가능하다. 그러나 세계독립성 테제가 주장하듯이, 라이프니츠는 이브 없는 아담이 절대적으로 가능한 것이라 주장한다. 즉 신의 생각 속에서는 이브 없는 아담이 가능한 것이다. 논리적 해석은 이 부분을 설명하지 못한다는 점에서 문제가 있다.

한편, 논리적 해석은 신이 이브 없는 아담을 창조할 수 없다는 점에 주목한다. 이는 세계독립성 테제가 놓치고 있는 부분이다. 세계독립성 해석은 "아담"이라는 개체 개념에 그 어떤 개체 개념도 포함되어 있지 않다고 주장한다. 이러한 주장에 따르면, 이브 없는 아담은 가능한 것이다. 그리고 라이프니츠는 이러한 상황이 신의 생각 속에서 절대적으로 가능하다고 주장한다. 그러나 논리적 해석이 주장하듯이, 라이프니츠는 이브 없는 아담은 가설적으로 불가능하다고 주장한다. 즉, 신의 창조가 전제되면, 이브 없는 아담은 불가능한 것이다. 세계독립성 테제는 이 부분을 설명하지 못한다는 점에서 문제가 있다.

이렇게 신의 생각의 논리, 그리고 신의 창조의 논리, 이 둘을 구분하면, 세계독립성 테제도 이해할 수 있고(신의 생각의 논리), 논리적 해석도 이해할 수 있다(신의 창조의 논리). 즉, 이 두 상반되어 보이는 해석은 일관적으로 이해될 수 있다.

---

17 혹은 적어도 "이브"라는 개체 개념을 대체할 수 있는 단항 개념들이 포함되어 있다고 주장한다.

물리적 해석 [18]: 생각의 논리와 창조의 논리

　필자는 라이프니츠에 있어 신의 생각의 논리와 창조의 논리, 이 둘은 서로 다르다고 생각한다. 라이프니츠는 이렇게 생각했다. 가능한 개체들의 모임, 즉 가능세계에 대해 신은 매우 자유로운 생각의 논리를 가지고 있다. 그에 따르면 신은 아담만으로 이루어진 세계를 생각할 수 있었고, 이브와 제우스로 이루어진 세계를 생각할 수도 있었다. 한편 신의 창조의 논리를 보면, 좀 더 강한 제약이 들어간다. 라이프니츠에 따르면, 신은 그의 지혜로움으로 인해, 아담, 이브, 카인, 아벨 등을 같이 창조하도록 되어 있다. 이렇게 신의 생각의 논리, 그리고 신의 창조의 논리, 이 둘을 구분하면, 이러한 구분을 통해 라이프니츠의 비일관적으로 보이는 주장들은 일관적으로 읽힌다. 필자는, 신의 생각의 논리, 그리고 신의 창조의 논리, 이 둘을 구분하고, 이러한 구분을 통해 공가능성과 양립불가능성을 읽어내고자 하는 해석을 "물리적 해석"이라고 부르며, 이를 옹호하고자 한다. 물리적 해석은 우선 신의 생각의 논리와 신의 창조의 논리를 구분하고, 신의 생각의 논리에 어떤 제약이 있는지, 그리고 신의 창조의 논리에 어떤 제약이 있는지를 분석한다. 그렇게 함으로써, 최종적으로 어떻게 우리 세계가 창조되었는지를 분석한다.

---

18 '물리적 해석'이라는 이름은 다음과 같은 벤슨 메이츠의 주장에서 빌려온 것이다. "라이프니츠는 주로 논리적 필연과 물리적 필연을 구분하기 위한 방식으로서 절대적 양상과 가설적 양상의 구분에 관심을 가진다."(Mates(1986), 118.)

이렇게 분석된 두 개의 서로 다른 논리의 구분, 즉 신의 생각의 논리와 신의 창조의 논리, 이 둘의 구분은 라이프니츠의 여러 비일관적으로 보이는 주장들, 예를 들어 논리적 해석이 제기하는 주장과 세계 독립성 테제가 제기하는 주장, 이렇게 서로 충돌하는 것처럼 보이는 주장들을 일관적으로 읽어내게 하는 장점이 있다. 이제 이 생각의 논리와 창조의 논리를 구분하고, 각각의 논리에 어떤 제약이 작동하고 있는지 살펴보자. 이 작업이 끝나면, 라이프니츠가 생각하는 우리 세계에 대한 창조 신화의 그림이 완성될 것이다.

김준영은 라이프니츠의 공가능성 관계가 비이행적이라고 주장하면서 다음과 같은 라이프니츠의 주장을 소개한다. 1679년에 작성된 것으로 추정되는 「테오필과 폴리도르 사이의 대화」라는 제목이 붙은 논문에서 라이프니츠는 다음과 같이 말한다.

동일한 정도의 좋음^{perfection}과 동일한 정도의 존재 권리를 가진 일곱 개의 가능 개체, ABCDEFG가 있다고 해보자. 또한 그들 사이에 다음과 같은 양립불가능성이 성립한다고 해보자: A와 B, B와 D, D와 G, G와 C, C와 F, F와 E. 그렇다면 이들 중 둘이 같이 존재할 수 있는 열다섯 가지 방식이 있을 수 있다: AC, AD, AE, AF, AG, BC, BE, BF, BG, CD, CE, DE, DF, EG, BG. 그리고 이들 중 셋이 함께 실현될 수 있는 방식은 다음과 같다: ACD, ACE, ADE, ADF, AEG, AFG, BCE, BEG, 그리고 BFG. 하지만 넷이 함께 존재할 수 있는 방식은 오직 하나뿐이다: ACDE. 이 방식은 모든 가능성 중에서 가장 많은 개체를 포함하는 것이기 때문에 선택될 것이다. 결과적으로 이 ACDE가 다른 것들을 제치고 존재하게 될 것이다. B, F, 그리고 G는 그들 중 하나를 택할 경우, 네 개의 가능 개체가 존재할 가능성을 배제하기 때문에 선택되지 않을 것이다. [19]

이 글에서 우리는 라이프니츠가 신의 생각의 논리, 그리고 창조의 논리, 이 둘을 어떤 방식으로 구분하는지를 알 수 있다. 특히 필자가 보기에 이 글에서는 라이프니츠의 창조의 논리가 자세히 설명되고 있다. 이제 이를 확인해 보자. 라이프니츠의 의도를 그대로 살려 다음과 같은 모델 하나를 만들어보자.

A=아담, B=제우스, C=이브, D=카인, E=아벨, F=헤라, G=시바.

라이프니츠에 따르면 이들 사이에는 다음과 같은 양립불가능성이 성립한다. [아담/제우스], [제우스/카인], [카인/시바], [시바/이브], [이브/헤라], [헤라/아벨]. 그렇다면 이들 중 둘이 같이 존재할 수 있는 열다섯 가지 방식이 있을 수 있다: [아담, 이브], [아담, 카인], [아담, 아벨], [아담, 헤라],

---

[아담, 시바], [제우스, 이브], [제우스, 아벨], [제우스, 헤라], [제우스, 시바], [이브, 카인], [이브, 아벨], [카인, 아벨], [카인, 헤라], [아벨, 시바], [제우스, 시바]. 그리고, 이들 중 셋이 함께 실현될 수 있는 방식은 다음과 같다: [아담, 이브, 카인], [아담, 이브, 아벨], [아담, 카인, 아벨], [아담, 카인, 헤라], [아담, 아벨, 시바], [아담, 헤라, 시바], [제우스, 이브, 아벨], [제우스, 아벨, 시바], 그리고 [제우스, 헤라, 시바]. 하지만 넷이 함께 존재할 수 있는 방식은 오직 하나뿐이다: [아담, 이브, 카인, 아벨]. 이 방식은 모든 가능성 중에서 가장 많은 개체를 포함하는 것이기 때문에 선택될 것이다. 결과적으로, 이 [아담, 이브, 카인, 아벨]이 다른 것들을 제치고 존재하게 될 것이다. 제우스, 헤라, 그리고 시바는 그들 중 하나를 택할 경우 네 개의 가능 개체가 존재할 가능성(가장 많은 개체를 포함하는 조합)을 배제하기 때문에 선택되지 않을 것이다.

신의 생각의 논리: 양립불가능성

이제 신의 생각의 논리 측면에서 이 주장을 분석해 보자. 신의 생각의 논리 측면에서 보자면, 아담과 제우스는 양립불가능하다.[20] 그러나 논리적 해석의 주장과는 달리, 이브와 제우스는 공가능하다. 신은 그 어떤 경우라도 아담과 제우스가 함께하는 세계를 생각할 수 없다. 그러나 신의 생각의 논리를 보면, 신은 이브와 제우스가 함께 하는 세계를 생각할 수 있다. 이것이 의미하는 바는 무엇인가? 신은 둥근 삼각형을 생각할 수도, 창조할 수 없다. "둥긂"이라는 개념에는

---

20 라이프니츠에 따르면 이들 사이에는 다음과 같은 양립불가능성이 성립한다. [아담/제우스].

"각이 없음"이라는 요소 개념이 있고, "삼각형"이라는 개념에는 "각이 있음"이라는 요소 개념이 있어, 이 두 개념은 모순을 일으키기 때문이다. 신은 모순을 현실화할 수 없다. 이것은 신의 생각에 있어 일종의 제약이 된다. 마찬가지로 신의 생각의 논리에 있어 양립불가능성은 일종의 제약으로 기능한다. 신은 이브와 제우스의 세계를 생각할 수 있지만, 아담과 제우스가 함께하는 세계는 생각할 수 없다. 이렇게 양립불가능성은 신의 생각의 논리에 있어, 모순과 마찬가지로 일종의 제약이 된다.

신의 생각의 논리에 있어서의 제약: 양립불가능성[21]

이러한 양립불가능성은 어떻게 설명되는가? 아담과 제우스 사이에는 왜 양립불가능성이라는 관계가 성립하는가? 둥근 삼각형의 불가능성은 모순으로 설명된다. 그런데 아담과 제우스의 양립불가능성은 어떻게 설명되는가? 라이프니츠는 양립불가능성에 대해 어떠한 설명도 하지 않는다. 즉 라이프니츠에게 있어 양립불가능성 개념은, 다른 설명을 필요로 하지 않는 기본적primitive 개념으로 설정되어 있다. 이에 대해 의문을 제기할 수도 있을 것 같다. 라이프니츠가 이 개념을 어떻게 설명하는지 소개하라는 식으로 말이다. 그러나 라이프니츠는 이 개념에 대해 설명할 수 없다고 주장한다.

---

21 그들 사이에 다음과 같은 양립불가능성이 성립한다고 해보자: A와 B, B와 D, D와 G, G와 C, C와 F, F와 E.(A, 2231.)

서로 다른 사물들의 양립불가능성이 언제 성립하는지, 혹은 어떻게 서로 다른 본질들이 충돌하는지에 대해서는 인간에게 아직 알려져 있지 않다. 순전히 긍정적인positive 개념들은 서로 간에 양립가능한 것으로 보이기 때문이다. (GP VII 194)[22]

이렇게 양립불가능성 개념은 라이프니츠에게 있어 기본적 개념으로 설정되어 있다. 그런데 이 개념이 라이프니츠 철학에서 하는 역할을 살펴보면, 왜 이 개념이 도입되었는지를 이해할 수 있다. 사물들 간에 양립불가능성 관계가 없다면, 즉 서로 배제하는 이러한 관계가 없다면, 모든 사물은 함께 가능할 것이다. 이것이 의미하는 바는 무엇인가? 바로 스피노자주의, 즉 모든 가능한 것들은 함께 창조된다는 그러한 주장이 된다. 스피노자주의를 피하고자 하는 라이프니츠의 입장에서는 이러한 양립불가능성이 반드시 필요하다.

이제 기본적 개념으로서 양립불가능성 개념이 도입되면, 이 개념을 통해 공가능성 개념이 정의될 수 있다. 두 개체가 공가능하다는 것은, 그 개체들이 양립불가능하지 않다는 것이다. 따라서 아담과 제우스는 양립불가능하지만, 이브와 제우스는 그렇지 않으므로, 이브와 제우스는 공가능하다. 신의 생각 속에서는 그러하다. 이러한 양립불가능성, 그리고 공가능성을 기반으로 창조가 이루어진다. 이제 창조에 있어서도 신의 생각의 논리에서와 마찬가지로 어떤 제약이 따른다. 이러한 창조의 논리에 있어서의 제약이 분석되면, 창조에 대한 라이프니츠의 그림이 완성된다. 이제 이를 살펴보자.

---

22 Messina/Rutherford(2009), 963.

신의 창조의 논리: 최대한 많은 수의 개체들

양립불가능성 개념을 도입해 공가능한 상황들의 조합을 생각한 후 신은 창조를 하는데, 이 경우 창조를 제약하는 장치가 하나 더 도입된다. 바로 최대한 많은 개체를 창조해야 한다는 것이다.

신의 창조의 논리에 있어서의 제약: 최대한 많은 수의 개체들[23]

신은 아담과 제우스로 이루어진 세계를 생각할 수 없지만(양립불가능성), 제우스와 이브로 이루어진 세계는 생각할 수 있다. 이 둘로 이루어진 세계는 절대적으로 가능하다. 반면에 최대한 많은 개체라는 제약이 주어지면, 제우스는 이브와 공존할 수 없다. 제우스가 이브와 공존하려면, [제우스, 이브, 아벨], 이 셋으로 이루어진 세계가 선택될 것이지만, 그로 인해서 네 개의 개체로 이루어진 세계, 즉 [아담, 이브, 카인, 아벨] 세계는 배제되기 때문이다. 최대한 많은 수의 개체로 이루어진 세계가 창조되어야 한다는 제약으로 인해, [제우스, 이브, 아벨]의 세계는 창조될 수 없다.

세계독립성 테제, 양립불가능성 테제, 최대한 많은 개체 테제, 이 셋을 합치면, 다음과 같은 결론을 얻을 수 있다. 우선 생각의 논리에 따르면, 아담만 있는 세계는 절대적으로 가능하다. 그리고 아담과 이브, 이 둘로 이루어진 세계도 절대적으로 가능하고 이브와 제우스,

---

23 "이 방식은 모든 가능성 중에서 가장 많은 개체들을 포함하는 것이기 때문에 선택될 것이다. 결과적으로 이 ACDE가 다른 것들을 제치고 존재하게 될 것이다."(A, 2232.)

이 둘로 이루어진 세계도 절대적으로 가능하다. 그러나 아담과 제우스, 이 둘로 이루어진 세계는 불가능하다. 신의 창조의 논리 말고도, 신의 생각의 논리에서조차도 그러하다.

이제 창조의 논리에 따르면, 아담만 창조되는 것은 가설적으로 불가능하다. 이브와 제우스, 이 둘로 이루어진 세계도 가설적으로 불가능하다. 아담과 이브, 이 둘로만 이루어진 세계도 가설적으로 불가능하다. 신의 창조를 전제로 하면, 즉 가설적으로는, 오직 위의 모델에서 아담, 이브, 카인, 아벨로 이루어진 세계만 창조될 수 있다. 이 넷으로 이루어진 세계가 그 개체의 수에 있어 최대이기 때문이다. 위의 모델이 확대되면, 그래서 노아와 그의 부인 등, 성경에 나오는 모든 인물이 포함되는 그러한 모델이 만들어지면, 그것은 인류의 역사와 동일한 그러한 모델이 될 것이다.

이제 필자의 물리적 해석에 따르면, 다음과 같은 라이프니츠의 여러 독트린은 잘 설명될 수 있다. 우선 세계독립성 테제이다. 신은 아담만 창조할 수 있을까? 절대적으로, 즉 생각의 논리 수준에서는 가능하다. 그러나 가설적으로, 즉 창조의 논리 수준에서는 불가능하다.

다음으로 반스피노자주의이다. 신은 아담과 제우스를 함께 창조할 수 있을까? 절대적으로도, 가설적으로도 불가능하다. 이 둘 사이에는 양립불가능성 관계가 놓여 있기 때문이다. 제우스는 그 자체로는 창조될 수 있지만, 아담과 함께 있는 것은, 신의 생각의 논리에 비추어봐도(절대적이라는 의미에서도) 불가능하다. 그렇다면, 그 자체로 가능하지만, 함께 존재하는 것은 불가능한 그러한 개체들이 있는 것이다. 모든 가능한 것들은 창조된다는 스피노자주의에 정면으로 반하는 입장인 것이다.

다음으로 필자의 물리적 해석은 김준영이 주장하는 공가능성의 비이행성[24], 그리고 논리적 해석가들의 입장, 즉 개체들 사이의 공가능성 관계는 이행적이라는 서로 대립되는 두 입장을, 신의 생각의 논리와 창조의 논리의 구분을 통해 일관적으로 읽어낼 수 있도록 해준다.

우선 어떤 관계가 이행적 특성을 가진다는 것을 설명해보자. 어떤 관계 R은 다음과 같은 경우 이행적이다: 개체 a, b, c에 대해, 그리고 관계 R에 대해, "(Rab & Rbc) → Rac"일 경우. 그래서 "…보다 크다"라는 관계는 다음의 의미에서 이행적이다. "(철수가 영희보다 크다 & 영희가 동수보다 크다) → 철수가 동수보다 크다." 한편, "…를 사랑한다"라는 관계는 다음의 의미에서 비이행적이다. "(철수가 영희를 사랑한다 & 영희가 동수를 사랑한다) → 철수가 동수를 사랑한다"는 거짓이다.

분명 신의 생각의 논리 수준에서 개체들 사이의 공가능성 관계는 비이행적이다. 라이프니츠의 주장에 따르면 아담과 이브는 공가능하다. 그리고 이브와 제우스도 공가능하다. 그러나 아담과 제우스는 공가능하지 않다. 따라서 공가능성 관계는 이행적이지 않다. 반면, 최대한 많은 개체수라는 제약(창조의 논리)이 적용되어 우리의 물리적 세계가 창조될 경우, 여기서의 개체들은 서로 간에 공존하게 되는데, 이들의 공존 관계는 이행적이게 된다. 양립불가능성이라는 제약, 최대한 많은 개체수라는 제약을 통해 아담이 선택되면, 이브, 카인, 아벨도 자동적으로 선택되는 것이다. 여기서 '자동적으로'라는 표현이

---

24 김준영은 공가능성이 비이행적임을 다음과 같이 설명한다. "뿐만 아니라, 위 구절은 라이프니츠가 공가능성을 비이행적(intransitive) 관계로 파악하고 있음을 보여준다. 예를 들어, 이 구절에서 A는 C와 공가능하고, C는 B와 공가능하다. 따라서, 만약 공가능성이 이행적 관계라면 A와 B도 공가능해야 한다. 그러나 라이프니츠는 명시적으로 A와 B는 공가능하지 않다고 밝히고 있다."(김준영 (2022), 152.)

바로 공존 관계가 논리적 의미에서 이행적이라는 것을 뜻한다.

크게 볼 때 필자의 물리적 해석은 논리적 해석의 입장을 조금 좁히는 역할을 한다. 논리적 해석은 신의 생각의 논리가 그대로 현실화된다고 생각한다. 신은 아담, 이브, 카인, 아벨 등으로 이루어진 세계를, 그리고 제우스, 헤라 등으로 이루어진 세계를 생각했고, 이 중 하나를 선택해 창조한 것이다. 신이 하나의 세계를 생각하면, 그 세계의 개체들은 서로 간에 공가능성 관계를 맺으며, 이러한 관계는 재귀적, 대칭적, 이행적 성격을 가진다. 그러나 신의 생각의 논리 수준에서 개체들 간의 공가능성 관계는 논리적 해석주의자들이 생각하는 것만큼 그렇게 엄격하지 않다. 신은 아담만 있는 가능세계를 절대적으로 생각할 수 있고, 이브와 제우스가 함께 있는 가능세계를 절대적으로 생각할 수 있다. 한편 신의 생각의 논리 수준에서의 제약, 즉 양립불가능성, 그리고 신의 창조의 논리 수준에서의 제약, 즉 최대한 많은 수의 개체, 이 두 제약을 통해 창조가 이루어지면, 그로부터 결과되는 세계 내의 모든 개체는 재귀적, 대칭적, 이행적 성격을 가지는 관계로 묶이게 된다. 이렇게 논리적 해석을 조금 좁혀 재해석하면, 그래서 신의 생각의 수준에서 공가능성 관계를 바라보지 않고 창조의 수준에서 공존의 관계를 주목해 바라보게 되면, 그 개체들 간의 공존의 관계는 논리적 해석이 말하는 바 그대로 재귀적, 대칭적, 이행적 성격을 띤다. 따라서 필자의 물리적 해석은 논리적 해석을 약간 좁히는 그러한 해석이 된다.

결론

　라이프니츠의 공가능성 개념에 대해 필자가 제시하는 물리적 해석은 신의 생각의 논리와 신의 창조의 논리를 구분한다. 이 둘을 구분하면, 서로 충돌하는 듯 보이는 라이프니츠의 주장들이 일관적으로 읽힌다. 아르노와 데 보스가 이해하고 있는 라이프니츠의 입장은 논리적 해석이 주장하는 것처럼 신이 아담을 창조하면 반드시 이브, 카인, 아벨도 창조해야 하며, 제우스는 반드시 배제되어야 한다는 것이다. 그러나 라이프니츠는 세계독립성에 대한 입장도 취하고 있다. 이에 따르면, 신이 아담만 창조하는 것이 절대적으로 가능하다는 것이다. 논리적 해석과 세계독립성 테제는 서로 충돌한다. 그러나 세계독립성 테제를 신의 생각의 논리 수준에서 이해하고, 논리적 해석을 신의 창조의 논리 수준에서 이해하면, 충돌하는 듯이 보이는 라이프니츠의 이 두 주장은 일관적으로 읽힌다.

　이렇게 이 두 논리를 구분하고 신의 생각의 수준에서의 제약, 즉 양립불가능성, 그리고 신의 창조의 수준에서의 제약, 즉 최대한 많은 수의 개체라는 제약을 적용하면, 창조에 대한 라이프니츠의 그림이 완성된다. 신은 아담, 이브, 카인, 아벨 등으로 이루어진 세계를 창조하도록 되어 있다. 하지만 신이 이러한 개체들로 이루어진 세계를 창조하도록 되어 있는 것은, 논리적인 문제가 아니라 신의 현명함에 기인하는 것이다[25]. 이렇게 물리적 해석은 충돌하는 것처럼 보이는 라

25　"왜냐하면 신은 모든 사물들로 하여금 가장 현명하게, 그리고 조화롭게 작동하도록 명령하셨기 때문입니다."(L, 611) 하지만 뒷 장에서("라이프니츠의 더 강한 결정론") 살펴보겠지만, 논리적 문제와 신의 현명함의 문제, 이 둘을 구별해 라이프니츠의 사상을 이해하고자 하는 시도는 결국 실

이프니츠의 여러 주장을 일관적으로 읽도록 해주는 역할, 그리고 생각의 논리에 있어서의 제약과 창조의 논리에 있어서의 제약을 드러냄으로써, 창조에 대한 라이프니츠의 그림을 정교하게 해주는 역할을 한다.

패한다. 신은 논리적으로 이 세계를 창조해야만 하는 것이다. 이 점은 뒤에서 자세히 분석될 것이다.

2

라이프니츠 철학의 결정론적 성격[26]

이 글에서는 라이프니츠의 철학의 결정론적인 성격을 다루고자 한다. 이 주제와 관련한 주된 출처는 라이프니츠와 아르노^{Arnauld} 사이에 벌어졌던 논쟁이다. 아르노는 라이프니츠가 결정론에 빠진다고 비판한다. 이 비판에 대해 라이프니츠는 아르노가 혼동을 하고 있다고 주장한다. 결정론을 둘러싼 이러한 논쟁 속에서 두 철학자는 점점 명제필연과 사물필연의 구분을 중심으로 대립하게 된다. 라이프니츠 스스로는 부정하지만, 사실 라이프니츠는 결정론에 빠진다. 그리고 라이프니츠가 결정론에 빠지게 되는 이유는 그가 "유다는 죄를 짓는다"라는 명제가 절대적 필연은 아니지만, 가설적 필연이기는 하다는 주장을 견지하기 때문이다. 이제 명제필연, 사물필연 등이 라이프니츠 철학 체계 내에서 어떻게 서로 연계되어 있는지, 그리고 이러한 주제에 대한 라이프니츠의 입장이 왜 결정론으로 향해 가는 계기가 되는지 살펴보도록 하자. 출발을 위해 우선 가능세계에 대한 라이프니츠의 입장부터 살펴보자.

---

26 박제철(2009), 81-107를 수정/보완한 것이다.

가능세계와 우연성

라이프니츠 철학이 오늘날 부활한 배경 중 하나는 바로 그의 가능세계에 관한 논의이다. 라이프니츠에 따르면, 창조된 현실세계 이외에도 수없이 많은 가능세계가 있었는데, 창조 이전에 신은 이러한 가능세계 모두를 검토했으며, 그중 가장 좋아 보이는 세계 하나를 선택해 창조했다. 그것이 바로 현실세계이다. 아르노에게 보내는 편지에서 라이프니츠는 다음과 같이 말한다.

> 무수히 많은 가능세계가 있는 것처럼, 각각의 세계에 고유한 무수히 많은 법칙이 있습니다. 그리고 각 세계 내의 각각의 가능한 개체들은 자신의 개념 속에 자기 세계의 법칙들을 포함하고 있습니다.[27]

여러 곳에서 라이프니츠는 이러한 가능세계에 대해 말하고 있다.

> 내가 설명했듯이 존재하는 사물들은 오직 존재하는 사물들로부터만 나올 수 있으므로, 영원한 진리들은 자신들의 존재를 절대적인 혹은 형이상학적으로 필연적인 주체 안에서 가져야 한다. 즉, 신 안에서 말이다. 신을 통해 이러한 가능한 것들은 실현된다. 신을 통하지 않는다면 단지 상상적일 뿐인 그러한 것들이 말이다.[28]

---

27 Le Roy, 107.
28 L, 488.

신의 오성 안에서, 모든 가능한 사물들은, 자신들의 완전성에 비례
해 존재함을 요구하므로, 이러한 요구의 결과는 분명, 가능한 것으
로서의 가장 완전한 현실세계인 것이다. [29]

여러 가능세계가 있다. 공가능한compossible 것들의 각 집합이 이
러한 가능세계들 각각을 이룬다. [30]

라이프니츠에 따르면 이러한 가능세계가 있어야 하는 이유는 우연
이라는 것이 설명되어야 하기 때문이다.

만약 우리가 순수한 가능성을 완전히 배제하고자 한다면, 우리는
우연을 파괴해 버리게 될 것입니다. 신이 실제로 창조한 것만이 가
능하다면, 신이 어떤 것을 창조하기로 결정했을 경우에, 신이 창조
한 그것은 필연적일 것이기 때문입니다. [31]

라이프니츠의 주장은 다음과 같은 것이다. 창조에 있어 신은 선택
의 자유가 있다. 그러한 자유로운 선택의 대상이 되는 것이 바로 무
수히 많은 가능세계들이다. 자유와 우연은 선택지가 있어야 가능한
것이다. 이러한 여러 가능세계 중 하나를 선택할 자유가 우연의 근거
이다. 만약 창조된 이 세계만이 가능했다면, 신에게는 선택의 자유가
없었을 것이고, 따라서 우연은 파괴되고 말 것이다. 다시 말해 모든

---

29 L, 639.
30 L, 662.
31 Le Roy, 111.

것은 필연적일 것이다. 이것이 가능세계에 관한 라이프니츠의 입장이다. 이제 이러한 라이프니츠적 가능세계에 관한 몇 가지를 살펴보도록 하자. 우선 가능세계와 현실세계가 라이프니츠에 있어 어떤 존재론적 위상을 갖는지부터 살펴보자.

가능세계와 현실세계의 존재론적 위상

라이프니츠에 따르면 창조 이전에 수없이 많은 가능세계가 있었고 (예를 들어, [아담, 이브, 카인, 아벨…]로 이루어진 세계, 혹은 [제우스, 헤라, 아프로디테, 아폴론…]으로 이루어진 세계 등), 신은 그중 하나([아담, 이브, 카인, 아벨…]로 이루어진 세계)를 선택해 창조했다. 그 창조된 세계가 바로 현실세계이다. 이러한 생각을 통해 보자면 현실세계도 창조 이전에는 무수히 많은 가능세계 중 하나인 것이다. 이러한 각각의 가능세계는 각각의 가능한 실체(제우스, 헤라, 아프로디테, 아폴론…)로 이루어져 있다. 그리고 라이프니츠에 따르면, 각각의 가능한 실체는 정신적/추상적 존재자이다. 라이프니츠는 다음과 같이 말한다.

순전히 가능하기만 한 실체들의 실재성에 관해서, 다시 말해, 신이 창조하지 않은 것들에 대해서 당신은 그것들이 공상일 뿐이라 믿는다고 말했습니다. 이에 전 반대하지 않습니다. 단, 제가 그렇게 믿듯이, 당신이 그것들을 다음과 같이만 이해한다면 말입니다. 즉, 그것들은 신의 정신 안에서 갖는 실재성만을 갖는다. 혹은, 그것들은 신의 능력 안에서 갖는 실재성만을 갖는다.[32]

각각의 가능세계를 이루는 각각의 가능한 실체는 신의 정신 안에서 갖는 실재성만을 갖는다. 다시 말해 이러한 가능한 실체들은 플라톤적 보편자처럼 이 세계와 다른 어떤 곳에 존재하는 그러한 실체들이 아니다. 이것들은 신의 정신적 속성일 뿐이다. 존재하는 것은 신, 그리고 오직 현실세계와 현실세계를 구성하는 실체들(아담, 이브, 카인, 아벨…)뿐이다. 가능세계와 가능세계의 거주자들에 관한 이러한 라이프니츠의 입장은 루이스의 가능세계론과 관련해 흥미로운 차이를 보여주고 있다. 루이스의 경우 각각의 가능세계 모두는 현실적/구체적인 실체들로 이루어진 실제적인 세계이다. 그에 따르면 '현실'이라는 단어는 상황지시어^{indexical}이다. 이 단어는 '나', '지금', '여기' 등과 마찬가지로 발화 상황과 관련해서만 지칭체가 결정되는 그러한 단어이다. 예를 들어 '나'라는 단어는 존재론적으로 특별한 무언가를 지칭하는 것이 아니라 발화자를 지칭한다. '여기'도 마찬가지로 발화자가 놓여 있는 장소를 지칭하며, '지금'도 발화자가 발화하는 시간을 지칭한다. 그래서 루이스에 따르면 '현실세계'라는 단어는 발화자가 속해 있는 세계를 지칭한다. 따라서 다른 가능세계의 거주자들도 우리와 똑같은 권리를 가지고 이 단어를 사용할 수 있다. 우리가 '현실세계'라는 단어를 발화하면, 이 단어는 우리의 세계를 지칭하지만, 다른 가능세계의 거주자가 이 단어를 발화하면, 이 단어는 그들 세계를 지칭하게 된다(제우스는 자신이 포함된 세계를 '현실세계'라고 부른다).

결국 루이스에 따르면 가능세계와 현실세계 사이에는, 그 존재론적 위상에 있어 아무런 차이가 없다. 이와 달리 라이프니츠는 현실

---

32 Le Roy, 120.

세계에 특별한 존재론적 지위를 부여한다. 다른 가능세계는 모두 정신적/추상적 실재물들로 이루어져 있다. 라이프니츠의 용어에 따르면, 다른 가능세계의 거주자들은 모두 완전 개체 개념들complete individual notions[33]이다. 이와 반대로 현실세계는 정신 독립적/구체적 실체들로 이루어져 있다. '현실세계'는 다른 가능세계를 지칭하는 단어가 될 수 없다. '현실세계'는 오직 신에 의해 창조된 이 세계만을 지칭한다.

가능세계에 대한 유명론적 환원

라이프니츠는 자신의 존재론 안에 오직 실체와 실체가 갖는 속성, 그리고 그 속성의 변화만을 허용한다. 존재하는 것은 오직 속성을 갖는 실체들뿐이다. 이것은 라이프니츠의 철학에 있어 근원적인 존재론적 원리이다.

단순 실체들, 그리고 그것들 안에서의 지각과 욕구, 이것들밖에는 존재하지 않는다. 물질과 운동은 실체도, 사물도 아니다. 이것들은 지각하는 자의 현상이기 때문이다. 이것들의 실재성은 지각하는 자와 (다른 시간에 있어서의) 그 자신 사이의 조화, 혹은 지각하는 자와 다른 지각하는 자 사이의 조화에 근거한다.[34]

---

[33] 예를 들면 페가수스나 벨러로폰 같은 존재자들이 이러한 완전 개체 개념들이다. 우선 이것들은 일종의 개념이다. 존재하지 않으며, 단지 신의 정신적 속성이라는 의미에서 그렇다. 또 이것들은 완전하며 개체적이다. 신이 이 세계를 창조하지 않고 대신 신화의 세계를 창조했다면, 창조된 페가수스나 벨러로폰 같은 것들은 완전한 개체로서 창조된다는 의미에서 그렇다. 다시 말해, 페가수스나 벨러로폰 등은 합리성, 동물, 등과 같은 일반 개념과는 달리 개체적인 특징을 갖는다.

여기서 라이프니츠는 자기 철학 내에서 허용될 수 있는 존재론적 기본 벽돌들을 제시하고 있다. 그에 따르면 이러한 존재론적 기본 벽돌들은 단순 실체와 그 실체가 가지는 속성, 즉 지각뿐이다. [35] 다른 모든 것들, 예를 들어 물질, 운동 같은 것들은 지각하는 자 안에서만 갖는 실재성, 즉 현상적 실재성(어쩌면 꿈일 수도 있는 그러한 실재성)만을 가진다. 이러한 것들은 라이프니츠 철학 내에서 존재론적인 기본 벽돌이 아니다. 따라서 이것들은 존재론적 기본 벽돌로, 즉 지각하는 실체들로 분석/환원되어야 하는 것들이다. 가능한 실체들도 마찬가지이다. 이것들은 정신적/추상적 실재물들로서 지각하는 실체들로 분석/환원되어야 한다. [36]

문제는 이러한 추상적 실재물들이 실체와 실체가 갖는 속성으로 분석/환원될 수 없는 것처럼 보인다는 것이다. 라이프니츠가 제시하는 설명에 따르면, 가능세계 개념은 창조된 세계라는 개념에 존재론적으로 선행한다. 그의 설명에 따르면 무수히 많은 가능세계가 먼저 있고, 신은 그중 하나를 선택해 창조한 것이다. 그렇다면 가능세계는 창조된 세계에 존재론적으로 선행하는 것 아닌가? 그래서 결국 가능세계들은 창조된 세계 내의 실체와 실체가 갖는 속성으로 분석/환원

---

34 L, 537.

35 데카르트의 사유 실체가 자신의 속성으로서 생각함을 갖는 것처럼, 라이프니츠의 단순 실체는 자신의 속성으로서 지각함을 갖는다.

36 "지금까지 나는 이러한 어려움들을 피할 다른 방도를 찾지 못했다. 오직 다음과 같은 방법만이 이러한 어려움을 피하게 해 준다. 즉 추상물은 실제적인 사물이 아니라 단지 생략해 말하는 방식*compendia loquendi*일 뿐이다. 따라서 내가 뜨거움이라는 이름을 사용할 때 나는 어떤 모호한 주체에 대해 말하는 것은 아니다. 그렇게 말할 때 나는 오히려 어떤 것이 뜨겁다는 것을 말할 뿐이다. 그리고 이러한 한에서 나는 유명론자이다. 적어도 잠정적으로는 말이다."(Grua(1948), 547)

되지 않는 기본적 실재물 아닌가? 예를 들어 페가수스는 아담, 이브, 카인, 아벨 등 창조된 세계 내의 실체와 그 실체들이 갖는 속성으로 어떻게 환원될 수 있겠는가? 만약 사정이 이렇다면, 라이프니츠의 유명론적 기획은, 즉 존재론적 기본 벽돌은 오직 실체(아담, 이브, 카인, 아벨 등)와 실체가 갖는 속성뿐이며, 다른 모든 추상적 실재물들(제우스, 아프로디테, 페가수스 등)은 이와 같은 존재론적 기본 벽돌로 분석/환원된다고 하는 철학적 입장은, 설명의 초기에서부터 흔들린다.

이에 대한 한 가지 설명이 메이츠[Benson Mates]에 의해 제기됐다.[37] 메이츠 설명의 핵심은 가능세계들을 현실세계로 환원하지 말고, 신의 정신적 속성으로 환원하자는 것이다. 라이프니츠 존재론 내에는 신[God]도 하나의 (특별한) 실체이므로, 이러한 환원은 라이프니츠의 기본적인 존재론적 원리와 충돌하지 않는다. 메이츠에 의하면, 각각의 가능세계를 이루고 있는 것들은 신의 정신 안에 있는 완전 개체 개념이다. 그런데 신의 정신 안에 있는 개념들은 신의 정신적 속성이다. 다시 말해, 완전 개체 개념들이라는 것은 어떤 조건이 주어졌을 때, 신이 이러저러하게 생각할 수 있는 그러한 신의 정신적 기능인 것이다. 따라서 가능세계들은 결국 하나의 특별한 실체, 즉 신의 정신적 기능으로, 혹은 신의 정신적 속성으로 환원된다. 이러한 주장은 다음과 같은 비유를 통해 잘 이해될 수 있다.

예를 들어 한 목수가 있다고 해보자. 목수는 이런저런 여러 가능한 집을 머리에 떠올리고 있었다. 수없이 많은 가능한 집들 중 목수는 하나의 집을 선택하고 그 집을 만들었다. 여기서 우리는 좀 더 환상

---

37 Mates(1986), 175–176 참조.

적인 방식으로 다음과 같이 말할 수 있다. 즉, 수없이 많은 가능한 집들이 존재한다고. 그러나 이 말의 의미는 사실 다음과 같은 것이다. 즉, 목수는 수없이 많은 집을 머리에 떠올렸다. 결국 가능한 집들이라는 것은 목수의 정신적인 속성, 혹은 목수의 생각하는 방식을 은유적으로 표현한 것일 뿐이다. 존재하는 것은 이러저러한 방식으로 생각하는 목수뿐이다. 가능한 집들은 결국 이러한 목수의 생각 방식으로 환원된다. 만약 이러한 해석이 라이프니츠 형이상학에 대한 올바른 해석이라면, 라이프니츠는 자신의 유명론적 기획을 훼손하지 않으면서도, 가능세계라는 개념틀을 잘 사용할 수 있다. 가능세계라는 개념이 나올 때마다 우리는 그것을 신의 정신적 속성으로 환원할 수 있다. 따라서 코페르니쿠스주의자들이 '해가 뜬다, 해가 진다'라는 말을 잘 사용할 수 있듯이 라이프니츠 역시 가능세계 개념을 잘 사용할 수 있다. 필요한 것은 단지 환원이 되는가의 문제일 뿐이다.

이제 라이프니츠적 가능세계와 관련한 중요한 논쟁 하나를 살펴보도록 하자. 가능세계 개념은 사물들의 여러 가능한 존재 방식을 도식화한 것이다. 사물들이 우연적으로 존재하는가, 아니면 필연적으로 존재하는가와 같은 여러 가능한 존재 방식 말이다. 이렇게 볼 때 가능세계 개념은 철학사적으로 볼 때 매우 중요한 하나의 철학적 입장, 즉 결정론과 긴밀한 연관이 있음을 알 수 있다. 결정론이란 사물들의 존재 방식에 관한 어떤 철학적 입장으로서, 이 입장에 따르면 한 개체에게 일어나는 모든 사건은 필연적이다. 우연을 설명하기 위해 가능세계라는 개념을 도입한 만큼 라이프니츠는 이러한 결정론에 개입하지 않을 것으로 보인다. 그런데 문제는, 그게 그렇지 않다는 것이다.

결정론: 아르노와의 논쟁

　가능세계에 관한 특정 입장은 결정론이라고 하는 철학적 입장과 긴밀히 연계되어 있다. 결정론이란, 한마디로 우연적 사건이란 존재하지 않는다고 하는 철학적 입장이다. 이러한 입장에 따르면, 유다는 필연적으로 죄를 짓는 것이다. 우연을 설명하기 위해 가능세계라는 개념을 도입한 만큼 라이프니츠는 결정론을 피할 수 있을 것으로 보인다. 예를 들어 유다는 우리 세계에서 죄를 짓지만, 다른 가능세계, 즉 다른 가능한 상황에서는 죄를 짓지 않는다. 바로 이러한 의미에서 유다가 죄를 짓는 것은 우연적인 일이다. 그리고 이것이 라이프니츠의 주장이다. 문제는, 아르노가 그렇지 않다며 라이프니츠를 비판한다는 것이다. 이제 결정론을 둘러싸고 벌어지는 이 두 철학자 사이의 논쟁을 간략히 살펴보자. 결론부터 말하자면, 라이프니츠는 결정론에 빠지게 된다.

　『형이상학 서설*Discours de Metaphysique*』 13절에서 라이프니츠는 다음과 같이 말한다.

> 각 사람의 개체 개념은 그에게 일어날 모든 일을 포함하고 있다. 따라서 우리는 각각의 사건이 왜 참인지, 그 이유에 대한 선험적 증명을 그 개념 안에서 본다. 혹은, 우리는 왜 다른 사건이 아닌 이 사건이 발생했는지에 대한 선험적 증명을 본다. 그러나 이러한 진리는 비록 확실하기는 하나 우연적일 뿐이다. [38]

38　Le Roy, 47.

아르노는 라이프니츠의 이러한 입장이 결정론에 빠지는 계기가 된다고 비판한다.

그가 13절에서 한 얘기만 예로 들어 보겠습니다. "각 사람의 개체 개념은 그에게 일어날 모든 일을 포함하고 있다." 이것이 사실이라면 신은 자유롭게 아담을 창조했을 수도, 또 자유롭게 아담을 창조하지 않았을 수도 있습니다. 그러나 그가 아담을 창조하기로 마음먹었다고 가정하면, 다음과 같은 결론이 나옵니다. 즉 인류에게 일어난 모든 일들, 인류에게 일어날 모든 일은 운명 이상 가는 필연에 의해 일어났었고, 또 일어나야 할 것이다. 아담의 개체 개념은 그가 얼마만큼의 자손을 가질 것인지를 포함하며, 또 그 자손들 각각의 개체 개념은 자신들이 앞으로 할 모든 일을 포함할 것이며, 또 그 자손의 자손들 모두를 자신들의 개념 안에 포함할 것이기 때문입니다.[39]

아르노 비판의 핵심은, 라이프니츠에게 있어 개체에 관한 모든 판단은 분석적이며 따라서 필연적이라는 것이다. 라이프니츠에 따르면, 만약 "유다는 죄를 짓는다"라는 명제가 참이라면, 그 참인 이유는 "유다"라고 하는 완전 개체 개념 안에 이미 "죄를 짓는다"라는 술어 개념이 포함되어 있기 때문이다. 따라서 이 명제가 참이라면 이것은 분석적으로 참이며, 또 그만큼 이 명제의 참임은 필연적이다. 마치 "총각은 남자다"라는 명제가 분석적이면서 필연적으로 참인 것처

---

39 Le Roy, 88.

럼 말이다.[40] 이것이 아르노의 비판이다.

우리는 라이프니츠의 입장을 다음과 같은 예로서 정식화할 수 있다. 만약 "유다는 죄를 짓는다"라는 명제가 참이라면, "유다는 죄를 짓지 않는다"라는 명제는 반드시 거짓이다. 따라서 만약 누군가가 죄를 짓지 않는다면, 그는 유다가 아니라 다른 누군가인 것이다. 이 말이 뜻하는 것은 결국 유다가 유다이려면 그는 필연적으로 죄를 지어야 한다는 것이다. 이것은 분명 결정론이다. 그리고 라이프니츠는 여러 곳에서 이와 유사한 주장을 한다.

왜 신은 당신이 가진 힘보다 더 센 힘을 자신에게 주지 않았느냐고 당신은 물을 수 있다. 이것이 당신의 반박일 것이다. 이에 대해 나는 다음과 같이 대답한다. 신이 그렇게 했다면, 당신은 존재하지 않았을 것이라고. 신이 그렇게 했다면, 신은 당신이 아니라 다른 어떤 이를 창조했을 것이기 때문이다.[41]

그러나 어떤 이는 다음과 같이 반박할 수 있을 것이다. 이 사람이 반드시 죄를 짓는다는 일이 어떻게 일어날 수 있는가? 답은 쉽다. 만약 죄를 짓지 않는다면, 그는 그 사람이 아닌 것이다.[42]

많은 가정적 조건문은 정합적이지 않다. 그래서 만약 유다가 예수

---

40 이 명제가 분석적이면서 필연적인 이유는, 주어 개념을 분석하면, 거기에서 술어 개념이 나오기 때문이다. "총각은 남자다"라는 명제는 다음과 같이 분석된다. "결혼하지 않은 남자는 남자다."
41 Grua(1948), 327.
42 Le Roy, 67.

를 부정하지 않았다면 어떻게 되었을까를 내가 묻는다면, 나는, 만약 유다가 유다가 아니라면 어떻게 되었을까를 묻는 것이다. 예수에 대한 부정은 유다의 완전 개념 내에 포함되어 있기 때문이다. [43]

이것이 한 개체에게 일어날 사건의 본성에 대한 라이프니츠의 견해다. 문제는 라이프니츠가 이러한 견해를 유지하면서도 자신은 결정론을 피할 수 있다고 주장한다는 것이다. 자신이 결정론에 빠진다고 비판하는 아르노에 대해 라이프니츠는, 아르노의 이 같은 비판은 절대적 필연과 가설적 필연을 혼동한 결과라고 반박한다.

위의 주장은 가설적 필연*necessitatem ex hypothesi*과 절대적 필연*necessité absolue*을 혼동한 것임이 분명합니다. [44]

이에 대해 아르노는 자신이 이 둘을 혼동한 것이 아니라고 주장한다.

내가 이렇게 말할 때, 전 제가 가설적 필연을 절대적 필연과 혼동했다고 생각지 않습니다. 왜냐하면, 이와는 반대로, 전 가설적 필연만을 말했기 때문입니다. 전 단지 다음과 같은 사실이 이상해 보이는 것뿐입니다. 즉, 신이 아담을 창조하기로 결심했다는 가정으로부터 모든 인간사 사건들이 가설적으로 필연적이라는 것 말입니다. 마치 신이 나를 창조하기로 결심했다는 가정으로부터 세상에 생각할 수

---

43 Grua(1948), 358.
44 Le Roy, 86.

있는 본성을 가진 것이 있다는 사실이 가설적으로 필연적이라는 것 같이 말입니다.[45]

여기서 핵심은 가설적 필연이라는 개념과 절대적 필연이라는 개념이다. 우선 라이프니츠가 이 둘을 어떤 방식으로 구분하고 있는지 살펴보자.『형이상학 서설』13절에서 라이프니츠는 절대적 필연과 가설적 필연을 구분하고, 우연 명제가 필연적이라면 그때의 필연은 절대적인 의미에서의 필연이 아니라 가설적 의미에서의 필연이라고 주장한다.

우리는 이렇게 말했었다. 개체적 실체의 개념은 그 개체에 일어날 모든 일을 담고 있다고. 이 개념을 고찰하면, 마치 원의 본성으로부터 그것의 모든 속성을 연역해 낼 수 있는 것처럼, 우리는 이 실체에 대해 참되게 언명할 수 있는 모든 것을 알 수 있다. 그러나 이렇게 볼 때, 우연적 진리와 필연적 진리의 차이가 파괴되는 것으로 보인다. 그리고 인간의 자유는 자리를 얻지 못하고, 절대적인 운명이 우리의 모든 행동뿐만 아니라 세계에서 일어나는 모든 사건을 지배할 것으로 보인다. 이에 대해 나는 이렇게 대답한다. 확실한[certain] 것

---

45 Le Roy, 95. 아르노의 주장에 대한 설명이 필요해 보인다. 여기서 아르노는 데카르트의 사상을 따르고 있다. 데카르트에 따르면, 나의 본질은 생각하는 것이다. 이러한 본질적 속성 말고 다른 우연적 속성이 있을 수 있다. 예를 들어 슬퍼하는 것. 내가 슬퍼하지 않더라도 나는 여전히 나이다. 그러나 생각을 하지 않는다면, 나는 내 본질을 잃어, 더 이상 내가 아닌 것이다. 나와 생각함이라는 속성은 뗄 수 없다. 나와 슬퍼함이라는 속성은 뗄 수 있다. 그러한 의미에서 슬퍼함이라는 속성은 우연적이고, 생각함이라는 속성은 나에게 본질적이다. 그런데 아르노가 볼 때 라이프니츠는 생각함이라는 속성 말고도 그 외의 모든 속성을 본질적이라고 주장한다는 것이다. 아르노는 이러한 생각이 결정론에 빠진다고 생각하며, 이것을 받아들일 수 없다고 주장하는 것이다.

과 필연적인 것을 구분해야 한다고. 신이 미래를 앞서 보기 때문에 미래적 우연은 확실하다고 하는 데에 모든 이는 동의한다. 그러나 그렇다고 해서 미래적 우연이 필연적이라고 인정할 수 없다. 정의 혹은 개념으로부터 어떤 결론이 틀림없이 도출될 수 있다면, 그 결론은 필연적이다. 그런데 한 사람에게 일어날 모든 일은 그 사람의 본성에 혹은 개념에 이미 잠재적으로 포함되어 있다고 우리는 생각한다. 이는 원의 정의 안에 원의 속성들이 들어 있는 것과 마찬가지이다. 이처럼 어려움은 지속된다. 이에 충분히 답하고자 나는 이렇게 말한다. 연관connexion 혹은 계기consecution에는 두 종류가 있다. 하나는 절대적으로 필연적이다. 이것의 반대는 모순을 함축하고, 이러한 연역은 영원한 진리들 중에 놓여 있다. 이것은 마치 기하학에서의 연역과 같다. 다른 것은 오직 가설적으로만ex hypothesi 필연적이다. 달리 말해 그것은 우연적으로만par accident 필연적이다. 반대가 모순을 함축하지 않으므로, 그것은 그 자체로 볼 때 우연적이다. 그리고 이러한 연관은 신의 아주 순수한 관념, 혹은 단순한 오성에 근거하지 않고, 신의 자유로운 명령, 그리고 우주의 계기에 근거한다. 예를 들자. 시이저는 독재자가 될 것이며 공화국의 지배자가 될 것이며, 로마인들의 자유를 박탈할 것이기 때문에, 이러한 행위는 그의 개념 안에 포함되어 있다. [46]

여기서 라이프니츠는, 예를 들어 시이저라는 개체와 관련한 필연을 말하고 있다. 시이저가 독재자가 된다는 것은 그 자체로 필연적인

---

[46] Le Roy, 47-48.

것은 아니다. 그러나 시이저가 독재자가 된다는 것은 확실하다. 신이 시이저를 창조하기로 결정했기(신의 자유로운 명령) 때문이다. 이러한 확실성을 라이프니츠는 가설적 필연이라고 부른다. 따라서 가설적 필연에 관한 라이프니츠의 주장은 다음과 같다. 개체 개념을 주어 개념으로 하는 어떤 명제에 대해, 예를 들어, 유다가 주어 개념인, 그래서 "유다는 죄를 짓는다"라는 명제에 대해, 그 명제는 그 자체로서는 필연적이지 않고 우연적이다. 그러나 신이 그 개체를 창조하기로 결정했다는(신의 자유로운 명령) 사실을 전제하면, 그 명제는 필연적이 된다. 이를 정식화하자.

가설적 필연: "유다는 죄를 짓는다"는 명제에 대해, 이 명제는 그 자체로 우연적이지만, 신이 유다를 창조한다는 것을 전제하면, 이 명제는 필연적이게 된다."[47]

이제 문제는 가설적 필연을 이렇게 이해할 경우 정말 라이프니츠가 결정론을 피할 수 있는가이다. 이 문제를 다루기 위해서는 다음과 같은 두 개의 개념, 즉 명제양상과 사물양상이라는 개념 구분부터 분명해져야 할 것으로 보인다. 그래서 이 개념들을 구분하는 것으로 논의를 시작하도록 하자.

---

[47] 여기서의 핵심은, 한 명제가 자신의 양상적 성격을 바꾼다는 것이다. 개체 개념을 주어 개념으로 하는 명제 "유다는 죄를 짓는다"라는 명제는 그 자체로는 우연적이지만("우연적으로, 유다는 죄를 짓는다"), 신이 그 개체를 창조한다는 사실을 전제하면, 자신의 양상적 성격을 바꾸어 필연적이게 된다(신이 유다를 창조 → 필연적으로 유다는 죄를 짓는다).

명제양상*de dicto* modality / 사물양상*de re* modality

철학자들은 가능/우연/필연이라는 양상 개념들이 작동하는 두 가지 서로 다른 방식에 대해 주목하고 이를 개념적으로 구분했다. 가능/우연/필연이라는 양상 개념들은 명제*dictum*를 꾸미거나*modify*, 아니면 사물*res*이 어떤 속성을 가진다는 사실을 꾸민다. 그래서 우리가 "1+1=2"는 필연적으로 참이라고 말할 때, 여기서 '필연적으로'라는 양상사는 "1+1=2"라는 명제를 통째로 꾸미는 것이다. 이때의 '필연적으로'라는 양상사를 명제필연이라고 부른다. 한편, 우리가 "유다는 필연적으로 죄를 짓는다"라고 말한다면(통상 이것은 거짓이다), 이 경우 '필연적으로'라는 양상사는 유다가 "죄지음"이라는 속성을 필연적으로 가진다는, 한 개체가 어떤 속성을 가지는 양상적 방식을 수식한다. 이때의 '필연적으로'라는 양상사를 사물필연이라고 부른다.

우선 명제양상과 관련해 여기서 기호 두 개를 도입하고자 한다. '□'와 '◇'이 그것이다. '□'는 "필연적으로"라고 읽는다. 그래서 우리는 "□(1+1=2)"라는 명제를, "필연적으로 (1+1=2)"라고 읽는다. 이 명제는 참이다. 마찬가지로 우리는 "□(유다는 죄를 짓는다)"라는 명제를 "필연적으로 유다는 죄를 짓는다"라고 읽는다. 그리고 이 명제는 거짓이다.

한편 우리는 '◇'를 "가능적으로/우연적으로"라고 읽는다. 그래서 우리는 "◇(유다는 죄를 짓는다)"라는 명제를 "유다가 죄를 짓는 것은 가능하다"라고 읽는다. 이것은 참이다. 마찬가지로 우리는 "◇(유다는 죄를 짓지 않는다)"라는 명제를 "유다가 죄를 짓지 않는 것은 가능하다"라고 읽고, 이것 역시 참이다. 이 사례들에서 작동하는 필연/가능/우연

등의 양상사들은 모두 명제양상과 관련한 것들이다.

명제양상에 대비되는 것이 사물양상이다. 사물양상은 어떤 사물이 어떤 속성을 가지는 양상적 방식을 표현한다. 사물이 가지는 양상적 방식이라는 것은 다음과 같은 질문에 대한 답을 말한다. 어떤 사물이 어떤 속성을 가지는데, 그 속성을 어떤 방식으로 가지는가? 가능적으로/우연적으로 가지는가? 아니면 필연적으로 가지는가?

사물이 가지는 이러한 양상적 특성을 나타내기 위해 다음의 두 가지 기호를 도입하고자 한다. 우선 사물 우연을 표현하는 기호 '◇사물'이다. 이 기호는 "어떤 사물이 어떤 속성을 가능적으로/우연적으로 가진다"라는 양상적 방식을 표현한다. 그래서 "유다가 가능적으로/우연적으로 죄를 짓는다"라는 사물 우연을 표현하기 위해 우리는 "◇사물(유다는 죄를 짓는다)"라고 적는다. 이 명제는 참이다. 반면에 유다는 "죄지음"이라는 속성을 가지지 않았을 수 있다. 따라서 다음과 같은 명제도 참이다. "◇사물(유다는 죄를 짓지 않는다)." 한편 우리의 상식에 따르면, 다음과 같은 명제는 거짓이다: "□사물(유다는 죄를 짓는다)." 우리의 상식에 따르면, 유다는 "죄지음"이라는 속성을 필연적으로 가지지 않는다. 만약 유다가 "죄지음"이라는 속성을 필연적으로 가진다면, 이것은 유다에게 너무나도 가혹한 형이상학적 형벌이 될 것이다. 마찬가지의 이유로 다음과 같은 명제도 거짓이다: "□사물(유다는 죄를 짓지 않는다)." 이 명제가 참이라면, 유다의 행복은 형이상학적으로 보장받게 된다. 이것도 우리의 상식에 반하는 주장이다.

아리스토텔레스의 본질주의

지금까지 명제양상과 사물양상의 구분에 대해 살펴보았다. 이제 사물양상, 즉 한 사물이 어떤 속성을 가지게 되는 양상성에 대한, 조금 특별한 이론을 살펴보자. 바로 아리스토텔레스의 본질주의essentialism가 그것이다. 이 이론을 살펴보면서 라이프니츠 철학의 결정론적 성격에 대한 우리의 논의를 진행시키도록 하자.

한 개체가 어떤 속성을 가진다는 (사물)양상적 사실에 대한 우리의 상식적 입장은, 한 개체가 그 어떠한 속성을 갖든, 그 속성을 가능적/우연적으로 가진다는 것이다. 유다는 죄를 지었지만(현실세계에서), 유다는 죄를 짓지 않았을 수도 있었다. 그래서 다음의 두 명제는 모두 참이다: "◇사물(유다는 죄를 짓는다)," 그리고 "◇사물(유다는 죄를 짓지 않는다)."

우리의 상식적 입장은, 다음과 같은 명제도 모두 참으로 간주한다: "◇사물(유다는 인간이다)," 그리고 "◇사물(유다는 인간이 아니다)." 그런데 아리스토텔레스는 이러한 우리의 상식적 입장에 반대한다. 아리스토텔레스에 따르면, 유다는 죄를 지을 수도 있고, 죄를 짓지 않을 수도 있지만, 유다는 인간이 아닐 수 없다. 유다는 본질적으로/필연적으로 인간이어야 한다. 아리스토텔레스에 따르면, 한 개체는 여러 가능적/우연적 속성들을 가지게 되지만, 그 개체가 속하는 종에는 본질적/필연적으로 속해야 한다. 그래서 유다는 본질적/필연적으로 "인간임"이라는 속성을 가져야 한다. 우리 집 강아지 해피도 본질적/필연적으로 "개임"이라는 속성을 가져야 한다. 만약 한 개체가 자신이 속하는 종을 잃게 되면, 그 개체는 더는 자신의 정체성을 유지하지 못하게 되며, 그 결과 다른 무엇이 되어 버린다. 그래서 유다가 자신의 정체성을 유지하려면, 유다는 본질적/필연적으로 인간이어야 하며, 해피가 자신의 정체성을 유지하려면, 해피는 본질적/필연적으로 개여야 한다. 그래서 아리스토텔레스주의에 따르면, 다음과 같은 명제는 참이다: "$\Box_{사물}$(유다는 인간이다)."

아리스토텔레스적 본질주의에 따르면, 한 개체가 가지는 속성은 두 종류로 나뉜다. 하나는 그 개체가 우연적/가능적으로 가지는 속성이고, 다른 하나는 그 개체가 본질적/필연적으로 가지는 속성이다. 이러한 생각은 우리의 상식에 반하는 것으로 보이지만, 아주 낯선 생각은 아니다. 예를 들어 데카르트에게 "나"의 본질은 "생각함"이다. 즉 데카르트에 따르면, 다음과 같은 양상 명제는 참이다: "$\Box_{사물}$(나는 생각한다)."

데카르트에 따르면, "생각함"은 나의 본질적/필연적 속성이다. 따라서 "나"로부터 "생각함"이라는 속성을 떼어낼 수 없다. "나"로부터 "생각함"이라는 속성이 떨어지면, "나"는 더는 "내"가 아니다. 물론 나로부터 "기쁨"이라는 우연적/가능적 속성은 떨어질 수 있다. 내가 "기쁨"이라는 속성을 가지지 않아도, 나는 나의 정체성을 유지하며, 여전히 나로서 존재할 수 있다. 이와 같은 의미에서 데카르트, 아리스토텔레스 이 둘 모두 본질주의자들이다. 이들은 속성들을 두 가지 종류로 구분한다. 하나는 우연적/가능적 속성들로서, 한 개체는 이러한 속성들을 가질 수도, 갖지 않을 수도 있다. 예를 들어 유다는 죄를 지을 수도, 죄를 짓지 않을 수도 있다. 또 다른 하나는 본질적/필연적 속성으로서, 아리스토텔레스에 따르면, 종이 바로 그러한 속성이고, 데카르트에 따르면, 유다의 경우 "생각함"이라는 속성이 그러하다.

아리스토텔레스, 데카르트, 이 둘 모두 다음의 명제를 참으로 간주한다: "◇사물(유다는 죄를 짓는다)." 그리고 다음의 명제는 거짓으로 간주한다: "□사물(유다는 죄를 짓는다)." 그리고 아리스토텔레스의 경우 다음의 명제는 참이다: "□사물(유다는 인간이다)." 마찬가지로 데카르트의 경우 다음의 명제는 참이다: "□사물(나는 생각한다)."

아리스토텔레스에게 있어 유다의 본질은 "인간임"이다. 따라서 유다로부터 "인간임"이라는 속성을 떼어낼 수 없다. 만약 유다로부터 "인간임"이라는 속성을 떼어내면, 유다는 자신의 정체성을 상실해, 다른 그 무엇이 된다. 이를 다음과 같이 표현하자: "□사물(유다는 인간이다)."

한편 아리스토텔레스주의에 따르면, 유다는 "죄를 지음"이라는 속성을 가지지 않을 수 있다. 그러한 의미에서 "죄를 지음"이라는 속성은 유다가 가능적/우연적으로 가지는 속성이다. 이를 다음과 같이 표현하자: "◇사물(유다는 죄를 짓는다)." 이제 이러한 구분을 바탕으로 라이프니츠가 어떤 방식으로 결정론에 빠지게 되는지를 살펴보도록 하자.

사물필연

위에서 본 것처럼, 라이프니츠는 필연을 두 종류로 나눈다. 하나는 절대적 필연이고, 다른 하나는 가설적 필연이다. 우선 절대적 필연은 기하학과 산술학의 정리와 같은, 그 자체로 필연적인 명제를 말한다.

하나는 절대적으로 필연적이다. 이것의 반대는 모순을 함축하고, 이러한 연역은 영원한 진리들 중에 놓여 있다. 이것은 마치 기하학

에서의 연역과 같다. [48]

"기하학에서의 연역," 그리고 "영원한 진리들"이라는 표현에서 알 수 있듯이, 라이프니츠가 절대적으로 필연적이라고 부르는 것들은 우리가 앞에서 보았던 명제필연과 일치한다. 예를 들어 앞에서 우리는 "1+1=2"라는 명제가 가지는 필연성을 명제필연이라고 불렀는데, 이것은 라이프니츠가 말하는 절대적 필연과 그 외연이 같다. 즉 절대적 필연/명제필연, 이 둘 모두, 기하학, 산술학의 정리들을 자신의 범위 내에 두고 있는 그러한 양상성에 대해 말하고 있다. 절대적으로 필연적인 것들과 명제필연적인 것들은 정확하게 겹친다. 이 둘, 즉 절대적 필연과 명제필연은 같은 것이다. 그래서 라이프니츠는 다음의 명제를 참으로 간주한다: "□(1+1=2)."

그런데 라이프니츠는 절대적 필연 말고도 다른 필연에 대해 말한다. 바로 가설적 필연이 그것이다.

다른 것은 오직 가설적으로만*ex hypothesi* 필연적이다. 달리 말해 그것은 우연적으로만*par accident* 필연적이다. 반대가 모순을 함축하지 않으므로, 그것은 그 자체로 볼 때 우연적이다. 그리고 이러한 연관은 신의 아주 순수한 관념, 혹은 단순한 오성에 근거하지 않고, 신의 자유로운 명령, 그리고 우주의 계기에 근거한다. 예를 들자. 시이저는 독재자가 될 것이며 공화국의 지배자가 될 것이며, 로마인들의 자유를 박탈할 것이기 때문에, 이러한 행위는 그의 개념 안에 포함

---

48 Le Roy, 47-48.

되어 있다.[49]

가설적으로만 필연적인 것의 사례로서 라이프니츠는 "시이저가 독재자가 될 것"이라는 사례를 든다. 이것은 절대적 필연과 대비되는 것으로서, 그 자체로 볼 때는 우연적이다. 라이프니츠는 절대적으로 필연적인 것과 가설적으로만 필연적인 것을 비교/구분한다. 그런 의미에서 가설적으로만 필연적인 것은 분명 다음과 같은 양상 명제와는 그 양상적 지위를 달리한다: "□(1+1=2)." 즉, 가설적으로만 필연적인 명제는 "1+1=2"라는 명제가 가지는 양상성, 즉 절대적 필연성, 혹은 명제필연성을 가지지 못한다. 그런데 그 자체로 볼 때는 우연적인 이러한 가설적 필연명제는, 라이프니츠의 용법으로 볼 때, 어쨌든 필연적이기는 하다. 그렇다면, 이러한 명제의 필연성은 어떤 양상성을 가지는가?

여기서 한가지 가설을 세워보자. [사물필연 가설]: 라이프니츠가 가설적으로 필연적이라고 주장하는 명제는, 우리가 앞에서 사물필연이라고 말했던 명제와 일치한다. 그래서 절대적 필연은 명제필연과 일치하고, 가설적 필연은 사물필연과 일치한다. 그래서 "1+1=2"는 명제필연적으로 참이며, "유다는 죄를 짓는다"는 사물필연적으로 참이다.

이러한 가설이 옳다면, 라이프니츠는 아리스토텔레스주의적 본질주의보다 한 걸음 더 나아가는 것이다. 유다는 "인간임"이라는 종을 본질적/필연적으로 가질 뿐만 아니라, "죄지음"이라는 속성도 본질적/필연적으로 가진다. 그래서 이러한 [사물필연 가설]에 따르면, 라이

프니츠는 다음의 두 명제 모두를 참으로 간주한다: "$\Box_{사물}$(유다는 인간이다)," 그리고 "$\Box_{사물}$(유다는 죄를 짓는다)."

이러한 가설은 아리스토텔레스주의적 본질주의보다 한 걸음 더 나아간 것이다. 아리스토텔레스에 따르면, 유다는 죄를 지을 수도, 죄를 짓지 않을 수도 있다. 즉 "죄지음"이라는 속성은 유다가 가질 수도, 가지지 않을 수도 있는 가능적/우연적 속성이다. 반면에 아리스토텔레스에 따르면, 유다는 본질적/필연적으로 "인간임"이라는 속성을 가져야 한다. 그래서 유다가 "인간임"이라는 속성을 잃게 되면, 그는 더는 자신의 정체성을 유지하지 못하고, 다른 그 무엇이 되는 것이다. 이러한 아리스토텔레스적 본질주의보다 한 걸음 더 나아가면, 다음과 같은 극단적 주장으로 치닫는다: 유다는 그가 가지는 모든 속성을 본질적/필연적으로 가진다. 그래서 유다는 그가 가지는 속성들 중 하나라도 잃는다면, 그는 더는 자신의 정체성을 유지하지 못하고, 다른 그 무엇이 되는 것이다.

우리의 이러한 [사물필연 가설]은 매우 극단적인 것으로 보인다. 이 가설이 말해주는 바는, 한 개체가 가지는 모든 속성은 그 개체에게 본질적/필연적인 것으로서, 그중 하나라도 잃는다면, 그 개체는 자신의 정체성을 잃게 되고, 다른 그 무언가가 된다는 것이다. 이러한 입장을 초본질주의ultra-essentialism라고 부른다. 개체가 가지는 모든 속성은 그 개체에게 본질적/필연적이라는 그러한 입장. 이러한 극단까지 치닫는 [사물필연 가설]이 정말 라이프니츠에 해당할까? 이제 이를 확인해 보자. 라이프니츠는 다음과 같이 주장한다.

많은 가정적 조건문은 정합적이지 않다. 그래서 만약 유다가 예수를 부정하지 않았다면 어떻게 되었을까를 내가 묻는다면, 나는, 만약 유다가 유다가 아니라면 어떻게 되었을까를 묻는 것이다. 예수에 대한 부정은 유다의 완전 개념 내에 포함되어 있기 때문이다. [50]

그러나 어떤 이는 다음과 같이 반박할 수 있을 것이다. 이 사람이 반드시 죄를 짓는다는 일이 어떻게 일어날 수 있는가? 답은 쉽다. 만약 죄를 짓지 않는다면, 그는 그 사람이 아닌 것이다. [51]

이렇게 해서 우리의 [사물필연 가설]은 증명되는 것으로 보인다. 유다가 죄를 짓지 않는다면, 그것은 우리의 그 유다가 아니다. 라이프니츠는 초본질주의, 즉 한 개체가 가지는 모든 속성은 그 개체에 본질적/필연적이라는 철학적 입장에 개입하고 있다. 우리의 [사물필연 가설]은 다음과 같은 것이었다: 가설적 필연은, 우리가 사물필연이라고 말했던 것과 일치한다. 지금까지 본 것처럼 이것이 맞다면, 라이프니츠는 다음과 같은 명제를 참으로 간주하는 것이다: "□사물(유다는 죄를 짓는다)." 그리고 "죄지음"이라는 속성은 임의의 속성이므로, 이 명제가 참이라면, 유다는 유다가 가지는 모든 속성을 본질적/필연적으로 가지게 되는 것이다. 이러한 입장은 초본질주의로서, 결국 결정론으로 흘러가게 되는 계기가 된다.

아르노가 지적하는 바가 바로 이것이다. 아르노에 따르면, 라이프니츠에게 있어 "유다가 죄를 짓는다"라는 명제는, 명제필연적이지는

---

50 Grua(1948), 358.
51 Le Roy, 67.

않지만, 그럼에도 불구하고 사물필연적이기는 한 것이다. 그렇다면, 유다는 필연적으로 죄를 짓게 되는 것이며, 이것은 결정론이다. 라이프니츠는 이런 방식으로 결정론에 개입한다.

결론

칸트와 달리 라이프니츠는, 개체 개념을 주어 개념으로 하는 명제(예를 들면, "유다는 죄를 짓는다")가 선험적이기는 하지만 우연적이라고 주장한다. 그러나 우리의 분석은 다음과 같은 사실을 보여주고 있다. 즉, 이러한 명제는 명제필연적(라이프니츠 용어로 절대적으로 필연적)이지는 않지만, 사물필연적(라이프니츠 용어로 가설적으로 필연적)이기는 하다. 그리고 이러한 사실로 인해 라이프니츠는 결정론에 빠져든다.

라이프니츠가 결정론에 개입하게 된 배경에는 명제들의 인식론적/양상적 성격에 관한 그의 생각이 놓여 있다. 개체 개념, 예를 들어 아담의 개체 개념을 주어 개념으로 하는 명제 하나를 생각해 보자. 예컨대, "아담은 쾌락의 정원에서 쫓겨난다"와 같은 명제. 이제 라이프니츠는 이 명제의 성격을 결정하고자 한다. 이 명제는, 예를 들어 "1+1=2"라는 명제와는 다른 양상적 성격을 가진다. "1+1=2"라는 명제는 필연적으로 참인 명제로서, 신조차도 이 명제를 부정할 수 없다. 반면, "아담은 쾌락의 정원에서 쫓겨난다"라는 명제는 이러한 필연적 명제의 지위를 갖지 못한다. 만약 이 명제가 필연적이라면, 신조차도 아담이 쾌락의 정원에서 쫓겨나지 않게 할 수 없게 된다. 그리고 이것은 신의 자유를 부정하는 결과를 낳게 되는 것이다. 그래서 라이프니츠는 이 명제를 우연적으로 필연적인 명제로, 즉 신의 자유

로운 선택과 관련된 그러한 명제로 분류하게 되는 것이다. [52]

한편 이 명제는 라이프니츠에 따르면 선험적이다. 신의 전지성을 강조하는 라이프니츠는 신이 모든 것을 단번에 미리 보고 나서 창조를 했다고 생각한다. 여기서 '미리 본다'라는 표현이 바로 위의 명제의 인식론적 성격을 특징짓는다.

단칭 명제에 대한 이러한 라이프니츠의 두 입장은 양립 가능한가? 즉 선험적이면서 우연적인 명제가 가능한가? 라이프니츠는 이것이 가능하다고 보았다. 필자의 생각에 선험적이면서 우연적인 명제는 가능하다. 라이프니츠처럼, 선험을 신의 인식으로, 또 우연을 신의 선택으로 이해하면, 이러한 명제는 분명 가능하다. 그러나 이러한 명제의 가능성은 결국 결정론으로 귀결된다. "아담은 쾌락의 정원에서 쫓겨난다"는 명제는 명제필연적이지는 않지만, 사물필연적인 명제로서 쾌락의 정원에서 쫓겨나지 않은 그 누구라도 우리의 아담이 아닌 것이다. 그 누군가가 우리의 아담이려면, 그는 반드시, 본질적/필연적으로 쾌락의 정원에서 쫓겨나야 하는 것이다. 이렇게 라이프니츠는 결정론에 개입하게 된다.

---

52 스피노자의 철학은 매우 강한 결정론적 성격을 갖는다. 그에 따르면, 신은 그가 합리적으로 계획한 바로 그것을 창조할 수밖에 없었다. 비유를 하자면, 스피노자에 따르면, 이 세상의 모든 사물은 하나의 대본에 맞추어 행동해야 하는 것이다. 반면, 완전한 자유론적 입장은 스피노자와 정반대의 위치에 놓인다. 이 입장에 따르면, 이 세상 모든 사물은 자신들이 따라야 할 대본이 없는 것이다. 따라서 그들의 행동은 극히 자유롭다. 라이프니츠는 이 두 입장 중간에 위치한다. 라이프니츠에 따르면, 신은 무수히 많은 대본을 가지고 있었다. 그리고 그중 하나를 선택해 실현시켰다. 그런데 이 경우에도 라이프니츠는 스피노자와 마찬가지로 결정론에 빠지게 된다. 라이프니츠의 구도에서 진정 자유로운 것은 이 세상의 사물들이 아니라 신뿐이기 때문이다. 신이 여러 대본 중 어느 하나를 자유롭게 선택했다면, 이 세상 모든 사물은 그 대본에 맞추어 행동해야 하는 것이다. 스피노자와 입장이 다름에도 불구하고 라이프니츠가 결정론에 빠지게 된 이유가 바로 여기에 있다.

라이프니츠 철학의 결정론적 성격:
반론들과 그에 대한 대답들

필자는 앞의 2장 「라이프니츠 철학의 결정론적 성격: 가능세계와 개체의 통세계적 동일성」에서 라이프니츠가 어떤 방식으로 결정론이라는 철학적 입장에 빠져들게 되었는지를 보인 바 있다. 2장에서 필자는 라이프니츠가 개체의 통세계적 동일성을 부정함으로써 결정론에 개입하고 있음을 보였다. 일군의 주석가들은 필자의 주장과 마찬가지로 라이프니츠가 결정론에 빠지게 된다고 보고 있다. 그러나 또 다른 일군의 주석가들은 라이프니츠를 결정론으로부터 구제할 수 있는 해석이 가능하다고 본다. 이 글에서는 라이프니츠를 결정론으로부터 구제할 수 있다고 보는 해석적 입장을 고찰한다. 그럼으로써 필자는 이러한 해석적 입장이 라이프니츠의 철학에 대한 오해에 기반하고 있음을 보이고자 한다.

핵심은 명제필연과 사물필연의 구분이다. 라이프니츠의 철학을 해석할 때 이 두 개념을 조심스럽게 구분해야 한다. 이 두 개념이 구분될 때, 우리는 라이프니츠가 어떻게 결정론에 개입하는가를 이해할 수 있다. 라이프니츠 철학을 해석하는 모든 주석가가 이 구분을 명확히 하는 것은 아니다. 그 결과 그들은 라이프니츠를 결정론으로부터 구제할 수 있다고 믿는다. 그래서 우리가 만약 이 두 개념을 엄밀히 구분하는 것으로 우리의 논의를 시작한다면, 우리는 이러한 주석가들이 어떤 지점에서 오류를 범하고 있는지 분명히 드러낼 수 있다. 이제 구체적인 내용들을 살펴보도록 하자.

결정론

필자는 결정론을 다음과 같은 주장으로 이해한다.

- 무언가가 어떤 속성을 갖는다면, 그것은 그 속성을 가질 수밖에 없다.

예를 들어 보자. 결정론은 다음과 같은 주장이다. 만약 유다가 죄를 짓는다면, 유다는 죄를 지을 수밖에 없다. 이러한 주장을 정식화하는 다른 여러 방식은 다음과 같다.

- 무언가가 어떤 속성을 갖는다면, 그것은 그 속성을 필연적으로 갖는다. $(Fa \rightarrow \Box Fa)$
- 무언가가 어떤 속성을 갖는다면, 그것이 그 속성을 안 갖는 것은 불가능하다. $(Fa \rightarrow -\Diamond -Fa)$

다시 유다를 예로 들어 보자. 위의 정식화에 따르면, 유다가 죄를 짓는다면, 유다는 필연적으로 죄를 짓게 된다. 또 유다가 죄를 짓는다면, 유다가 죄를 짓지 않는 것은 불가능하다.

결정론이라는 철학적 입장은 이러한 방식으로 정식화된다. 이러한 결정론적 입장은 두 개의 양상 개념과 긴밀한 관련이 있다. 위 정식화에서 볼 수 있듯이, "필연적으로(□)"와 "가능하다(◇)", 그리고, "불가능하다(-◇)"라는 양상 개념들이 그것이다. 따라서 이 개념들의 작동 방식을 분석하는 일은 결정론이라는 철학적 입장이 어떠한 것인지를 이해하는 데 핵심이 된다. 이제 이 개념들을 분석해 보도록 하자.

명제양상/사물양상

양상사 '필연적으로(□)'와 '가능하다(◇)'는 명제가 참이 되는 양상적 성격을 표현할 수도 있고, 또 어떤 사물이 어떤 속성을 갖는 방식의 양상적 성격을 표현할 수도 있다. 우선 어떤 명제가 참이 되는 양상적 성격에 관해 살펴보자. 다음과 같은 두 개의 명제가 있다.

(1) 1+1=2
(2) 유다는 죄를 짓는다.

명제 (1)과 (2)는 참이다. 그런데 이 명제들은 그냥 참이 아니다. 두 가지 모두 참이긴 하지만 그 참인 방식이 서로 다르다. 명제 (1)의 경우, 우리는 이 명제를 그냥 참이라고 하지 않고, 필연적으로 참이라고 한다. 이 명제가 거짓인 것은 불가능하기 때문이다. 반면에 명제 (2)의 경우 우리는 이 명제가 우연적으로 참이라고 말한다. 참은 참이지만 거짓일 수도 있었다는 의미에서 말이다. 즉, 유다가 죄를 짓긴 했지만, 그가 죄를 짓지 않는 것 역시 가능하다는 의미로 말이다. 그래서 우리는 다음과 같은 참인 명제를 얻는다.

□(1+1=2)

◇(유다는 죄를 짓는다)

여기서 작동하고 있는 '필연(□)', '가능(◇)'은 모두 명제가 참이 되는 양상적 방식을 표현하고 있다. 즉, "1+1=2"라는 명제는 참인데, 어떻게 참인가 하면, 필연적으로 참이다. 또한 "유다는 죄를 짓는다"라는 명제는 참인데, 어떻게 참인가 하면, 우연적으로 참이다. 이렇게 명제가 참이 되는 양상적 방식을 표현하는 '필연'/'가능'/'우연'을 각각 명제필연, 명제우연이라 한다.

"유다가 죄를 짓는다"라는 명제는 우연적으로 참인 명제이다. 그런데 아리스토텔레스주의자들에 따르면, 우연적이기는 하지만 또 완전히 그렇다고만은 할 수 없는 묘한 양상적 지위를 갖는 명제가 있다. 다음과 같은 명제가 그러하다.

유다는 인간이다.

아리스토텔레스주의자들에 따르면, 이 명제는 필연적으로 참인 명제는 아니다. 이 명제는 "1+1=2"라는 명제가 갖는 필연성을 갖지 못한다. 그러나 아리스토텔레스주의자들은 다음과 같이 주장한다. 유다는 인간이라는 속성을 본질적/필연적으로 갖는다. 그들에 따르면 유다는 인간임이라는 속성을 본질적/필연적으로 갖는다. 여기서 작동하고 있는 '필연'은 명제양상, 즉 한 명제가 참이 되는 양상적 방식을 표현하고 있는 것이 아니다. 여기서의 '필연'은 한 명제가 어떻게 참인가, 즉 필연적으로 참인가 아니면 우연적으로 참인가의 문제와 관련하지 않기 때문이다. 여기서의 '필연'은 오히려 한 사물이 어떤 속성을 어떻게 갖는가, 즉 어떤 속성을 필연적으로 갖는가, 아니면 우연적으로 갖는가의 문제와 관련하고 있다. 이렇게 한 사물이 어떤 속성을 갖는 방식의 양상을 사물양상이라고 한다. 따라서 아리스토텔레스주의자들에 따르면, 다음과 같은 명제는 양상사 '필연적으로(□)'를 어떻게 읽느냐에 따라서 참이기도 하고, 거짓이기도 하다.

□(유다는 인간이다)

만약 우리가 이 명제의 양상사 '□'를 명제필연으로 읽으면("유다는 인간이다"라는 명제는 필연적으로 참이다), 이 명제는 거짓이다. 그러나 이 양상사를, 아리스토텔레스를 따라, 사물필연으로 읽으면(유다는 인간임이라는 속성을 필연적으로 가진다), 이 명제는 참인 것이다.

양상사 '□'는 이처럼 이중적인 의미를 갖는다. 이러한 모호함을 제거하기 위해 다음과 같은 두 개의 양상사를 도입하기로 하자.

명제필연 : '□명제'
사물필연 : '□사물'

그리고 이러한 양상사를 이용해 위에서 우리가 고찰한 명제들을 재서술해 보자.

(3) □명제(1+1=2)

(4) □명제(유다는 인간이다)

(5) □사물(유다는 인간이다)

명제 (3)은 참이다. 그러나 (4)는 거짓이다. "유다는 인간이다"라는 명제는 필연적으로 참인 명제가 아니다. 그럼에도 불구하고 아리스토텔레스주의에 따르면 유다는 인간임이라는 속성을 본질적/필연적으로 가진다. 따라서 "유다는 인간이다"라는 명제는 사물필연적인 명제이며, 그 결과 (5)는 참인 명제가 된다.

아리스토텔레스주의자들은 개체가 속하는 종을, 그 개체가 갖는 본질적/필연적 속성으로 여긴다. 그래서 유다는 인간이라는 속성을 필연적으로 가진다. 만약 유다가 인간임이라는 속성을 갖지 않는다면, 그는 자신의 정체성을 잃게 돼 그는 존재하지 않거나 아니면 다른 무언가가 되는 것이다. 반면에 유다는 그 밖의 속성들을 우연적으로만 갖는다. 그래서 아리스토텔레스주의에 따르면, 유다는 인간이라는 속성은 필연적으로 갖지만, 죄지음이라는 속성은 우연적으로만 가진다. 따라서 아리스토텔레스주의자에 따르면, 다음과 같은 명제들 중 (5)와 (6)은 참이지만 (7)은 거짓이다.

(5) □사물(유다는 인간이다)

(6) ◇사물(유다는 죄를 짓는다)

(7) □사물(유다는 죄를 짓는다)

라이프니츠는 아리스토텔레스주의자들보다 한 걸음 더 나아간다. 라이프니츠는 명제 (5)뿐만 아니라 명제 (7)도 참이라고 본다. 다시 말해 라이프니츠에 따르면, 사물들은 그 어떠한 속성이라도 그것들 모두를 필연적으로 가지는 것이다. 이것이 바로 라이프니츠 철학의 결정론적 성격의 기원이다.

라이프니츠의 결정론

결정론을 둘러싸고 벌어지는 아르노와의 논쟁 속에서 라이프니츠는 아르노가 절대적 필연과 가설적 필연을 구분하지 못했다고 비난한다. 라이프니츠에 따르면, 절대적 필연은 그 자체로 필연적인 명제이며, 또 반대가(부정이) 불가능한 명제이다. 라이프니츠는 이러한 절대적으로 필연적인 명제의 예로서 기하학적 정리들을 제시한다. 이렇게 볼 때, 우리는 라이프니츠가 절대적으로 필연적이라고 부르는 명제를, 우리가 위에서 언급한 명제필연적인 명제라고 간주할 수 있겠다. 그래서 라이프니츠에 따르면, 다음과 같은 명제는 참이다.

(3) □명제(1+1=2)

반면 라이프니츠에 따르면, 다음과 같은 명제는 거짓이다.

(8) □명제(유다는 죄를 짓는다)

라이프니츠에게 있어 "유다는 죄를 짓는다"와 같은 명제는 명제필연적인(절대적으로 필연적인) 명제가 아니다. 그런데 라이프니츠는 "유다는 죄를 짓는다"라는 명제의 양상적 성격과 관련해 묘한 주장을 하게 된다. 그에 따르면, 이 명제는 그 자체로는 필연적이지 않지만, 신이 이 세상을(유다를) 창조한다는 조건이 붙으면, 필연적으로 변하게 된다. 이렇게 어떤 조건이 붙을 경우, 자신의 양상적 성격을 우연에서 필연으로 바꾸는 그러한 명제를 라이프니츠는 "가설적으로 필연적인 명제"라고 부른다. 다음과 같은 명제가 이러한 라이프니츠의 주장을 표현한다.

신이 이 세계를 창조한다 → □(유다는 죄를 짓는다)

라이프니츠의 주장을 그대로 받아들인다면, 우리는 위의 명제에서 후건만을 떼어낼 수 있다. 전건이 참이기 때문이다. 그 결과 우리는 다음과 같은 명제를 얻는다.

□(유다는 죄를 짓는다)

이제 위의 명제에서 작동하는 양상사 '□'의 성격을 규정할 필요가 있다. 이 양상사는 어떻게 이해되어야 하는가? 분명 이 양상사를 '□ 명제'로 읽을 수 없다. 라이프니츠는 위 명제의 양상적 지위에 대해, 이것은 명제 (3)에서 작동하는 양상과 다르다고, 즉, 절대적인 것이 아니라 가설적인 것이라고 말하기 때문이다. 그렇다면 위 명제에서의 양상사 '□'를 사물필연으로 읽어야 할까? 이것은 우리가 알 수 없는 일이다. 라이프니츠는 이에 대해 말하는 바가 없기 때문이다. 그러나 우리가 잠시만 생각해 본다면, 우리는 이 양상사를 어떻게 읽어야 할지 알 수 있다. 다시 한번 아리스토텔레스주의자들의 견해를 살펴보자.

(5) □사물(유다는 인간이다)

아리스토텔레스주의자들은 이 명제를 참으로 간주한다. 즉, 아리스토텔레스주의자들에 따르면, 유다는 본질적/필연적으로 인간임이라는 속성을 가진다. 이것이 함축하는 바는 무엇인가? 앞에서 우리가 본 것처럼 유다가 인간임이라는 속성을 본질적/필연적으로 가진다는 것은 유다가 이 속성을 안 갖는 것은 불가능하다는 말이다. 다시 말해 유다가 인간임이라는 속성을 안 가진다면, 그는 자신의 정체성을 잃게 돼 존재하지 않게 되거나 아니면 다른 무언가가 된다는 것이다.

이제 하나의 가설을 세워보자. 그래서 라이프니츠에게 있어 다음과 같은 명제가 참이라고 가정해 보자.

(7) □사물(유다는 죄를 짓는다)

라이프니츠가 이 명제를 참이라고 (무의식적으로라도) 간주했다면, 그는 다음과 같이 주장할 것이다. 유다가 죄지음이라는 속성을 가진다면, 그가 이 속성을 안 갖는 것은 불가능하다. 이제 문헌적 증거를 살펴보자. 라이프니츠는 다음과 같이 말한다.

왜 신은 자신이 가진 힘보다 더 센 힘을 당신에게 주지 않았냐고 당신은 물을 수 있다. 이것이 당신의 반박일 것이다. 이에 대해 나는 다음과 같이 대답한다. 신이 그렇게 했다면, 당신은 존재하지 않았을 것이라고. 신이 그렇게 했다면, 신은 당신이 아니라 다른 어떤 이를 창조했을 것이기 때문이다.[53]

그러나 어떤 이는 다음과 같이 반박할 수 있을 것이다. 이 사람이 반드시 죄를 짓는다는 일이 어떻게 일어날 수 있는가? 답은 쉽다. 만약 죄를 짓지 않는다면, 그는 그 사람이 아닌 것이다. [54]

많은 가정적 조건문은 정합적이지 않다. 그래서 만약 유다가 예수를 부정하지 않았다면 어떻게 되었을까를 내가 묻는다면, 나는, 만약 유다가 유다가 아니라면 어떻게 되었을까를 묻는 것이다. 예수에 대한 부정은 유다의 완전 개념 내에 포함되어 있기 때문이다. [55]

라이프니츠의 이 모든 주장은 라이프니츠가 (7)을 참인 명제로 보고 있다는 것을 시사해 준다. 왜냐하면, 이 모든 주장은 다음과 같은 형태를 띠고 있기 때문이다. 즉 a가 B라는 속성을 가진다면, 그렇다면 a가 B라는 속성을 갖지 않는 것은, a가 a 아닌 것만큼이나 불가능하다. 예를 들어 유다가 죄지음이라는 속성을 가진다면, 유다가 이 속성을 안 갖는 것은 (유다가, 유다가 아니게 되는 것만큼이나) 불가능한 일이다. 이렇게 해서 우리의 가설이 문헌적 증거에 의해 확증되었다. 결국 라이프니츠에 따르면, 유다는 (7)이 말해주는 것처럼 필연적으로 (사물필연적으로) 죄를 짓는 것이다.

이렇게 해서 우리는 명제 "□(유다는 죄를 짓는다)"에 나타나는 양상사 '□'를 어떻게 이해해야 할지를 알 수 있게 되었다. 이 명제에 나타나는 양상사 '□'는 사물필연으로 이해되어야 한다.

---

53 Grua(1948), 327.
54 Le Roy, 67.
55 Grua(1948), 358.

"유다는 죄를 짓는다", "시이저는 독재자가 된다" 등 아리스토텔레스주의자들이 우연적이라고 간주하는 모든 명제는 라이프니츠에게 있어 명제필연적(절대적으로 필연적)이지는 않지만, 사물필연적(가설적으로 필연적)이기는 한 그러한 명제들이다. 따라서 라이프니츠에 따르면, 유다가 죄를 짓는다면, 유다는 필연적으로 죄를 지으며, 그가 죄를 짓지 않는 것은 불가능하다. 또 시이저가 독재자가 된다면, 시이저는 필연적으로 독재자가 되며, 그가 독재자가 되지 않는 것은 불가능하다. 그리고 이러한 주장은 결정론에 대한 우리의 정식화와 완전히 일치한다.

여기서 한 가지 핵심적인 문제를 지적하는 것이 좋을 것 같다. 이 문제를 잘못 이해함으로써 많은 라이프니츠 주석가들은 라이프니츠가 결정론에 빠지지 않는다고 주장하는데, 그 문제란 바로 다음과 같은 두 명제 중 어떤 명제를 참으로 간주할 때 우리가 결정론에 개입하게 되는가 하는 문제이다.

(3)　□명제(1+1=2)

(7)　□사물(유다는 죄를 짓는다)

명제 (3)은 참이다(라이프니츠는 이 명제를 절대적으로 필연적인 명제라고 부른다). 이제 다음과 같은 물음을 던져보자. 우리가 이 명제를 참이라고 하면, 우리는 결정론에 빠지게 되는가? 그렇지 않다. 우리는 결정론에 개입되는 일 없이 명제 (3)을 참이라 간주할 수 있다. 반면 우리가 명제 (7)을 참이라고 한다면(라이프니츠는 이 명제를 가설적으로 필연적인 명제라고 부른다) 어떻게 되는가? 우리가 이 명제를 참이라고 간주한다면, 우리는 유다가 필연적으로 죄를 짓는다는 주장에 개입하게 되는 것이며, 따라서 우리는 결정론에 빠지게 된다. 결국 결정론이라고 하는 철학적 입장은 명제필연(절대적 필연)과는 관련이 없다. 결정론은 오직 사물필연(가설적 필연)과만 직접 연계되는 그러한 철학적 입장인 것이다. 이 점이 이해되지 못함으로 인해 많은 주석가들은 라이프니츠가 결정론에 빠지지 않는다는 해석을 내놓고 있다. 이제 몇몇 해석들을 살펴보면서 이들이 어떤 오류에 근거해 잘못된 해석들을 내고 있는지 살펴보도록 하자.

반론들

결정론으로부터 라이프니츠를 구제하려는 많은 시도가 있었다. 필자가 보기에 이 모든 시도는 실패로 돌아간다.[56] 이러한 실패의 이유 중 가장 핵심적인 것이 바로 명제필연과 사물필연을 구분하지 못한 점이다. 이제 라이프니츠를 결정론으로부터 구제하고자 하는 시도들 몇 가지를 살펴보면서, 왜 이러한 시도들이 실패하고 있는지 살펴보기로 하자.

---

[56] 다음 장에서 보겠지만, 유일한 성공 전략이 있다. 라이프니츠가 자신의 저서 『변신론』에서 시도한 전략인데, 현대적으로 말하자면, 루이스의 상대역 이론Counterpart theory을 사용하는 방법이다. 상대역 이론이란, 예를 들어 유다와는 다른 개체지만, 유다와 매우 유사한 다른 가능세계의 개체를 도입해 우연을 구제하는 방법이다. 이에 따르면, "유다는 죄를 짓지 않을 수 있었다"라는 양상명제는 참이다. 그런데 이것이 참인 이유는 우리의 바로 그 유다가 죄를 짓지 않는 가능세계가 있기 때문이 아니다. 이 명제가 참인 이유는, 우리의 유다와 매우 닮은, 다른 가능세계의 다른 유다가 죄를 짓지 않았기 때문이다. 이에 대해서는 4장에서 자세히 논한다.

필연적 명제와 자유

송하석 선생은 그의 논문에서 다음과 같이 주장한다.

> 이러한 해석은[라이프니츠 철학에서 "씨이저는 부르터스에게 살해되었다"와 같은 명제는 필연적으로 참이라고 하는 해석은] 신의 자유의지를 인정하지 않는 결과를 낳게 되어 라이프니츠의 전체 철학 체계가 일관성을 갖는지 의심할 수밖에 없게 된다. [57]

송하석 선생의 주장은 다음과 같다. "유다는 죄를 짓는다"와 같은 명제를 필연적이라 한다면, 신의 자유의지는 부정된다. 송하석 선생의 이러한 주장에는 분명한 점과 불분명한 점이 공존한다. 우선 분명한 점은, 여기서 부정되고 있는 것이 인간의 자유의지가 아니라 신의 자유의지라는 것이다. 불분명한 점은 여기서 언급되고 있는 양상사 '필연적으로'가 명제필연인지 아니면 사물필연인지 알 수 없다는 것이다. 이것들을 분명히 하는 것이 위의 주장을 분석하는 데 도움이 될 것 같다.

세상사 모든 일을 필연적이라 보는 스피노자에 반대해 라이프니츠는 우연을 자신의 철학 체계에 담고자 노력한다. 그 노력의 결과 라이프니츠는 가능세계라는 개념을 도입하게 된다. 기본적인 착상은 다음과 같다. 신은 이 세계를 창조하기 이전에 수없이 많은 가능세계를 고려했다. 그리고 그중 가장 좋아 보이는 세계 하나를 선택해 창조했다. 다른 가능세계가 창조될 수도 있었다. 그러나 신은 자신의

---

57 송하석(2007), 109.

자유의지를 발동해 이 세계를 창조한 것이다. 이 무수히 많은 가능세계들, 즉 세상사 돌아가는 가능한 방식들의 총체가 바로 우연의 근거이다.

　신은 "1+1=2"와 같은 명제필연적 명제를 부정할 자유는 없다. 이 명제의 부정은 불가능하기 때문이다. 따라서 만약 우리가 "유다는 죄를 짓는다"라는 명제를 명제필연적이라고 한다면, 신은 산술과 관련한 명제를 부정할 자유가 없는 것처럼, 똑같은 이유에서 이 명제를 부정할 자유가 없다. 그리고 그 결과 신의 자유의지는 부정된다. 이렇게 위의 주장에서 '필연적으로'를 명제필연으로 해석하게 되면, 신의 자유의지는 부정된다. 그러나 이것은 라이프니츠의 생각이 아니다. 라이프니츠는 "1+1=2"라는 명제는 신조차도 부정할 수 없다고 주장한다. 이 명제를 부정한다고 해서 신의 자유의지가 부정되는 것은 아니다. 신의 자유의지가 부정되는 것은 신조차도 "유다는 죄를 짓는다"라는 명제를 어길 수 없을 경우만이다.

　라이프니츠는 "1+1=2"라는 명제와 "유다는 죄를 짓는다"라는 명제의 양상적 지위를 달리 본다. 하나는 절대적으로 필연적인 것으로(명제필연), 다른 하나는 가설적으로 필연적인 것으로(사물필연)으로, 그렇게 서로 다른 것으로 이해하고 있다. 이제 위의 송하석 선생의 주장에서 '필연적으로'는 어떻게 이해되어야 하는가? 우리의 분석대로 이 '필연적으로'는 사물필연으로 이해되어야 한다. 그렇다면 이 '필연적으로'를 사물필연으로 이해할 경우에도 신의 자유의지가 부정되는가? 자유의지는 선택의 문제이다. 선택지들이 주어진다면, 자유의지는 발동될 수 있는 것이다. 신은 "1+1=2"와 같은 명제필연적 명제를 부정할 자유는 없다. 그러나 "유다가 죄를 짓는다"라는 명제를 부정할 자유는 갖는다. 즉, 신이 이 명제가 참이 되는 그러한 세계를 창조하지 않는다면, 이 명제는 부정될 것이다(이 경우 유다-w_1이 아니라, 유다-w_2가 창조될 것이다). 이처럼 창조 이전에 무수히 많은 선택지(가능세계)가 주어진 이상 신의 자유의지는 부정되지 않는다. 그렇다면 "유다는 죄를 짓는다"라는 명제가 사물필연적이라고 할 때, 이 필연은 어떤 가능성, 혹은 어떤 선택지를 막고 있는 것인가? 그것은 바로 유다가 죄를 짓지 않을 가능성, 즉 유다의 자유의지, 더 넓게 말한다면, 인간(혹은 사물들)의 자유의지를 막고 있는 것이다. 신은 유다가 포함된 가능세계를 창조할 수도, 아니면 다른 가능세계를 창조할 수도 있었다. 그런 의미에서 신은 자유롭다. 그러나 신이 유다가 포함된 세계를 창조했다면, 유다는 죄를 짓지 않을 자유가 없는 것이다. 다시 말해, 유다는 필연적으로 죄를 짓는 것이다. [58]

송하석 선생의 주장에서 '필연적으로'라는 양상사가 명제필연을 표현한다고 해석되면, 신의 자유의지는 부정된다. 그러나 이것은 라이프니츠의 생각이 아니다. 반면에 송하석 선생의 주장에서 '필연적으로'라는 양상사가 사물필연을 표현한다고 해석되면, 신의 자유의지는 부정되지 않는다. 이 경우 부정되는 것은 신의 자유의지가 아니라 인간의 자유의지인 것이다. 그리고 그 결과, 인간은 자유 없는 세상

---

[58] "그가 13절에서 한 얘기만 예로 들어 보겠습니다. "각 사람의 개체 개념은 그에게 일어날 모든 일을 포함하고 있다." 이것이 사실이라면 신은 자유롭게 아담을 창조했을 수도, 또 자유롭게 아담을 창조하지 않았을 수도 있습니다. 그러나 그가 아담을 창조하기로 마음먹었다고 가정하면, 다음과 같은 결론이 나옵니다. 즉 인류에게 일어난 모든 일들, 인류에게 일어날 모든 일들은 운명 이상 가는 필연에 의해 일어났었고, 또 일어나야 할 것이다. 왜냐하면 아담의 개체 개념은 그가 얼마만큼의 자손을 가질 것인지를 포함하며, 또 그 자손들 각각의 개체 개념은 자신들이 앞으로 할 모든 일들을 포함할 것이며, 또 그 자손의 자손들 모두를 자신들의 개념 안에 포함할 것이기 때문입니다. 다."(Le Roy, 88.)

을 살게 되며, 인간사 모든 일은 필연에 의해 지배되는 것이다. 송하석 선생은 이를 분명히 해야 한다. 첫째, '필연적으로'라는 양상사가 명제필연인지, 아니면 사물필연인지를. 둘째, 만약 사물필연이라면, 그 경우에도 신의 자유의지가 부정되는 것인지. 명제필연과 사물필연을 엄밀히 구분하면, 이에 대한 답은 분명해 보인다. 사물필연이라면, 신의 자유의지는 부정되지 않는다.

명제우연과 사물필연의 양립 가능성

같은 글에서 송하석 선생은 다음과 같이 주장한다.

> 라이프니츠는 여러 곳에서 분명히 우연적으로 참인 명제가 있다고 말한다. [59]

이 주장 역시 명제필연과 사물필연을 구분하지 못한 결과로 보인다. 라이프니츠는 분명 우연적으로 참인 명제가 있다고 주장한다. 이제 여기서 우연을 어떻게 이해해야 하는가? 라이프니츠가 우연적 명제로 간주하는 명제들은 전형적으로 개체의 이름을 주어로 하는 문장에 의해 표현되는 명제들이다. 우리의 예를 들면, "유다는 죄를 짓는다"와 같은 명제가 바로 우연적 명제이다. 그런데 라이프니츠는 이러한 명제가 가설적으로 필연적이라고 주장한다. 그렇다면 라이프니츠는 이와 같은 명제가 우연적이면서 동시에 필연적이라고 주장하고 있는 것인가? 다음과 같은 명제들을 비교하는 것이 도움이 될 것 같다.

---

59 송하석(2007), 109.

(8) □명제(유다는 죄를 짓는다)

(9) ◇명제(유다는 죄를 짓는다)

(7) □사물(유다는 죄를 짓는다)

지금까지의 우리의 분석을 통해 본다면 우리는 다음과 같은 점을 알 수 있다. 즉, 라이프니츠는 명제 (8)을 거짓이라 간주하지만, 명제 (9)와 (7)은 모두 참이라고 간주한다. "유다는 죄를 짓는다"라는 명제는 명제필연적이지 않다. 이 명제는 명제우연적이다. 그럼에도 불구하고 이 명제는 사물필연적이다. 따라서 라이프니츠 철학 체계 내에서 명제우연과 사물필연은 양립 가능한 것이다. 이렇게 본다면, 송하석 선생의 주장에서 '우연적으로'를 어떻게 읽어야 할지 분명해진다. 여기서 '우연적으로'는 '명제우연적으로(◇명제)'라고 읽어야 한다. 그리고 이 '명제우연'은 '사물필연'과 모순 없이 잘 양립한다. 결국 "유다는 죄를 짓는다"라는 명제는 우연적이면서 동시에 필연적인 명제가 아니다. 이 명제는 명제우연적이지만, 동시에 사물필연적이기도 한 그러한 명제이다. 따라서 라이프니츠가 우연적으로 참인 명제에 대해 말한다고 해서 "유다는 죄를 짓는다"와 같은 명제가 아무런 조건 없이 그냥 우연적 명제인 것은 아니다. 이 명제는 명제우연적이다. 그러나 이 명제는 사물필연적이기도 한 그러한 명제이다.

개체의 통세계적 동일성과 선험적 증명
송하석 선생은 다음과 같이 주장한다.

그녀[이시구로]는 한 명제가 선험적으로 증명가능하다는 것과 그 명제가 필연적 명제라는 것은 별개의 것이라고 주장한다. 즉, 필연적으로 참이 무엇인가라는 질문은 형이상학적인 문제인데 반해, 어떤 명제가 선험적으로 증명되는가라는 질문은 인식론적인 문제라는 것이다. 그녀는 "우연적 참은 현실세계가 실제로 어떠한가에 의존하고, 만약 현실세계의 어떤 사태가 달랐더라면, 그 우연적 참은 얻어질 수 없었을 것이다. 그리고 필연적 참은 모든 가능세계에서 주장될 수 있고, 그러한 참은 현실세계가 실제로 어떠한가에 의존하지 않는다"고 말한다.[60] 예컨대 "아리스토텔레스가 『오르가논』을 썼다"는 명제는 아리스토텔레스가 논리학을 연구하지 않고 『오르가논』을 쓰지 않았을 가능세계가 있을 수 있기 때문에 필연적으로 참인 명제가 아니다. 그리고 아리스토텔레스가 실제로 『오르가논』을 썼기 때문에 『오르가논』을 쓰지 않은 어느 누구와도 동일시될 수 없다. 그러나 이것이 『오르가논』을 썼다는 사실이 아리스토텔레스의 필연적인 성질임을 말하는 것은 아니다. 오히려 아리스토텔레스가 『오르가논』을 썼다는 것, 따라서 『오르가논』을 쓰지 않은 어떤 사람도 아리스토텔레스가 아니라는 것을 우리가 확실하게 안다는 사실은 아리스토텔레스가 『오르가논』을 쓰지 않았다는 것과 모순 없이 양립할 수 있다. 어떤 사실에 대해서 우리가 확실한 지식을 가질 수 있다는 것과 그 사실이 필연적으로 참이라는 것은 분명히 구별되어야 할 것이다.[61]

---

60 Ishiguro(1981), p. 65.
61 송하석(2007), 112.

두 가지 주목할 점이 있다. 첫 번째는 필연적 참에 대한 이시구로의 정의에 관한 것이다. 그녀에 따르면, 우연적 참은 현실세계가 어떠한가에 의존하고, 필연적 참은, 현실세계가 어떠한지와 관련 없이 모든 가능세계에서 참이다. 이시구로의 이러한 주장 역시 명제필연과 사물필연을 구분하지 못한 데서 기인하는 것이며, 따라서 잘못되었다. 이 점은 다음 절에서 자세히 논하도록 한다. 두 번째 주목할 것은 여기서 이시구로가 선험적 증명 가능성과 필연성을 나누고 있다는 것이다. 한 명제가 선험적으로 증명 가능하다는 것은 인식론적인 문제이지만, 한 명제가 필연적이라는 것은 형이상학적 문제라는 것이다. 이 주장 역시 오류가 있다. 이 점은 그다음 절에서 자세히 논하도록 한다.

개체의 통세계적 동일성

우선 송하석 선생이 인용하고 있는 이시구로의 주장에 어떤 문제가 있는지 살펴보자. 여기서 이시구로는 필연적 참과 우연적 참을 구분한다. 그리고 필연적으로 참인 명제에 대해 "모든 가능세계에서 주장될 수 있고 그러한 참은 현실세계가 실제로 어떠한가에 의존하지 않는다"고 말한다. 앞에서와 마찬가지로 여기에서도 명제필연과 사물필연이 구분되지 않고 있다. 그리고 바로 이 점에서 이시구로는 잘못을 저지르고 있다. 가능세계 의미론에서 한 명제가 명제필연적으로 참이라는 것은 다음과 같이 정의된다. 즉, 그 명제는 모든 가능세계에서 참이다. 따라서 여기서 이시구로가 말하고 있는 필연은 명제필연이다. 그런데 라이프니츠는 개체의 이름을 주어로 하는 문장(예를 들어 "유다는 죄를 짓는다")에 의해 표현되는 명제를 절대적으로 필연적이라(명제필연적이라) 한 적이 없다. 따라서 이시구로는 라이프니츠의 의도를 잘못 이해하고 있는 것이다. 개체의 이름을 주어로 하는 문장에 의해 표현되는 명제가 만약 필연적이라고 한다면, 여기에서의 필연은 사물필연인 것이다.

가능세계 의미론에서 사물필연은 명제필연과는 다른 방식으로 정의된다. 한 명제가 사물필연적이라는 것은, 그 명제의 주어에 해당하는 사물이 존재하는 모든 가능세계에서 그 사물이 그 명제의 술어에 해당하는 속성을 가진다는 것이다. 예를 들어 "유다가 죄를 짓는다"라는 명제가 사물필연적이라면, 유다는 "자신이 존재하는" 모든 가능세계에서 죄지음이라는 속성을 가지는 것이다. 따라서 우리는 다음과 같은 점을 살펴봐야 한다. 유다는 자신이 속하는 모든 가능세계에서 죄지음이라는 속성을 갖는가? 만약 아니라는 답이 나온다면, 유다는 죄지음이라는 속성을 필연적으로 갖는 것이 아니다. 그러나 만약 그렇다는 답이 나온다면, 유다는 죄지음이라는 속성을 필연적으로 갖는 것이다.

그런데 라이프니츠는 개체의 통세계적 동일성을 부정한다. 다시 말해 유다는 오직 이 세계에만 속해 있을 뿐, 다른 가능세계에는 속할 수 없다. 그렇다면 우리는 다음과 같은 결론을 내려야 할 것이다. 즉, 유다는 죄지음이라는 속성을 필연적으로 가진다. 유다는 자신이 속하는 모든 가능세계에서(즉, 이 세계에서) 죄지음이라는 속성을 갖기 때문이다. 따라서 "아리스토텔레스가 『오르가논』을 썼다"라는 명제는 사물필연적 명제이다. 아리스토텔레스는 『오르가논』을 씀이라는 상황(현실세계)에만 갇혀 있기 때문이다. 『오르가논』을 쓰지 않은 그 누구라도 우리의 아리스토텔레스가 아닌 것이다.

선험적 증명

두 번째 언급할 것은 다음과 같다. 이시구로는 다음과 같은 명제,
즉 "유다는 죄를 짓는다"와 같은 명제를 선험적으로 증명 가능한 명
제로 보지만 필연적으로 참인 명제는 아니라고 주장한다. 위에서 논
했듯이 여기서 '필연'은 이시구로가 생각한 것과 달리, 사물필연으로
읽어야 한다. 그러나 이시구로가 여기서 필연을 사물필연으로 제대
로 읽었다고 가정해 보자. 그럼에도 불구하고 이시구로의 주장은 여
전히 옳지 못한 점이 있다. 결론부터 말하자면, 이시구로의 생각과는
달리 라이프니츠 철학 체계 내에서 선험적 증명은 필연과 분리될 수
없다. "1+1=2"와 같은 명제를 보자. 이 명제가 참이라는 것은 개념
의 분석을 통해 선험적으로 증명될 수 있다. 따라서 필연적으로(여기
서는 명제필연적으로) 참이다. 이제 "유다는 죄를 짓는다"와 같은 명제를
보자. 라이프니츠에 따르면, 이 명제도 선험적으로 증명될 수 있다.
그런데 여기서 증명의 주체는 누구인가? 송하석 선생은 이러한 증명
의 주체를 우리 인간으로 보고 있다. 그는 다음과 같이 말하기 때문
이다. "『오르가논』을 쓰지 않은 어떤 사람도 아리스토텔레스가 아니
라는 것을 우리가 확실하게 안다는 사실은 아리스토텔레스가 『오르
가논』을 쓰지 않았다는 것과 모순 없이 양립할 수 있다." 그러나 『형
이상학 서설』에서 라이프니츠는 다음과 같이 말한다.

그래서 우리는 다음과 같이 말할 수 있다. 개체적 실체의 본성, 혹
은 완전한 존재의 본성은 완전한 개념을 가지는 것이다. 이 개념은
완전하기 때문에 이 개념을 가지는 주체의 모든 술어는 충분히 이
해될 수 있으며, 또 충분히 연역될 수 있다. 반면에 속성은 어떤 존

재로서, 이 속성 개념은, 이 속성 개념을 가지는 주체의 모든 것을 포함하고 있지 않다. 이처럼 알렉산더 대왕에 속하는 왕이라는 속성은, 이 주체로부터 추상될 때, 한 개체에 대한 충분한 규정이 되지 않는다. 그리고 이 왕이라는 속성은 알렉산더가 가지는 다른 속성들을 포함하고 있지 않으며, 알렉산더라는 개념이 포함하고 있는 그 어떠한 것도 포함하고 있지 않다. 신은 알렉산더의 개체 개념, 혹은 알렉산더의 이것임hecceite을 봄으로써, 알렉산더에 대해 참되게 진술될 수 있는 모든 술어의 이유와 근거를 본다. 예를 들어 알렉산더가 다리우스와 포루스를 무찔렀다는 것 말이다. 그래서 신은 알렉산더가 자연사했는지 아니면 독살되었는지까지도 선험적으로 아는 것이다. 우리가 역사를 통해서만 알게 되는 그러한 사실까지도 말이다. [62]

라이프니츠에 따르면, 선험적 증명의 주체는 우리 인간이 아니라 신이다. 우리는 "유다가 죄를 짓는다"라는 명제가 참임을 역사를 통해서만, 즉 경험적으로만 알지만 신은 이 명제가 참임을 선험적으로 안다.

이제 "유다는 죄를 짓지 않는다"라는 명제가 참이라고 가정해 보자. 이 명제가 참이라면, 그리고 이 명제에서 "유다"가 우리가 아는 바로 그 유다라면, 그렇다면 라이프니츠 철학 체계에서 부정되어서는 안 될 그 무언가가 부정되게 된다. 바로 신의 전지성이 그것이다. 신은 "유다가 죄를 짓는다"라는 명제가 참임을 선험적으로 미리 안

---

62 Le Roy, 43.

다. 그런데 "유다가 죄를 짓지 않는다"가 참이라면, 신은 사실 잘못 알았던 것이다. 따라서 "유다가 죄를 짓지 않는다"가 참이라면, 신의 전지성은 부정된다. 결국 신이 전지하다면, 그래서 신이 유다가 죄를 지음을 선험적으로 알았다면, 유다는 죄를 짓지 않을 수 없는 것이다. 다시 말해 유다는 필연적으로 죄를 짓는 것이다. 이시구로의 말처럼 선험적 증명 가능성과 필연성은 서로 다른 것이기는 하다. 그러나 라이프니츠 철학 체계에서 이 둘은 신에 대한 기독교적 교리에 의해 서로 긴밀히 묶여 있다. 따라서 어떤 명제가 선험적으로 증명 가능하다면, 그 명제는 사물필연적인 명제인 것이다.[63]

결론

우리가 다루었던 라이프니츠 철학에 대한 여러 해석적 입장은 공통의 오류를 지니고 있다. 즉, 이 모든 해석적 입장은 라이프니츠 철학에서 명제필연과 사물필연을 구분하지 못하고 있다. "1+1=2"라는 명제는 필연적으로 참이다. 그러나 이 명제를 필연적으로 참이라 한다고 해서 결정론에 빠지는 것은 아니다. 그러나 다음과 같은 명제,

---

63 여기서 다음과 같은 점을 지적하는 것이 좋을 것 같다. 아르노와 편지를 주고받는 과정에서 라이프니츠는 신의 전지성과 관련해 아르노와 다른 견해를 가지고 있음을 보여주고 있다. 아르노 역시 신부로서 신의 전지성에 대해 의심하지 않는다. 그럼에도 불구하고 아르노는 한 개체가, 예를 들어 유다가 죄를 짓지 않았을 수도 있었다고 주장한다. 라이프니츠는 이에 반대한다. 신이 유다가 죄를 지음을 미리 알았다면, 유다는 필연적으로 죄를 짓는다는 것이다. 여기서 누가 더 기독교 교리에 충실한가 하는 물음을 던질 수 있다. 필자는 라이프니츠가 더 기독교 교리에 충실하다고 생각한다. 만약 신이 정말로 전지하다면, 그렇다면 신이 미리 유다가 죄를 지음을 알고 있었던 만큼 유다는 반드시(필연적으로) 죄를 지어야 하는 것이다. 만약 유다가 죄를 짓지 않는다면, 신은 잘못 알고 있었던 것이 된다. 이렇게 신의 전지성에 대한 충실한 믿음이 바로 라이프니츠로 하여금 결정론으로 향하도록 한 것이 아닌가 하는 생각이 든다.

즉 "유다는 죄를 짓는다"와 같은 명제를 필연적이라 한다면(사물필연), 우리는 결정론에 개입하게 되는 것이다. 라이프니츠가 바로 이러한 경우에 속한다고 볼 수 있다. 그는 "유다는 죄를 짓는다"라는 명제를 사물필연적이라 보고 있는 것이다.

이제 "유다는 죄를 짓는다"라는 명제가 필연적이라는 주장과 관련해 여러 가지 해석적 의문들 혹은 여러 가지 해석적 반론이 등장한다. 우리가 논의했던 이러한 반론은 다음과 같다.

(반론1) 위의 명제가 필연적이라면, 신의 자유의지는 부정된다.

(반론2) 라이프니츠는 우연 명제를 인정한다. 따라서 위의 명제는 필연적일 수 없다.

(반론3) 위의 명제는 모든 가능세계에서 참이 아니다. 따라서 필연적이지 않다.

(반론4) 위의 명제는 확실하다(선험적으로 증명 가능하다). 그러나 필연적이지 않다.

이 모든 반론은 우리가 논의한 것처럼 공통적인 오류에 기초하고 있다. 즉, 이 반론들 모두 명제필연과 사물필연을 구별하지 못하고 있다. 이 두 개념을 구분할 때, 우리는 이 반론들에 대해 다음과 같이 대답할 수 있다.

(반론1) 위의 명제가 필연적이라면, 신의 자유의지는 부정된다.

(대답1) 위 명제가 명제필연적이라면, 신의 자유의지는 부정된다. 그러나 위 명제는 사물필연적일 뿐이며, 따라서 신의 자유의지는 부

정되지 않는다. 부정되는 것은 인간의 자유의지일 뿐이다.

(반론2) 라이프니츠는 우연 명제를 인정한다. 따라서 위의 명제는 필연적일 수 없다.

(대답2) 라이프니츠는 우연 명제를 인정한다. 그러나 '우연'이라는 양상사는 적절히 제어되어야 한다. 라이프니츠가 인정하는 우연은 명제우연이다. 그리고 이러한 명제우연은 사물필연과 양립 가능하다. 따라서 라이프니츠가 우연 명제를 인정한다고 해서 위의 명제가 아무런 조건 없이 그냥 우연적 명제가 되는 것은 아니다. 위의 명제는 명제우연적이지만, 또 사물필연적이기도 한 것이다.

(반론3) 위의 명제는 모든 가능세계에서 참이 아니다. 따라서 필연적이지 않다.

(대답3) 위의 명제는 모든 가능세계에서 참인 명제가 아니다. 따라서 명제필연적인 명제가 아니다. 그러나 유다는 자신이 속하는 모든 가능세계에서 죄지음이라는 속성을 가진다. 유다는 이 세계에만 속해 있기 때문이다. 따라서 위의 명제는 명제필연적이지는 않지만, 사물필연적이기는 한 명제이다.

(반론4) 위의 명제는 확실하다(선험적으로 증명 가능하다). 그러나 필연적이지 않다.

(대답4) 위의 명제가 확실하다면, 위 명제는 사물필연적이다. 신이 전지하다면, 신은 유다가 죄를 지을 것임을 확실히, 선험적으로 안다. 따라서 유다는 필연적으로 죄를 짓는다. 죄를 짓지 않았다면, 신

이 잘못 알았던 것이다. 이처럼 인식적 확실성과 사물필연성은 전지성이라는 기독교 교리에 의해 긴밀히 연결되어 있다.

라이프니츠에게 있어 "유다는 죄를 짓는다"라는 명제는 명제필연적이지는 않지만, 사물필연적이기는 하다. 따라서 라이프니츠는 결정론에 빠진다. 이에 대한 반론들이 있기는 하다. 그러나 우리가 본 것처럼 그 반론들은 적절하게 처리될 수 있다. 그래서 이 모든 반론에 대해 우리가 적절한 대답을 제시했다면, 우리는 다음과 같은 결론을 내릴 수 있을 것이다. 라이프니츠 철학은 결정론적인 성격을 가진다.

4

라이프니츠의 결정론: 결정론을 벗어나며

필자는 라이프니츠가 결정론에 빠진다고 주장했다[64]. 이러한 주장은 1686년 아르노와의 서신 교환에서 드러났던 라이프니츠의 여러 입장에 근거한다. 그로부터 24년 뒤 출간된 『변신론』에서 라이프니츠는 결정론으로부터 벗어날 장치를 마련한다. 바로 상대역 이론 Counterpart theory이다. 이 글에서는 라이프니츠가 어떻게 결정론에서 벗어나고 있는지 그 그림을 그려보고자 한다. 개체의 구조에 대한 이론들을 검토하고, 이로부터 어떤 형이상학적 귀결들이 도출되는지, 그리고 이것들이 각 이론 진영에서 어떻게 이해되는지, 어떤 문제들이 있고, 어떻게 해결되는지, 그리고 라이프니츠가 천착했던 결정론의 문제가 최종적으로 어떻게 해결되는지, 본 장은 이런 과정들을 그려보고자 한다. 우선 개체의 구조와 관련한 각 이론에 대해 검토하는 것으로 시작해 보자.

---

64 박제철(2009) 참조

개체의 구조

결정론을 벗어나기 위한 라이프니츠의 최종 해결책을 살펴보기에 앞서 어떻게 그가 결정론에 개입하게 되는지 간략히 정리해 보도록 하자. 우선 개체의 구조와 관련한, 서로 대립하는 두 이론을 살펴보는 것이 좋을 것 같다. 그 두 이론은 '기체이론', 그리고 '다발이론'이다. 기체이론은 개체가 서로 다른 두 가지 종류의 요소들로 이루어져 있다고 주장한다. 이에 따르면 한 개체는 기체, 그리고 그 기체에 달라붙어 있는 속성들, 이 둘로 구성되어 있다. 그리고 이 이론에 따르면 한 개체의 정체성identity은 기체에 의해 규정된다. 그래서 소크라테스라는 개체는 기체('substratum'의 첫 글자를 따 's'라고 표기하자) s와 속성들로 구성되며, 기체 s가 유지되는 한 소크라테스의 정체성은 항상 유지된다. 그리고 소크라테스의 정체성은 나머지 속성들, 예를 들어 인간, 철학자, 매부리코 등의 속성과는 관련이 없다. 그래서 소크라테스는 철학자가 아니더라도 자신의 기체만 유지한다면 여전히 그 자신, 즉 소크라테스이다. 철학자라는 속성은 소크라테스의 정체성을 규정하지 못하는, 소크라테스가 단지 우연적으로만 갖는 속성인 것이다.

한편 다발이론에 따르면, 한 개체는 오직 속성들로만 이루어져 있으며, 이 속성들이 개체의 정체성을 규정한다. 그래서 소크라테스라는 개체는 오직 속성들로만, 예를 들어 인간, 철학자, 매부리코 등의 속성들로만 이루어져 있으며, 소크라테스의 정체성을 규정하는 것은 이러한 속성들이다. 따라서 소크라테스는 자신의 정체성을 규정하는 그 어떤 속성 하나만이라도 잃게 되면 자신의 정체성도 잃게 되어,

소크라테스가 아닌 다른 그 무언가가 되는 것이다. 예를 들어 우리의 진짜 소크라테스가 철학자라면, 철학자가 아닌 그 무엇이라도 소크라테스가 아닌 것이다. 철학자라는 속성은 소크라테스가 갖는 본질적/필연적 속성인 것이다.

본질주의, 반본질주의, 초본질주의

개체의 구조와 관련한 두 입장은 속성의 양상적 지위에 대한 서로 다른 두 입장으로 연결된다. 이해를 돕기 위해 우선 아리스토텔레스주의의 입장을 살펴보자. 아리스토텔레스주의에 따르면, 개체는 두 가지 종류의 속성을 갖는데, 하나는 본질적/필연적 속성이고, 다른 하나는 우연적 속성이다. 아리스토텔레스에 따르면, 한 개체는 자신이 속하는 종을 본질적/필연적으로 가지며, 그 외의 속성은 우연적으로만 가진다. 그래서 소크라테스는 인간이라는 속성을 본질적/필연적으로 가지며, 철학자 혹은 매부리코 등의 속성은 우연적으로 가진다. 이 경우 소크라테스는 철학자가 아니어도 상관없지만, 다시 말해 철학자가 아니어도 자신의 정체성을 계속 유지하지만, 만약 인간이 아니라면, 자신의 정체성을 잃게 돼 소크라테스가 아닌 그 무엇이 되는 것이다. 이렇게 한 개체가 갖는 속성을 본질적/필연적 속성, 그리고 우연적 속성, 이 둘로 나누는 철학적 입장을 본질주의라고 한다[65].

기체이론은 속성의 양상적 지위와 관련해 반본질주의적 입장을 가진다. 개체의 정체성을 규정하는 것은 오직 기체뿐이며, 속성은 개체

---

65 마이클 루(2010), 240-242 참조.

의 정체성과 관련해 그 어떤 역할도 하지 못한다. 따라서 본질적/필연적 속성은 없는 것이다. 소크라테스는 자신의 기체만 유지하면 그 어떤 속성을 갖든 여전히 그 자신 소크라테스이다. 아리스토텔레스주의자들처럼 소크라테스는 철학자가 아니어도, 매부리코가 아니어도 상관없다. 하지만 기체 이론가들은 한 걸음 더 나간다. 이들에 따르면, 아리스토텔레스주의와는 달리 소크라테스는 심지어 인간이 아니어도 자신의 정체성을 유지한다. 그 어떤 속성도 본질적/필연적이지 않다는 반본질주의적 입장이다.[66]

다발이론은 속성의 양상적 지위와 관련해 초본질주의적 입장을 가진다. 오직 속성만이 개체의 정체성을 규정하며, 따라서 한 개체가 현실적으로 가지고 있는 그 어떤 속성 하나만이라도 잃게 되면, 그 개체는 자신의 정체성도 잃게 된다. 그래서 소크라테스를 예로 든다면, 소크라테스가 인간이 아니라면, 혹은 철학자가 아니라면, 혹은 매부리코가 아니라면, 그는 자신의 정체성을 잃게 돼 다른 그 무언가가 되는 것이다. 따라서 모든 속성은 한 개체와 관련해 본질적/필연적이다. 아리스토텔레스주의자들처럼 소크라테스는 반드시, 본질적/필연적으로 인간이어야 하며, 더 나아가 소크라테스는 반드시, 본질적/필연적으로 철학자이며 매부리코여야 한다. 그렇지 않다면, 소크라테스는 자신의 정체성을 잃게 돼 다른 그 무엇이 된다. 모든 속성이 본질적/필연적이라는 초본질주의적 입장이다[67].

이렇게 속성의 양상적 지위와 관련해 세 개의 입장이 있지만, 크게

---

66 마이클 루(2010), 232 참조.
67 마이클 루(2010), 232 참조.

볼 때 두 입장으로 정리될 수도 있다. 그 기준은 우연적 속성을 인정하는가, 인정하지 않는가이다. 아리스토텔레스주의적 본질주의나 기체이론적 반본질주의는 모두 우연적 속성을 인정한다. 반면 다발이론적 초본질주의는 오직 본질적/필연적 속성만을 인정하면서 우연적 속성을 인정하지 않는다. 이렇게 분류할 경우, 아리스토텔레스주의와 기체이론이 하나로 묶이고, 다발이론이 다른 한편을 형성한다. 사실, 아리스토텔레스주의는 기체이론을 살짝 변형시킨 것으로 볼 수도 있다. 아리스토텔레스주의는 기체이론의 기체에 종이라는 속성을 결합시킨 것으로 볼 수 있는 것이다.

아르노의 반본질주의, 라이프니츠의 초본질주의

1686년 나이 마흔의 라이프니츠는 자신의 『형이상학 서설』을 완성한 후, 그 내용을 요약해 아르노에게 편지로 보낸다. 나이 일흔넷의 아르노는 원숙했고, 라이프니츠는 아르노가 자신의 생각에 동조하기를 원했다. 그러나 돌아온 답은 매우 부정적이었다. 이제 이로부터 벌어지는 이 두 철학자 사이의 논쟁을 간략히 살펴보면서 우리의 논의를 진행시키도록 하자. 『형이상학 서설』 13절에서 라이프니츠는 완전 개체 개념에 대해 말한다. 완전 개체 개념이란 신이 가지는 개념으로서, 한 개체에게 일어날 모든 일이 세부적으로 적혀 있는 일종의 개인 역사서이다. 신은 이 완전 개체 개념에 근거해 개체를 창조하며, 그 개체는 여기에 적혀 있는 바대로 행동하게 된다. 그는 다음과 같이 말한다.

각 사람의 개체 개념은 그에게 일어날 모든 일을 포함하고 있다. 따라서 우리는 각각의 사건이 왜 참인지, 그 이유에 대한 선험적 증명을 그 개념 안에서 본다. 혹은, 우리는 왜 다른 사건이 아닌 이 사건이 발생했는지에 대한 선험적 증명을 본다. [68]

이에 대해 아르노는 다음과 같이 비판한다.

그가 13절에서 한 얘기만 예로 들어 보겠습니다. "각 사람의 개체 개념은 그에게 일어날 모든 일을 포함하고 있다." 이것이 사실이라면 신은 자유롭게 아담을 창조했을 수도, 또 자유롭게 아담을 창조하지 않았을 수도 있습니다. 그러나 그가 아담을 창조하기로 마음먹었다고 가정하면, 다음과 같은 결론이 나옵니다. 즉 인류에게 일어난 모든 일들, 인류에게 일어날 모든 일은 운명 이상 가는 필연에 의해 일어났었고, 또 일어나야 할 것이다. 아담의 개체 개념은 그가 얼마만큼의 자손을 가질 것인지를 포함하며, 또 그 자손들 각각의 개체 개념은 자신들이 앞으로 할 모든 일을 포함할 것이며, 또 그 자손의 자손들 모두를 자신들의 개념 안에 포함할 것이기 때문입니다. [69]

이와 관련해 몇 가지 점이 언급될 필요가 있다.
첫째, 아르노는 완전 개체 개념이라는 라이프니츠의 철학적 입장

---

68 Le Roy, 47.
69 Le Roy, 88.

을 다발이론과 연결시켜 이해한다. 라이프니츠에 따르면 "각 사람의
개체 개념은 그에게 일어날 모든 일을 포함하고 있다." 물론 이 주장
만 가지고는 라이프니츠가 개체의 구조와 관련해 다발이론적 입장을
취하고 있는지 바로 결정할 수는 없다. 개체 개념은 한 개체에게 일
어날 모든 일을 포함하지만, 그 일들이 모두 그 개체의 정체성을 규
정하지는 않을 수도 있기 때문이다. 그러나 아르노가 그렇게 이해하
고 있다는 점은 분명하다. 아르노는 라이프니츠에 반대해 자신의 철
학적 입장으로서 변형된 기체이론을 제시하기 때문이다. 이에 관해
서는 잠시 후 자세히 다루도록 한다. 어쨌든 아르노는 라이프니츠가
다발이론가이며, 그래서 초본질주의에 개입하게 된다고 생각한다.
아르노의 이러한 판단은 옳은가? 라이프니츠는 다발이론가인가? 그
래서 개체의 정체성을 규정하는 것은 속성들뿐이라고 생각하는가?
어떤 개체가 현실적으로 가지는 어떤 속성 하나만이라도 잃는다면,
그 개체는 자신의 정체성 역시 잃게 된다고 그는 생각하는가? 라이프
니츠의 『형이상학 서설』에서 우리는 아르노의 이러한 판단이 옳음을
확인할 수 있다.

그러나 어떤 이는 다음과 같이 반박할 수 있을 것이다. 이 사람이
확실히 죄를 짓는다는 일이 어떻게 일어날 수 있는가? 답은 쉽다.
만약 죄를 짓지 않는다면, 그는 그 사람이 아닌 것이다. [70]

여기서 라이프니츠는 어떤 사람의 정체성(그가 그임)을 그가 갖는 단

---

70 Le Roy, 67.

하나의 속성, 즉 죄지음에 근거 지우고 있다. 하나의 속성만이라도 달라진다면, 그 사람은 자신의 정체성을 잃고 다른 이가 된다는 것이다. 전형적인 다발이론적 해답, 초본질주의적 해답이다

두 번째 언급할 것은 다음과 같다. 즉, 아르노는 이러한 라이프니츠식 다발이론으로부터 결정론을 도출한다. 그는 다음과 같이 말한다. "인류에게 일어난 모든 일들, 인류에게 일어날 모든 일들은 운명 이상 가는 필연에 의해 일어났었고, 또 일어나야 할 것이다. 아담의 개체 개념은 그가 얼마만큼의 자손을 가질 것인지를 포함하며, 또 그 자손들 각각의 개체 개념은 자신들이 앞으로 할 모든 일을 포함할 것이며, 또 그 자손의 자손들 모두를 자신들의 개념 안에 포함할 것이기 때문입니다." 다발이론이 초본질주의와 직접적 연관이 있음은 앞에서 확인했다.

그렇다면, 초본질주의는 어떻게 결정론과 연관되어 있는가? 초본질주의로부터 결정론으로 이어지는 논리적 사슬은 다음과 같다. 우선 초본질주의에 따르면, 각각의 속성은 한 개체의 정체성을 규정한다. 각각의 속성이 한 개체의 정체성을 규정하므로, 만약 어떤 개체가 자신이 현실적으로 가지는 속성 중 하나만이라도 잃어버리게 된다면, 그 개체는 자신의 정체성도 잃게 된다. 따라서 어떤 개체가 자신의 정체성을 유지하려면, 그는 그가 현실적으로 가지는 모든 속성을 반드시, 본질적/필연적으로 가져야 한다. 우리의 소크라테스는 철학자라는 속성을 반드시, 본질적/필연적으로 가져야 한다. 소크라테스가 철학자가 아닌 것은 불가능하다. 자신의 정체성을 유지하려면 말이다. 그래서 소크라테스는 필연적으로 철학자다. 다발이론은 이런 과정을 통해 결정론으로 귀결된다.

라이프니츠는 결정론을 피하기 위해 여러 가지 해결책을 모색하지만[71] 모두 다 아르노를 만족시키지 못한 채 실패로 끝난다. 이것이 1686년『형이상학 서설』, 그리고 아르노와의 편지 교환 때 벌어진 일이다. 라이프니츠는 1710년까지 이 문제에 천착하며, 결국 결정론을 피할 자신의 해결책을 마련한다. 아랫글 '라이프니츠의 경우'에서 1710년『변신론』에서의 라이프니츠의 최종 해결책을 검토할 것이다.

세 번째 언급할 것은 다음과 같다. 우리는 라이프니츠가 다발이론으로부터 시작해 결정론에 개입하게 된다는 점에 비춰 결정론을 벗어나고자 하는 아르노의 전략이 어떤 것일지 예측할 수 있다. 실제로 아르노는 이 전략을 취하는데, 바로 변형된 기체이론[72]의 채택이 그것이다. 기체이론은 반본질주의로서, 한 개체에 본질적인 속성은 아무것도 없다는 입장을 취하는 이론이다. 이 이론에 따르면, 소크라테스는 철학자가 아니어도 자신의 정체성 유지에 아무런 문제를 일으키지 않는다. 소크라테스는 반드시, 본질적/필연적으로 철학자일 필요가 없다. 유다를 예로 든다면, 라이프니츠의 경우 유다의 개체 개념 안에는 죄지음이라는 사건이 포함되지만, 그래서 만약 유다가 죄를 짓지 않는다면, 그 유다는 우리의 그 유다가 아니지만, 아르노의 경우 유다의 개체 개념 안에는 죄지음이라는 사건이 포함되지 않기 때문에 유다는 자신의 정체성을 유지한 채, 죄를 지을 수도, 죄를 짓

---

71 박제철(2009) 참조

72 '변형된 기체이론'이라고 부르는 이유는, 아르노의 이론에서 기체는 전형적인 기체이론에서의 기체와 다르기 때문이다. 아르노의 경우, 소크라테스라는 개체는, 그가 인간인 한에서, 생각함이라는 속성을 본질적/필연적으로 갖는다. 이렇게 볼 때, 아르노식의 기체는, 예를 들어 소크라테스라는 개체가 갖는 기체는, 다른 모든 속성은 우연적으로 갖지만, 생각함이라는 속성만큼은 본질적/필연적으로 갖는, 그러한 형태를 띤다.(Le Roy, 95. 참조)

지 않을 수도 있는 것이다. 라이프니츠와의 서신 교환(1686년 5월 13일)에서 아르노는 변형된 형태의 기체이론을 제시하며 다음과 같이 말한다.

> 내 생각에 이로부터 다음과 같은 결론이 나옵니다. 즉, 결혼한 나로서, 혹은 총각으로 살아가는 나로서, 이렇게 내가 언제나 나로 남지 않는 것은 불가능하므로, 내 개체 개념은 이 두 상태[총각임, 그리고 결혼함] 그 어떤 것도 포함하지 않습니다. [73]

여기서 아르노는 한 개체의 정체성에 총각, 결혼함 등의 속성을 포함시키지 않는다. 라이프니츠와 달리 한 개체의 정체성에 이러한 속성들이 포함되지 않으므로 그 개체는 자신의 정체성을 그대로 유지하면서 총각일 수도, 결혼할 수도 있는 것이다. 내가 나의 정체성을 유지하기 위해 반드시, 본질적/필연적으로 총각일 필요가 없다는 것이다. 이렇게 아르노는 변형된 형태의 기체이론을 제시하면서 결정론을 피하게 된다. 그러나 라이프니츠는 아르노의 이러한 전략에 반대한다. 그 이유를 추정해 보자면 다음과 같다.

만약 라이프니츠가 아르노의 이러한 전략을 취함으로써 결정론에서 벗어나고자 한다면, 라이프니츠는 1686년 당시 자신의 가장 핵심적인 철학적 입장 하나를 버려야 한다. 즉, 그는 완전 개체 개념이라는 철학적 입장을 버려야 한다. 완전 개체 개념이라는 테제는 신의 전지성에 대한 라이프니츠의 믿음으로부터 나온 것이다. 신은 전지

---

73 Le Roy, 97.

하다. 즉, 신은 창조 이전에 모든 것들을 미리 본다. 그래서 신은 유다가 창조되었을 경우, 그가 무엇을 할지 모두 알고 있었다. 이러한 신의 전지성에 대한 철학적 정당화가 바로 완전 개체 개념이다. 신은 유다의 완전 개체 개념을 가지고 있었다. 그 개념을 통해 신은 유다가 죄를 지을지, 죄를 짓지 않을지를 알고 있었다. 그리고 창조할 때 신은 이 완전 개체 개념에 근거해 유다를 창조했다. 따라서 유다는 필연적으로 죄를 짓게 되는 것이다. 유다가 죄를 짓지 않는다면, 신이 잘못 예지했거나, 아니면 예지한 그대로를 창조하지 못한 것이다. 만약 라이프니츠가 기체이론을 채택해 결정론을 피하고자 한다면, 그는 완전 개체 개념에 대한 그의 입장을 철회해야 할 것이고, 이러한 입장 철회는 신의 전지성과 전능성에 대한 부정으로 이어진다. 라이프니츠로서는 채택할 수 없는 선택지이다. 결국 라이프니츠는 아르노의 전략에 반대해 다발이론을 고수한다.

다발이론을 고수하면서, 결정론을 피할 수 있을까? 이제 이 문제를 살펴보자.

루이스의 상대역 이론

소크라테스가 철학자가 아닐 수 있었을까? 유다가 죄를 짓지 않을 수 있었을까? 우리 모두는 이에 대해 그렇다고 생각하지만, 다발이론가들은 이에 대해 그렇다고 얘기하기 어렵다. 초본질주의자들로서 그들에게는, 소크라테스가 현실적으로 철학자라면, 그가 자신의 정체성을 유지하고자 하는 한 그는 반드시, 본질적/필연적으로 철학자이어야 한다. 마찬가지로 유다도, 그가 자신의 정체성을 유지하고자 하는 한 그는 반드시, 본질적/필연적으로 죄를 지어야 한다. 양상 논리 의미론에 관한 형이상학적 작업을 하는 동안 이러한 입장에 놓이게 된 사람이 있었는데, 루이스$^{David Lewis}$가 바로 그렇다. 루이스는 동일자 구별불가능성의 원리에서 출발한다[74]. 이 원리는 다음과 같다. 개체 a와 b가 동일하다면, a와 b는 구별이 불가능하다. 다시 말해 a와 b가 동일하다면, a와 b는 모든 속성을 공유한다(다음에서 'φ'는 임의의 속성을 표현한다) : "(a=b) → (φ)(φa ↔ φb)". 예를 들어 이 원리는 춘원과 이광수가 동일하다면, 춘원과 이광수는 모든 속성을 공유한다는 그러한 원리이다. 이 원리는 철학자라면 누구나 받아들이는 원리이다. 이제 이 원리와 동치인 대우 명제를 보자. 그러한 대우 명제는 다음과 같다: "−(φ)(φa ↔ φb) → −(a=b)". 그리고 이 명제를 논리적으로 변환시키면, 다음과 같다.

변환된 명제: "((∃φ)((φa & −φb) v (φb & −φa)) → −(a=b)".

동일자 구별불가능성의 원리로부터 동치 명제를 얻어내서 논리적으로 변환시키면, 위의 변환된 명제가 얻어진다. 그리고 이 명제가 뜻하는 바는, 적어도 하나의 속성 φ에 대해, 만약 a가 φ를 갖지만 b는 φ를 갖지 않는다면, 혹은 만약 b가 φ를 갖지만 a가 φ를 갖지 않는다면, 그렇다면 a와 b는 다른 개체라는 것이다. 결국 동일자 구별불가능성의 원리가 궁극적으로 의미하는 바는, 단 하나의 속성만 어긋나도, 서로 다른 개체가 된다는 것이다. 춘원은 소설가인데, 이광수

---

74 마이클 루(2010), 346 참조.

는 소설가가 아니라면, 춘원과 이광수는 다른 사람인 것이다.

루이스가 이해한 바에 따르면, 이 원리는 초본질주의적 성격을 가진다. 단 하나의 속성이 한 개체의 정체성을 결정하는 기준, 즉 그가 바로 그 사람인지, 아니면 다른 사람인지를 평가하는 기준이 되기 때문이다. 그 어떠한 사소한 속성이라도, 그 속성은 한 개체의 정체성을 규정한다. 이 원리에 따르면, 유다는 자신이 현실적으로 갖는 속성 단 하나만이라도 잃게 되어도, 다른 개체가 된다. 죄를 짓지 않은 유다는 우리의 그 유다가 아니다.

라이프니츠가 그렇듯 루이스 역시 이러한 초본질주의적 입장으로부터 결정론에 개입하게 된다. 각각의 속성은 한 개체의 정체성을 규정한다. 각 속성이 한 개체의 정체성을 규정하므로, 만약 어떤 개체가 자신이 현실적으로 가지는 속성 중 단 하나만이라도 잃어버리게 된다면, 그 개체는 자신의 정체성도 잃게 되어 다른 그 무엇이 된다. 따라서 어떤 개체가 자신의 정체성을 유지하려면, 그는 그가 현실적으로 가지는 모든 속성을 반드시, 본질적/필연적으로 가져야 한다. 우리의 유다는 죄지음이라는 속성을 반드시, 본질적/필연적으로 가져야 한다. 유다가 죄를 짓지 않는 것은 불가능하다. 자신의 정체성을 유지하려면 말이다. 유다는 필연적으로 죄를 짓는다[75].

결정론을 기꺼이 받아들이는 철학자는 적어 보인다. 이러한 철학적 입장은 우리의 직관을 흔들기 때문이다. 결정론은 우리의 자유를 부정한다. 유다는 죄를 지을 수밖에 없는 것이다. 자유가 부정되

---

75 "그렇다고 한다면 루이스의 주장, 즉 나는 오직 한 세계에서만 존재한다는 주장은 다음과 같은 주장이 되고 만다. 이 세계 안에서 나에게 일어나는 모든 것은 형이상학적 필연의 문제인 것이다." (마이클 루(2010), 349).

면 죄에 대한 책임도 없어진다. 그리고 책임이 없다면, 처벌도, 보상도 없다. 전쟁터에서 열심히 싸울 필요도 없다. 어차피 이길 거면 이기고, 질 거면 질 것이다. 이 모든 귀결은 우리의 직관을 흔든다. 따라서 결정론을 피하기 위한 해결책이 필요하다. 루이스도 마찬가지이다. 루이스도 결정론을 피하고자 한다. 이제 초본질주의로부터 시작해 결정론에 도달한 루이스는 이러한 결정론을 피하기 위해 어떤 해결책을 내놓을 수 있을까? 루이스의 해결책은 상대역 이론counterpart theory이다.

우리는 이렇게 믿는다. 유다가 현실적으로 죄를 지었지만, 유다는 죄를 짓지 않았을 수도 있었다. 그러나 초본질주의자로서의 루이스는 이렇게 생각한다. 죄를 지은 유다는 우리의 그 유다, 즉, 진짜 유다이지만, 죄를 짓지 않은 유다는, 우리의 그 유다가 아닌 다른 유다이다.(이 유다들은 이름만 같은 것이다. 이를 분화하기 위해 유다₁, 유다₂라고 하면 더 좋겠다.) 이 두 유다는 서로 다른 속성을 가지기 때문이다. 그렇다면, 우리의 유다는, 자신이 진짜 우리의 유다이기 위해서는, 죄를 지을 수밖에 없는 것이다. 유다에게는 죄짓지 않을 가능성이 없다. 유다에게 죄짓지 않을 가능성을 확보해 주기 위해, 그래서 결정론을 피하기 위해 루이스는 상대역이라는 개념을 이용한다. 죄지은 유다와 죄짓지 않은 유다는 서로 다르다. 그러나 다른 가능세계에는(다른 가능한 상황에는) 유다와 매우 유사한 개체, 그 세계에 있는 그 어떤 개체보다도 더 우리의 유다와 유사한 어떤 개체가 존재한다. 이것이 유다의 상대역이며, 바로 이 유다의 상대역이 유다가 죄짓지 않을 가능성을 확보해 준다는 것이다. 1986년 자신의 저서에서 루이스는 다음과 같이 말한다.

당신은 현실세계에 있다. 당신은 다른 가능세계에서는 존재하지 않는다. 그러나 당신은 다른 여러 가능세계 내에 당신의 상대역 counterpart들을 가진다. 당신의 상대역들은 그 내용에서나 그 맥락에서나 중요한 측면에서 당신과 닮았다. 이들은 당신과 닮았는데 어떻게 닮았냐 하면, 그들 세계 각각에서의 다른 모든 이들 중 가장 당신과 닮았다. 그러나 그들은 진정 당신은 아니다. 이들 각각은 자신들 세계 안에 있으며, 오직 당신만이 여기, 이 현실세계에 있기 때문이다. [76]

그래서 결정론을 피할 방법이 생겼다. 유다는 죄를 짓지 않을 수 있게 된 것이다. 다음의 두 문장 A와 B에서, 만약 A가 참이라면 결정론을 피할 수 있다. 그리고 상대역 이론에 따르면, A의 진정한 의미는 B에 의해 주어진다.

A. 유다는 죄를 짓지 않을 수 있었다(유다가 죄를 짓지 않는 것은 가능하다).
B. 유다의 상대역은 죄를 짓지 않았다.

필자의 생각에 누군가가 다발이론가라면, 그래서 초본질주의자라면, 그래서 결정론에 개입하게 되었다면, 이러한 상대역 이론 이외의 방법으로는 결정론을 피할 수 없다. [77] 1710년의 라이프니츠 역시 마

---

76 Lewis(1986), 112.
77 최근 필자는 반직관적인 기체 이론과, 역시 반직관적인 상대역 이론, 이 둘 모두를 피해가면서 우리의 직관을 만족시키는 이론을 발견했다. 이 이론은 예를 들면, AI를 통해 발전한 안면 인식 기술과 유사하다. 이에 대해서는 후속 논문을 준비하고 있다.

찬가지이다. 1686년 아르노와의 서신 교환에서, 결정론과 관련해 라이프니츠는 아르노를 만족시키지 못한다. 그러나 라이프니츠는 이 문제와 계속 씨름한 것으로 보인다. 그리고 1710년 『변신론』에서 라이프니츠는 자신의 최종적 해결책을 얻어내는데, 그 모습은 바로 루이스의 상대역 이론이다. 이제 라이프니츠가 자신의 결정론을 해결해 나가는 과정을 검토하면서, 그의 최종 해결책이 어떤 모습을 띠는지 살펴보도록 하자.

라이프니츠의 경우

『변신론』 3부 404-415절에 걸쳐 라이프니츠는 결정론에 관한 자신의 문제의식과 그에 대한 해결책을 모색한다. 여기서 라이프니츠는 두 사람이 나누는 대화를 통해 자신의 문제의식을 드러내고, 자기 스스로 대화를 더 이어 나가 이 문제에 대한 자신의 최종적 해결책을 제시한다. 라이프니츠의 문제의식을 드러내 주는 대화의 주인공은 라이프니츠의 기존 입장을 대변하는 라우렌티우스, 그리고 아르노를 연상시키는 안토니오, 이 둘이다. 안토니오의 요청에 의해 라우렌티우스는 보에티우스를 비판하는데, 이로부터 대화는 시작한다[78].

라우렌티우스. 이 위대한 인물을 논박함으로써 많은 사람을 놀라게 할까봐 걱정입니다. 그러나 이런 걱정보다는 친구의 부탁을 존중하

---

78 이 대화는 라우렌티우스 발라라는 이탈리아 인문주의자의 저서 『자유의지에 관한 대화』의 한 부분을 라이프니츠가 요약한 것이다.

는 것이 더 낫다는 생각이 듭니다. 대신 약속을 해주신다면… **안토니오**. 어떤 약속이죠? **라우렌티우스**. 그건 말이죠, 당신이 우리 집에서 저녁을 드신 후, 야식을 달라고 요구하시면 안 된다는 것입니다. 다시 말해, 당신이 제게 물었던 질문에 대한 [저의] 답변에 만족하시기를, 그래서 더 이상 다른 질문은 하지 마시길 바란다는 것입니다.

407. **안토니오**. 약속드립니다. 이제 어려움은 다음과 같은 것입니다. 만약 신이 유다의 배신을 미리 보았다면, 유다가 배신하는 것은 필연적인 일이며, 배신하지 않는 것은 불가능한 일입니다. 불가능한 것에 대해서는 책임이 없습니다. 따라서 유다는 죄를 지은 것이 아니며, 벌을 받을 필요도 없습니다. 이러한 것은 신에 대한 경외와 함께 정의와 종교를 파괴하는 것입니다. **라우렌티우스**. 신은 [유다의] 죄를 미리 봤습니다. 그러나 유다로 하여금 죄를 짓도록 강제한 것은 아닙니다. 죄는 자발적인 것입니다. **안토니오**. 이 자발성은 필연적인 것입니다. 미리 예견된 것이었으니까요. [79]

아르노와의 서신 교환에서 드러났던 문제의식이 그대로 재현되고 있다. 신이 유다의 배신을 미리 보았다면, 유다는 필연적으로 배신하는 것이다. 신의 전지성이 결정론으로 이어진다는 안토니오의 주장이다. 이에 대해 라우렌티우스는 다양한 반론을 전개한다. 이제 이들의 대화 안에는 세 인물이 등장하는데 섹스투스라는 사람, 예지의 신 아폴론, 창조의 신 주피터(제우스)가 그들이다. 여기서 흥미로운 점은

---

79 TH, 355-356.

이 주제와 관련해 예전 라이프니츠 논의에 등장했던 전지전능한 기독교적 신이 이 두 속성을 독자적으로 갖는 신들, 즉 예지의 신 아폴론, 그리고 전능의 신 주피터(제우스)로 대체된다는 것이다. 이렇게 기독교적 신의 두 가지 역할을 나누어 서로 다른 신들에게 각각 할당함으로써, 1686년 아로노와의 논쟁에서보다 더 정교한 논의가 가능해지게 된다.

이제 섹스투스라는 사람이 델포이로 와서 아폴론의 신탁을 받는 것으로 이야기는 시작한다. 아폴론은 다음과 같은 신탁을 내린다. "조국에서 쫓겨난 가련한 자여, 생명을 잃게 될 것이다." 섹스투스는 이에 저항한다. 무고한 사람에게 어찌 그리 잔인하냐고, 어찌 그리 불행한 운명을 준비해 놓았냐고. 이에 대해 아폴론이 대답한다. 너는 무고하지 않다고. 너는 오만할 것이고, 불륜을 저지를 것이고, 조국을 배신할 것이라고. 섹스투스는 더 이상 아폴론에게 불평할 수 없었다. 아폴론은 자신의 운명을 미리 본 죄밖에 없기 때문이다. 이때 섹스투스는 다음과 같이 말한다.

'뭐라고요? 그렇다면 저는 자유롭지 않은 것 아닙니까?' 덕을 따를 능력이 저에게는 없는 것 아닙니까?[80]

라우렌티우스가 이에 대해 아폴론의 편을 들면서 다음과 같이 말한다.

---

80 TH, 357.

라우렌티우스. 아마도 아폴론은 그에게 이렇게 말할 것입니다. 가련한 섹스투스여, 이것을 알아야 한다. 신들은 각각의 것들을 지금 그것들의 모습으로 만들었다. 주피터는 늑대를 매혹적으로, 토끼는 내성적으로, 당나귀는 멍청하게, 사자는 용감하게 만들었다. 주피터는 너에게 못된, 고칠 수 없는 영혼을 주었다. 너는 네 본성에 걸맞게 행동할 것이고, 주피터는 네 행동에 걸맞게 너를 처리할 것이며, 스틱스 강Styx에 대고 이를 맹세했다.[81]

라우렌티우스의 말에 대해 안토니오가 섹스투스를 옹호하며 다음과 같이 말한다.

411. **안토니오**. 아폴론이 자신에 대해 변명하면서 섹스투스를 비난하기보다는 주피터를 더 비난하는 것처럼 보입니다. 따라서 섹스투스는 이렇게 대답할 것입니다. 주피터는 자신의 범죄를 내 안에 선고했다. 죄 있는 자는 주피터이다. 주피터는 나를 완전히 다르게 만들 수 있었다. 그러나 나를 이렇게 만들었고, 나는 주피터가 원했던 바대로 행동해야 한다. 그런데 왜 주피터는 나를 벌하는가? 내가 그의 의지에 반할 수 있는가?[82]

이에 대해 라우렌티우스가 다음과 같이 대답하며 더는 할 말이 없음을 드러낸다.

---

81 TH, 357.
82 TH, 357-358.

라우렌티우스. 당신처럼 저도 여기에서 멈추어야 할 것 같습니다. 이 무대에 아폴론과 주피터, 이 두 신을 모신 것은 당신으로 하여금 신의 예지와 섭리를 구분하도록 하기 위해서였습니다. 저는 아폴론, 즉 예지가 자유에 해가 되지 않는다는 것을 보이고자 했습니다. 그러나 저는 주피터의 의지적 명령과 관련해서는, 즉 일련의 섭리와 관련해서는 당신을 만족시킬 수가 없네요. [83]

그리고 다음과 같이 대화가 끝난다.

안토니오. 당신은 저를 수렁에서 건졌다가 더 큰 수렁으로 빠뜨리십니다. **라우렌티우스**. 우리의 계약을 떠올려 보세요. 저는 당신에게 저녁을 대접했는데, 당신은 저에게 야식을 달라고 요구하십니다. 412. **안토니오**. 당신의 정교함을 보게 되네요. 제가 걸려들었습니다. 그러나 정직한 계약은 아니네요. [84]

이 둘의 대화는 안토니오의 불평으로 끝난다. 라우렌티우스는 불평하는 안토니오에게 우리는 신의 뜻을 알 수 없다는 변명을 남기며 대화를 맺는다.

이제 라이프니츠는 이 불행한 섹스투스의 이야기를 이어 나간다. 섹스투스는 아폴론을 떠나 주피터를 찾아간다. 자신의 불행한 운명에 대한 책임이 예지의 신 아폴론에게 있지 않고 전능의 신 주피터에

---

83 TH, 358.
84 TH, 358.

게 있다고 여겼기 때문이다. 신들에게 재물을 바친 후 그는 다음과 같이 말한다. "위대한 신이시여, 왜 저로 하여금 악인이 되도록, 불행하도록 선고해 놓으셨습니까? 저의 운명과 마음을 바꿔주소서. 그렇지 않다면 당신의 잘못을 인정하소서."[85] 이에 대해 주피터가 다음과 같이 대답한다. "네가 로마를 포기한다면 파르카의 여신들은 다른 운명의 실을 짤 것이며, 너는 현명해지고 행복해질 것이다. **섹스투스.** 왜 제가 왕관에 대한 희망을 버려야 합니까? 제가 훌륭한 왕이 될 수는 없는 것입니까? **주피터.** 안 된다. 나는 네게 필요한 것이 무엇인지 더 잘 알고 있다. 만약 네가 로마로 간다면, 너는 죽는다."[86] 이에 대해 섹스투스는 그 큰 희생을 결심할 수 없어서 신전을 나와 자신을 운명에 맡긴다. 섹스투스는 수긍할 수 없었던 것이다.

이때 주피터와 섹스투스의 대화를 지켜본 대제사장 테오도루스가 주피터의 지혜를 칭송한다. 어떤 이유인지 『변신론』에는 자세히 나와 있지 않지만, 주피터는 자신의 딸 팔라스한테 테오도루스에게 가도록 명령한다. 추정컨대, 주피터 자신이 섹스투스에게 말한 것 이상의 어떤 진실을, 섹스투스조차도 수긍할 만한 그런 어떤 숨어 있는 진실을 테오도루스에게 보여주고자 한 것으로 생각한다.

테오도루스는 팔라스 여신의 신전에 가, 거기 머물며 꿈을 꾼다. 꿈에서 그는 팔라스 여신을 만난다. 여신은 다음과 같이 말한다.

당신을 사랑하는 주피터는 나에게 당신을 가르치라 명령했습니다.

---

85 TH, 359.
86 TH, 359.

여기서 당신은 제가 지키고 있는 운명의 궁전을 봅니다. 여기에는 [실제로] 일어나는 일에 대한 그림들représentations뿐만 아니라 가능한 모든 것들에 대한 그림들이 있습니다. 주피터는 현존하는 세계가 시작되기 전에 검토를 통해 가능성들을 세계들로 분류했고, 그중 가장 좋은 세계를 선택했습니다. 주피터는 때때로 이러한 세계들을 방문해서 사물들에 대해 회상할 즐거움, 또 그의 선택, 그를 만족시킬 수밖에 없는 그러한 선택을 쇄신할 즐거움을 누리십니다. 저는 말만 하면 됩니다. 우리는 나의 아버지께서 창조할 수 있었던 세계 전체, 우리가 그에게 물어볼 수 있는 모든 것이 그려져 있는 그러한 세계 전체를 보게 될 것입니다. 그리고 이러한 방법을 통해 우리는 만약 이러저러한 가능성이 존재하게 되었다면, 그 경우 어떤 일이 일어날 수 있었던 것인지에 대해 알 수 있게 됩니다. 그리고 조건들이 충분히 규정되지 않을 경우, 그 경우 원하는 만큼 많은, 그러한 서로 다른 세계들이 존재합니다. 이 세계들은 하나의 동일한 질문에 대해 가능한 한 많은 방식으로 서로 다른 답을 내놓을 것입니다.[87]

신이 이 세계를 창조하기 전 다양한 가능성들(가능세계들)을 생각했고, 그중 가장 좋은 세계를 선택했다는, 이른바 라이프니츠의 가능세계론이다. 적어도 1686년 이래 계속 주장되어 오던 가능세계론이 다시 등장한다. 왜일까? 테오도루스에게 가능세계론을 이야기해 주는 이유는 무엇인가? 섹스투스는 주피터의 말에 수긍하지 않았다. 그는

---

87 TH, 359-360.

그냥 떠났다. 반면 테오도루스는 주피터의 말에 수긍하여 그를 칭송했다. 칭송을 받은 주피터는 그에게 자신의 딸 팔라스한테 가라고 명령한다. 왜 자신을 잘 이해했고, 그래서 자신을 칭송한 테오도루스에게 굳이 자신의 딸 팔라스한테 가라고 명령했을까? 맥락상 다음과 같은 추정이 가장 그럴듯하다. 즉, 주피터는 자신을 칭송한 테오도루스도 모르는 어떤 진실, 섹스투스조차도 수긍시킬 만한 어떤 진실을 보여주고자 한 것이다. 그 진실이란 무엇일까? 자신의 가혹한 운명이 결정되어 있다는 것에 대해 섹스투스가 신들을 비난할 때, 주피터가 그렇지 않다고 하며 그를 설득할 만한 어떤 장치가 여기에 마련되어 있을까? 그래서 섹스투스도, 테오도루스도 수긍할 만한 그런 어떤 장치가 1710년의 이 저작에 마련되어 있을까? 이제 주피터의 딸 팔라스는 테오도루스에게 그 장치를 알려준다. 바로 1986년 루이스가 얘기했던, 결정론을 피하기 위해 마련한 그 장치, 즉 상대역 이론이다. 주피터의 딸 팔라스는 다음과 같이 말한다.

현실세계와 오직 하나의 사건, 그리고 그 이후의 사건만 다른, 그러한 경우를 상정한다면, 규정된 어떤 세계가 당신에게 응답할 것입니다. 이 세계들은 모두 여기에, 다시 말해 관념 안에 있습니다. 저는 당신에게 그러한 가능세계들을 보여드릴 것입니다. 거기에는 당신이 보았던 섹스투스와 완전히 동일하지는 않은(완전히 동일하다는 것은 불가능합니다. 섹스투스는 항상 그에게 일어날 일들을 간직하고 있으니까요), 그러한 유사한approchants 섹스투스들이 있습니다. 유사한 섹스투스들은 당신이 진짜 섹스투스에 대해 알고 있는 모든 것을 가집니다만, 진짜 섹스투스 안에서 지각되지 않은 채로 있는 것들은 갖지 않

으며, 그 결과 진짜 섹스투스에게 일어날 모든 일들도 갖지 않습니
다. 어떤 세계에서 당신은 매우 행복하며 고귀한 섹스투스를, 다른
세계에서는 자신의 비천한 상태에 만족하는 섹스투스를, 그래서 모
든 종류의, 그리고 무한히 많은 방식의 섹스투스들을 발견할 것입
니다. [88]

『변신론』의 이 대목은 라이프니츠가 상대역 이론을 통해 결정론에
서 벗어난다고 보는 여러 해석가, 예를 들어 이쉬구로[89], 블루멘펠트
[90] 등과 같은 해석가들에 의해 전형적으로 인용되고 있는 대목이다.
여기서 라이프니츠는 유사한 섹스투스들에 대해 말하고 있다. 진짜
섹스투스와는 서로 다른, 그러한 유사한 섹스투스들. 그리고 이러한
수적으로 서로 다른 섹스투스들에 대해 말하고 있는 맥락은, 자신의
가혹한 운명과 관련해 주피터가 말한 것에 대해 수긍하지 못한, 그래
서 왜 자신은 행복하게 살 수 없는지 알 수 없어 괴로워하는, 그러한
섹스투스에게, 그도 행복하게 살 수 있다는 가능성을 확보할 길이 있
음을 보여주는 그러한 맥락이다. 즉, 섹스투스는 불행하게끔 결정되
어 있지 않은데, 그 이유는 다른 가능세계의 다른 섹스투스(상대역)가
진짜 섹스투스의 행복할 가능성을 확보해 주기 때문이라는 것이다.
필자는 이것이 1686년에 라이프니츠가 해결할 수 없었던 결정론의
문제가 1710년 『변신론』에서 비로소 해결되고 있음을 보여주는 대목
이라 생각한다. 그리고 필자는 이것이 결정론을 피할 라이프니츠의

---

88 TH, 360.
89 Ishiguro(1991), 178.
90 Blumenfeld(1982), 106.

마지막 해결책이라고 생각한다.

남은 문제들

이제 몇 가지 문제가 남았다. 첫째는 결정론을 벗어날 수 있는 다른 해결책이 있을지도 모른다는 것이다. 이에 대해 필자는, 단정하는 것은 아니지만, 없다고 생각한다.[91] 다발이론적 초본질주의는 결정론으로 귀결된다. 아르노는 기체이론을 채택함으로써, 그래서 반본질주의를 채택함으로써 결정론을 피하지만, 라이프니츠는 다발이론, 그리고 그로부터 귀결되는 초본질주의를 버릴 생각이 없다. 신의 전지성이 침해된다는 이유 때문이다. 따라서 다른 방법을 채택해야 하는데, 필자의 생각에 상대역 이론 말고는 대안이 없어 보인다.

둘째, 상대역 이론이 잘못된 이론일 수 있다. 다시 말해, 이 이론은 결정론을 피하는 데 실패한 이론일 수 있다는 것이다. 주로 제기되는 반론은 다음과 같다. 상대역 이론은 우리의 직관을 흔든다. 크립키의 유명한 예를 든다면 다음과 같다[92]. 오늘 나는 교통사고가 날 뻔했다. 다행히 교통사고가 나지는 않았다. 나는 안도의 한숨을 쉰다. 상대역 이론에 따르면, 교통사고가 나지 않은 나와 교통사고가 난 나는 서로 다른 개체이다. 교통사고가 난 나는 나와 다른 개체지만, 나의 상대역으로서 내가 교통사고가 날 가능성을 확보해 주는 존재이다. 그런데 교통사고가 나지 않은 나, 그리고 교통사고가 난 나, 이 둘이 서로

---

91 앞에서도 언급했듯이, 현재 이 책을 쓰고 있는 지금은 다른 해결책이 있다고 생각한다.
92 마이클 루(2010), 367-368 참조.

다르다면, 나는 왜 나와 다른 그 무엇의 교통사고를 상상하면서 내가 사고가 나지 않았다는 사실에 다행이라며 안도의 한숨을 쉴까? 나와 다른 그 무엇의 교통사고와 나는 무슨 관계가 있는가? 크립키의 이러한 생각 이면에는 다음과 같은 착상이 놓여 있다. 사고가 나지 않은 나와 사고가 난 나는 동일인이어야 한다. 그렇지 않다면 내가 안도의 한숨을 쉴 이유가 없다. 필자는 다음과 같이 생각한다. 크립키의 이러한 비판은 충분히 방어될 수 있다. 즉 필자는 크립키가 잘못 생각하고 있다고 그렇게 생각한다. 나는 오늘 사고가 나지 않았다. 그러나 사고가 날 뻔했다. 즉 사고가 날 가능성이 있었다. 여기서 형이상학적 분석이 필요한 문장은 다음과 같은 것이다.

분석되어야 할 문장: 나에게는 사고가 날 가능성이 있었다.

이에 대해 크립키, 그리고 라이프니츠-루이스는 각각 다음과 같은 형이상학적 분석을 내놓는다.

크립키: 나와 동일한, 다른-가능-세계에서의-나에게 사고가 났다.
라이프니츠-루이스: 나와는 다른, 다른-가능-세계에서의-내-상대역에게 사고가 났다.

이렇게 분석되어야 할 문장 하나에 대한 두 가지 서로 다른 분석이 제기되었다. 어떤 분석이 옳은가? 크립키는 자신의 분석이 양상적 사실에 대한 우리의 직관에 부합하기 때문에 더 옳다고 주장할 것이다. 라이프니츠-루이스는 자신들의 분석이 직관에 맞지는 않지만, 이론적으로 볼 때 더 좋은 분석이라고 주장할 것이다. 우선 지적해야 할 것은, 두 진영 모두 각자 자신들의 할 일은 하고 있다는 것이다. 즉, 이들 각각은 분석되어야 할 문장에 대한 자신들 나름의 분석을 내놓았다. 한 진영은 분석을 제공하지만, 다른 진영은 분석을 내놓지 못하는 그런 상황이 아니라는 것이다. 그래서 여기까지는 무승부이다. 그렇다면 이제 할 일은 제3자의 입장에서 이 두 분석을 평가해야 하는 일이다. 어떤 분석이 선호되어야 하는가? 한 가지 분명한 것은 크립키의 분석이 양상적 사실에 대한 우리의 직관에 더 잘 부합한다는 것이다. 교통사고의 예에서처럼, 우리 모두 사고가 나지 않은 나와 사고가 날 뻔한 나, 이 둘을 동일인이라 생각한다. 이러한 철학 이전적 믿음은 중요하며 존중되어야 한다. 그런데 문제는 이렇게 우리의 직관에 근거해 어떤 주장을 관철시키려는 시도가 항상 성공적이지는 않다는 것이다. 우리의 직관에 반하는, 그러한 수없이 많은 과학적, 형이상학적 주장들이 받아들여지고 있는 것이다. 예를 들어 지금은 정설이 되었지만 오랫동안 받아들여지지 않았던 지동설, 빅뱅이론 등. 따라서 크립키의 비판이 받아들여지려면 다른 근거가 필요하다.

다음으로 지적할 것은, 라이프니츠–루이스의 상대역 이론이 잘못되었다는 크립키의 주장은, 선결문제 가정의 오류를 범하고 있는 그러한 주장이라는 것이다. 크립키는 사고 안 난 나와 사고 난 내가 동일인이어야 한다는 자신의 믿음을 전제로 라이프니츠–루이스를 비판한다. 그런데 왜 사고 안 난 나와 사고 난 내가 동일인이어야 하는가? 위에서 말한 것처럼, 우리의 직관에 호소하는 정도로는 이를 정당화할 수 없다. 자신들 고유의 분석을 끝낸 라이프니츠–루이스는 크립키의 이러한 직관을 받아들이지 않을 것이기 때문이다. 라이프

니츠와 루이스는 크립키에게 자신의 직관을 정당화하라고 주문할 것
이다. 이 직관은 미리 해결되어야 한다. 그냥 옳다고 전제되어서는
안 된다. 이렇게 크립키는 선결문제 가정의 오류를 범하고 있다. 그
래서 크립키가 진정으로 승리하려면, 두 가지 문제가 해결되어야 한
다. 크립키는 우리의 직관에 맞지 않는다는 이유 이외의 근거를 통해
반론을 제기해야 하며, 자신의 믿음이 옳다고 전제하지 않는 방식으
로 반론을 제기해야 한다. 그렇지 않다면, 그래서 이 정도의 근거로
라이프니츠–루이스의 견해를 깨고자 한다면, 너무나 쉽게 모든 형이
상학적 주장들을 깰 수 있게 될 것이다. 직관에 안 맞는다면서, 자신
이 옳다면서. 이러한 힘은 그 어떤 형이상학자도 가져서는 안 된다[93].

　이제 마지막으로 다음과 같은 것을 지적하며 이 글을 마치고자 한
다. 앞에서 말한 것처럼, 결정론을 피하기 위한, 상대역 이론 이외의
어떤 해결책이 정말 있을 수도 있다. 또 상대역 이론이 결정론을 피
하기 위한 방법으로서 적절하지 않은 것일 수도 있다. 그러나 분명한
것이 하나 있다. 상대역 이론은 1686년 아르노의 반론, 즉 라이프니
츠가 결정론에 빠진다는 그러한 아르노의 반론에 대해 적절히 대응
하지 못했던 라이프니츠가 1710년에 이르러서야 비로소 얻어낸, 그
래서 라이프니츠로 하여금 결정론에서 벗어날 수 있도록 해 주는, 그
러한 그의 최종적 해결책인 것이다.

93　보다 자세한 논의로는, 선우환(1993), 151–154 참조.

결론

필자는 개체의 구조와 관련해 라이프니츠가 다발이론의 형태를 취하고 있음을 보였다. 그리고 이로부터 라이프니츠가 초본질주의적 입장을 취하고 있으며, 결국 결정론에 개입하고 있음을 보였다. 1686년의 라이프니츠는 여기까지이다. 그때의 라이프니츠는 아르노를 만족시키지 못했고, 여러 개념장치를 도입했음에도 불구하고 결정론을 피하지 못했다. 그로부터 24년 뒤, 1710년의 『변신론』에서 라이프니츠는 기존에 볼 수 없었던 새로운 장치를 선보인다. 1986년의 루이스의 철학적 작업이 없었다면, 이 장치가 어떤 의미가 있는지 알 수 없었을 것이다. 루이스의 작업 덕에 우리는 라이프니츠의 궁극적 해결책이 어떤 의미가 있는지 알 수 있게 되었다[94]. 그 궁극적 해결책이란 바로 상대역 이론이다. 초본질주의자로서 라이프니츠가 생각해 낼 수 있었던 유일한 개념장치, 24년간의 사색, 그로부터 얻어낸 이 개념장치를 통해 라이프니츠는 결국 결정론에서 벗어난다.

---

94 라이프니츠의 상대역 개념과 루이스의 상대역 개념은 완전히 일치하지 않는다. 예를 들어, 블루멘펠트에 따르면, 루이스의 상대역 이론에서 상대역 관계는 대칭적이지도, 이행적이지도 않지만, 라이프니츠의 이론에서 상대역 관계는 대칭적이며 이행적이다. 이에 대한 자세한 분석은 길며, 따라서 본 글의 범위를 넘어선다. 다른 기회에 이를 자세히 다루도록 하겠다.

5

라이프니츠의 더 강한 결정론

　이 글에서 필자는 라이프니츠가 신의 창조에 대해 어떤 견해를 갖고 있었는지 살펴보고자 한다. 물음은 다음과 같다. 라이프니츠 철학 체계 내에서, "신은 창조에 있어 자유로운가?" 다시 말해 "신은 이 세계 말고 다른 가능세계를 창조할 수 있었는가?" 이 물음에 대해서는 여러 대립하는 해석적 입장들이 있다. 하나의 해석적 입장은 라이프니츠가 이에 대해 긍정적으로 대답할 것이라고 주장한다. 그래서 위 질문에 대한 답은 "신은 창조에 있어 자유롭다"는 것이다. 다른 해석적 입장은 라이프니츠가 이에 대해 부정적으로 대답할 것이라고 주장한다. 그래서 위 질문에 대한 답은 "신은 창조에 있어 자유롭지 않다"라는 것이다. 이렇게 해석적 입장들이 대립하는 이유는 위의 물음에 대해 라이프니츠가 어떤 경우에는 긍정적으로, 또 다른 경우에는 부정적으로 대답하기 때문이다. 따라서 라이프니츠의 말만으로는 어떤 해석적 입장이 옳은지 결정할 수 없다. 이제 어떤 대답이 라이프니츠의 최종적 대답인지를 찾는 과정은 다른 전략적 방법이 필요하다. 그 전략이란 라이프니츠 사상의 다른 측면들과의 정합성을 찾아 긍정적 답이 더 정합적인지, 아니면 부정적 답이 더 정합적인지를 찾는 것이다. 이 글에서는 "창조"에 대해 라이프니츠가 제시한 하나의 모델을 살펴보고, 이러한 모델이 위에 제시된 대답들 중 어떤 대답과 더 정합적인지를 살펴보고자 한다. 결론부터 말하자면, 이러한 모델은 부정적인 대답, 즉 "신은 창조에 있어 자유롭지 않다"는 대답과 더 정합적이다. 이제 이러한 고찰을 위해 먼저 라이프니츠의 결정론 혹은 필연주의가 어떤 모습을 가지는지 살펴보면서 시작하도록 한다.

결정론 : 유다-죄

『형이상학 서설*Discours de Metaphysique*』 13절에서 라이프니츠는 다음과 같이 말한다.

> 각 사람의 개체개념은 그에게 일어날 모든 일을 포함하고 있다. 따라서 우리는 각각의 사건이 왜 참인지, 그 이유에 대한 선험적 증명을 그 개념 안에서 본다. 혹은, 우리는 왜 다른 사건이 아닌 이 사건이 발생했는지에 대한 선험적 증명을 본다. [95]

삼각형의 개념 안에는 "내각의 합이 180도"라는 개념이 포함되어 있다(곡률 0이라는 조건하에서). 그래서 삼각형은 필연적으로 내각의 합이 180도인 그러한 도형이다. 그런데 라이프니츠는 "유다"와 같은 개체개념이 있다고 주장하면서, 이러한 개체개념은, 마치 삼각형의 개념 안에 "내각의 합이 180도"라는 개념이 포함된 것처럼, "죄를 지음"이라는 개념이 포함되어 있다고 주장한다. 이 입장에 따르면 유다

---

[95] Le Roy(1957), 47.

의 개체개념 안에는 유다에게 일어날 모든 일이 포함되어 있어 유다
가 죄를 짓는다는 것이 왜 참인지, 우리는 그 이유에 대한 선험적 증
명을 유다의 개념 안에서 본다. 이것은 필연주의 혹은 결정론적 주장
으로서 아르노는 라이프니츠의 이러한 주장에 대해 이것이 결정론으
로 흐르게 됨을 지적하게 된다.

> 그가 13절에서 한 얘기만 예로 들어 보겠습니다. "각 사람의 개체
> 개념은 그에게 일어날 모든 일을 포함하고 있다." 이것이 사실이라
> 면 신은 자유롭게 아담을 창조했을 수도, 또 자유롭게 아담을 창조
> 하지 않았을 수도 있습니다. 그러나 그가 아담을 창조하기로 마음
> 먹었다고 가정하면, 다음과 같은 결론이 나옵니다. 즉 인류에게 일
> 어난 모든 일들, 인류에게 일어날 모든 일은 운명 이상 가는 필연에
> 의해 일어났었고, 또 일어나야 할 것이다. 아담의 개체개념은 그가
> 얼마만큼의 자손을 가질 것인지를 포함하며, 또 그 자손들 각각의
> 개체개념은 자신들이 앞으로 할 모든 일들을 포함할 것이며, 또 그
> 자손의 자손들 모두를 자신들의 개념 안에 포함할 것이기 때문입니
> 다. [96]

아르노의 이런 비판에 직면해 라이프니츠는 여러 가지 개념을 동
원해 자신을 방어하려고 한다. 라이프니츠의 이러한 시도가 성공적
인지, 아니면 실패했는지에 대한 여러 해석적 입장들이 있다. 이 글
에서 필자는 이러한 논쟁들에 대해서는 언급하지 않도록 할 것이다.

---

96 Le Roy(1957), 88.

이 글의 목적이 "유다가 필연적으로 죄를 짓는가?"라는 물음에 대한 라이프니츠식의 해답을 제시하는 것은 아니기 때문이다. 이 글에서는 이보다 더 근본적인 물음에 대한 라이프니츠식의 해답을 제시하고자 한다. 근본적 물음은 다음과 같다. "창조에 있어, 신은 자유로운가?" 다시 말해 "신은 이 세계 말고 다른 가능세계를 창조할 수 있었는가?" 이제 이 물음에 대한 라이프니츠식의 해답을 찾아보도록 하자. 결론부터 말하자면, 필자는 이 물음에 대한 라이프니츠의 답이 다음과 같은 것이라고 생각한다. "창조에 있어 신은 자유롭지 않다." 다시 말해 "신은 이 세계 말고 다른 가능세계를 창조할 수 없었다."

더 강한 결정론:
존재투쟁*Daseinstreben* vs. 신의 자유 의지

창조와 관련해 또 하나의 논쟁이 되는 주제는 유다의 자유의지가 아니라, 신의 자유의지 문제이다. 이 세계를 창조함에 있어 신은 자유로운가? 정설은, 즉 라이프니츠 시대에 만연해 있던 설은 창조에 있어 신은 자유롭다는 것이다. 그래서 신은 이 세계를 창조했지만, 다른 가능한 세계를 창조할 수도 있었다는 것이다. 정설로서의 이러한 생각은 특히 라이프니츠에게 적절한 것이다. 라이프니츠의 사상적 동기 중 하나가 바로 스피노자의 필연주의를 피하는 것이었기 때문이다. 가능한 것들은 모두 존재한다는(창조되었다는) 스피노자의 필연주의를 라이프니츠는 받아들일 수 없었다.

라이프니츠 철학의 핵심에는 다음과 같은 주장이 있다. 즉, 현실세계는 여러 가능세계 중 하나로서 우연적으로 존재하는 것이다. 신은 이 세계를 창조하기로 선택을 했는데, 왜냐하면 이 세계가 최선이기 때문이다. 그러나 신은 다른 선택을 할 수 있었다. 라이프니츠는 자신의 입장을 스피노자의 입장과 대비시키고 있다. 스피노자에 따르면 존재할 수 있는 모든 것은 존재하며, 존재하는 것과 달리 존재할 수 있는 것은 없다.[97]

이런 방식으로 라이프니츠에게 있어 신은 여러 선택지 중 하나를 자유롭게 선택해 창조했다는 그러한 해석적 입장이 있다. 이와 대립되는 이론으로 존재투쟁Daseinstreben[98] 이론이라고 불리는 해석적 이론이 있다. 이 이론에 따르면, 라이프니츠에게 있어 신은 여러 선택지 중 하나를 자유롭게 선택해 창조한 것이 아니라, 신의 의지와 관계없이 가능한 것들의 투쟁의 결과로서 이 세계가 선택되었다는 것이다. 이 경우 라이프니츠의 신은 자유롭지 못하다. 이 이론에 따르면 가능한 것들, 예를 들어 창조 이전의 아담, 이브 등과 창조 이전의 제우스, 헤라 등은 각자의 완전성의 정도에 따라 서로 존재를 위한 경쟁을 하며, 이 중 완전성의 정도가 가장 큰 하나의 계열이, 그러한 계열만이 창조되었다는 것이다. 그래서 러셀은 다음과 같이 말한다.

---

97 Messina/Rutherford(2009), 962.
98 필자는 'Daseinstreben'을 존재투쟁으로 번역했다. 독일어 'streben'은 '노력하다', '지향하다' 등의 뜻을 가진다. 따라서 'Daseinstreben'을 존재투쟁으로 번역하는 것은 오해의 여지가 있다. 하지만 맥락상 이 단어를 존재투쟁으로 번역하는 것이 좋겠다고 생각한다. 'Daseinstreben'이 의미하는 것은 가능한 것들이 존재를 향해 그냥 노력하는 것이 아니라, 자신들의 완전성의 정도에 따라 다른 가능한 것들을 누르고 결국 존재를 얻고자 함을 말하기 때문이다. 그래서 그저 노력만이 아닌, 다른 것들과의 투쟁을 나타내는 단어이므로 결국 '존재투쟁'이라는 단어가 가장 적절하다고 생각한다.

가능개체들^{essences}의 관계는 영원한 진리들 사이에 놓여 있으며, 이
것은 최대한 많은 수의 공존하는 가능개체들을 포함하는 특정 세계
를 구성하는 순수 논리의 문제이다. 이로부터 다음이 따라 나온다.
이 세계는 정의^{definition}상 존재하는 것이다. 신의 의지 같은 것은 전
혀 필요 없다. [99][100]

러브조이의 견해에 대한 블루먼펠트의 다음과 같은 주석도 라이프
니츠의 신이 창조에 있어 자유롭지 못함을 지적하고 있다.

그래서 러브조이는 충분한 이유를 가지고서 다음과 같이 논한다.
가능한 것들은 존재하고자 하는 내적 원동력을 가지기 때문에, 그
리고 이것은 최대한 완전한 세계로의 논리적 귀결이 되므로, 이 세
계에 대한 신의 자유로운 선택의 여지는 없다. [101]

창조에 있어서의 신의 자유의지를 강조하는 해석, 그리고 가능한
것들 사이의 존재투쟁을 통해 가장 강력한 후보자 하나만이 창조된
다고 하는 필연주의적 해석, 이 두 해석적 입장 중 어느 것이 라이프
니츠의 입장일까? 사실 라이프니츠는 이 두 입장 모두를 견지하고 있

---

99 Russell(1937), vii.
100 필자는 영어 'essence'를 '가능개체'로 번역했다. 맥락상 그렇기도 하며, 다음과 같은 러셀
 의 언급은 이러한 번역의 정당성을 뒷받침한다고 생각된다. "But this view, which seems to
 me thoroughly sound, alarms Leibniz. It may be objected, he thinks, that possibilities or
 essences prior to existence are fictions.(Russell(1937), 178)" 여기서 러셀은 "가능한 것들
 possibilities, 혹은 essences"라고 말함으로써 이 둘이 같은 것임을 주장하고 있다.
101 Blumenfeld(1981), 80.

는 것으로 보인다. 블루먼펠트는 다음과 같이 주장한다.

> 한 견해는 신을 이 세계의 능동적 창조자로 만들며, 다른 견해는 신을
> [창조에] 아무런 개입도 하지 않는, [사물들이] 그 자체로 작동하는 그
> 러한 투쟁의 수동적 관찰자로 격하시킨다. 한 견해는 이 세계의 우
> 연성을 강조하는 반면, 다른 하나는 이 세계의 필연성을 함축하는
> 것으로 보인다. [102]

이 글에서 필자는 라이프니츠가 창조에 대한 존재투쟁 이론을 채택하고 있음을 보이고자 한다. 즉, 라이프니츠는 유다가 필연적으로 죄를 짓는다는 그러한 결정론적 입장보다 한 걸음 더 나아간, 그래서 더 강한 결정론적 입장, 즉 신은 이 세계를 창조할 수밖에 없었다는 철학적 입장을 채택하고 있음을 보이고자 한다. 이제 이를 위해 몇 가지 개념적 장치들을 검토하고자 한다. 필자는 우선 라이프니츠가 신에게 몇 가지 제약을 가하고 있음을 보이고자 한다. 그러한 제약은 두 가지 종류로서, 하나는 신의 생각에 대한 제약, 그리고 다른 하나는 신의 창조에 대한 제약이다.

생각의 제약(모순, 양립불가능성)

데카르트는 신이 모순적인 것, 예를 들어 둥근 삼각형 같은 것들도 창조할 수 있다고 주장한다. 반면에 라이프니츠는 신조차도 이러한

---

102 Blumenfeld(1981), 80.

것들을 일관되게 생각할 수 없다고 주장한다. 그래서 라이프니츠에게 있어 모순은 신에게 일종의 제약으로 기능한다. 신조차도 모순되는 것을 생각할 수 없다. 신에게는 또 다른 생각의 제약이 따른다. 바로 양립불가능성이다.

> 따라서 만약 A, B, C, D가 본질과 관련해 똑같다고 우리가 가정한다면, 즉 똑같이 완전하다고 가정한다면, 혹은 이것들이 똑같이 존재를 요청한다고 가정한다면, 그리고 만약 우리가 D는 A와도, 그리고 B와도 양립불가능하다고 가정한다면, 또 A는 D 빼고 나머지 모두와 양립가능하다고 가정한다면, 그리고 유사하게 B와 C는 양립가능하다고 가정한다면, 다음이 따라 나온다. 즉 D를 제외한 ABC가 존재할 것이다. 만약 우리가 D가 존재하기를 원한다면, 그것은 오직 C와 공존가능한데, 그렇다면 CD라는 조합이 존재할 것이다. 이것은 ABC라는 조합보다 덜 완전하다. 다음과 같은 사실은 명백하다. 사물들은 가장 완전한 방식으로 존재한다. [103]

다음과 같이 해석해 보자. A=아담, B=이브, C=카인, D=제우스. 아담, 이브, 카인, 제우스가 똑같이 완전하다고 가정하면, 그리고 제우스는 아담과도, 이브와도 양립불가능하다고 가정한다면, 아담, 이브, 카인의 조합이 존재하게 될 것이라는 취지의 주장이다. 그런데 창조 이전에 여러 조합이 비교되는 이러한 상황에서, 제우스는 아담과도, 이브와도 양립불가능하다고 가정된다. 다시 말해 창조 이전에

---

103 Russell(1937), 296.

신의 생각에는 일종의 제약이 가해지는데, 그것이 바로 양립불가능성이다. 왜 이러한 양립불가능성이 신의 생각에 있어서의 제약이 되는가? 이것이 신의 생각에 있어서의 제약이 되고 있지만, 라이프니츠는 이에 대해 왜 그러한지 설명하지 않는다. 이러한 제약이 있기는 하지만, 이것은 설명될 수 없는 기본적primitive 사실이라는 것이 라이프니츠의 주장이다.

> 서로 다른 사물들의 양립불가능성이 언제 성립하는지, 혹은 어떻게 서로 다른 본질(가능개체)들이 충돌하는지에 대해서는 인간에게 아직 알려지지 않았다. 순전히 긍정적인positive 개념들은 서로 간에 양립 가능한 것으로 보이기 때문이다. [104]

기본적인 것으로서, 즉 더 이상 분석될 수 없는 것으로서의 양립불가능성은 라이프니츠에게 있어 신에게 부가되는 어떤 생각의 제약으로서 기능하고 있다.

이렇게 라이프니츠에게 있어 신은 창조 이전에 생각의 제약을 받고 있는데, 그것은 신조차도 모순을 생각할 수 없다는 그러한 제약, 그리고 신조차도 아담과 제우스의 조합을 생각할 수 없다는 제약, 이러한 두 개의 제약이다. 이러한 제약은 신의 창조에 있어서도 마찬가지로 기능한다. 신은 둥근 삼각형을 창조할 수 없다. 신은 아담과 제우스의 조합을 선택해 창조할 수 없다. 이제 이러한 제약하에서 신은 창조를 하는데, 여기에는 또 다른 제약이 따른다. 그것은 바로 최대

---

104 Messina/Rutherford(2009), p. 963에서 재인용.

한 많은 수의 가능개체들을 선택해 창조해야 한다는 것이다.

창조의 제약(최대 많은 수의 개체들)

신조차도 둥근 삼각형을 생각할 수 없다. 또 신조차도 아담과 제우스의 조합을 생각할 수 없다. 이것들은 신의 생각에 있어서의 제약이다. 이것들은 강한 제약들이다. 신조차도 이러한 제약을 피할 수 없다. 이제 다음과 같은 라이프니츠의 주장을 보도록 하자. 여기에서는 신의 생각의 제약 말고도, 또 다른 제약이 등장하는데, 그것은 신의 창조에 있어서의 제약이다. 우선 모델을 주고, 이 모델에 근거해 라이프니츠의 주장을 살펴보도록 하자. 모델은 다음과 같다.

A=아담, B=제우스, C=이브, D=카인, E=아벨, F=헤라, G=시바.

이 모델에 근거해 다음의 라이프니츠의 주장을 살펴보자.

동일한 정도의 좋음(perfection)과 동일한 정도의 존재 권리를 가진 일곱 개의 가능 개체, ABCDEFG가 있다고 해보자. 또한 그들 사이에 다음과 같은 양립불가능성이 성립한다고 해보자: A와 B, B와 D, D와 G, G와 C, C와 F, F와 E. 그렇다면 이들 중 둘이 같이 존재하게 할 수 있는 열다섯 가지 방식이 있을 수 있다: AC, AD, AE, AF, AG, BC, BE, BF, BG, CD, CE, DE, DF, EG, BG. 그리고, 이들 중 셋이 함께 존재하게 할 수 있는 방식은 다음과 같다: ACD, ACE, ADE, ADF, AEG, AFG, BCE, BEG, 그리고 BFG. 하지만 넷이 함께 존재할 수 있는 방식은 오직 하나뿐이다: ACDE. 이 방식은 모든 가능성 중에서 가장 많은 개체들을 포함하는 것이기 때문에, 선택될 것이다. 결과적으로 이 ACDE가 다른 것들을 제치고 존재하게 될 것이다. B, F, 그리고 G는 그들 중 하나를 택할 경우 네 개의 가능 개체가 존재할 가능성을 배제하기 때문에 선택되지 않을 것이다.[105]

모델에 근거한다면, [아담, 이브, 카인, 아벨]이 다른 것들을 제치고 존재하게 될 것이다. "이 방식은 모든 가능성 중에서 가장 많은 개체들을 포함하는 것이기 때문이다." 두 가지 중요한 점을 언급하는 것이 좋겠다.

일단 여기서 라이프니츠의 말투이다. 라이프니츠는 "둘이 같이 존재하게 할 수 있는*pourra faire exister*"[106]이라고 말한다. 이것은 순전한 "가능성"에 관한 주장이다. 그리고 이것은 셋이 같이 존재하는 것과 관련해서도 마찬가지이다. 반면 라이프니츠는 넷이 같이 존재하는 것과 관련해서는 단순한 "가능성"을 주장하지 않고 "미래 사실"을 주장하며 다음과 같이 말한다. "이것들이 다른 것들을 제치고 선택될 것이다*laquelle sera choisie parmy toutes les autres*." 둘(혹은 셋)이 존재하는 것과 관련해서 라이프니츠는 단순한 "가능성"만을 주장하지만, 넷이 존재하는 것과 관련해서는 "미래 사실"을 주장하고 있는 것이다. 둘이 같이 존재하는 것을 생각할 수 있고("가능성"), 셋이 같이 존재하는 것을

---

105 Grua(1948), 285–6.
106 "je dis qu'on pourra faire exister deux ensemble de quinze façons, AC, AD, AE, AF, AG, BC, BE, BF, BG, CD, CE, DE, DF, EG, FG,[…]."(Grua(1948), 286.)

생각할 수 있지만("가능성"), 넷이 같이 존재하는 것은 "미래 사실"로서 이해하고 있는 것이다. 즉, 넷이 선택될 것이라는게 라이프니츠의 설명이다. 이것은 넷이 같이 존재하는 것이 "미래 사실"로서 신에게 일종의 제약이 되고 있음을 시사한다. 신은 둘도, 셋도 아닌, 네 개체의 조합을 선택하도록 일종의 제약을 받고 있는 것이다. 그리고 이러한 제약은 이유가 있다. 이 조합이 가장 많은 개체를 포함하는 조합이기 때문이다.

> 이 방식은 모든 가능성 중에서 가장 많은 개체들을 포함하는 것이기 때문에, 선택될 것이다. 결과적으로, 이 ACDE가 다른 것들을 제치고 존재하게 될 것이다. B, F, 그리고 G는 그들 중 하나를 택할 경우 네 개의 가능 개체가 존재할 가능성을 배제하기 때문에 선택되지 않을 것이다. [107]

단순한 "가능성"과 "미래 사실"은 신의 창조와 관련해 큰 차이가 있다. 라이프니츠에 따르면 가능한 개체들 사이에는 다음과 같은 양립불가능성이 성립한다. [아담/제우스], [제우스/카인], [카인/시바], [시바/이브], [이브/헤라], [헤라/아벨]. 이것은 신의 생각에 있어서의 일종의 제약이 된다. 이러한 제약이 주어졌을 때, 둘이 같이 존재할 수 있는 열다섯 가지 방식이 있을 수 있다: [아담, 이브], [아담, 카인], [아담, 아벨], [아담, 헤라], [아담, 시바], [제우스, 이브], [제우스, 아벨], [제우스, 헤라], [제우스, 시바], [이브, 카인], [이브, 아벨], [카인, 아벨], [카인, 헤라], [아벨, 시바], [제우

---

107 Grua(1948), 286.

스, 시바]. 이러한 가능 개체들은 서로 양립가능하기 때문에 함께 존재 가능하다. 창조 이전에 신은 이러한 조합을 생각할 수 있으며, 이 경우 신은 그 어떠한 제약도 받지 않는다. 이것은 단순한 "가능성", 즉 가능 개체들의 가능한 조합일 뿐이다. 라이프니츠는 이러한 조합에 대해 "둘이 같이 존재하게 할 수 있는*pourra faire exister*"[108]이라고 말하며, 이러한 조합은 단순히 "가능"하다고 말한다. 이것은 신의 생각의 논리일 뿐이다. 그러나 이제 창조를 결정한다면, 신은 다른 논리, 즉 "창조의 논리"에 따라 창조를 한다. 이때 제약이 주어지는데, 그 제약은 "최대한 많은 수의 개체가 창조되어야 한다"는 것이다. 이러한 제약을 통해 이루어지는 창조는 단순한 "가능성", 즉 신의 생각의 논리를 넘어서 "미래 사실"로 주어진다. 즉, 라이프니츠의 생각 속에서 만약 그가 창조 이전이라는 시간에 놓여 있다면, 그는 미래에, 즉 창조 순간에 어떠한 사건이 발생할 것이라고 예측하고 있는 것이다. 그러한 예측, 그러한 "미래 사실"이란 단순한 "가능성"으로만 고려되는 것이 아니라, 신이 실제로 그렇게 행할 것이라는 주장으로 이해되어야 한다. 즉, 라이프니츠는 다음과 같이 주장하고 있는 것이다. 신은 "최대한 많은 수의 가능 개체들로 이루어진 조합"을 선택해 창조를 행할 것이다.

신의 생각의 논리에서 보자면, 양립불가능한 것들이 아니라면, 신은 그 어떤 가능 개체들의 조합도 생각할 수 있다. 그러한 신의 생각은 가능하다. 그러나 신의 창조의 논리에서 보자면, [아담, 헤라] 조합은 창조될 수 없다. 이러한 조합은 "최대한 많은 수의 가능 개체들의

---

108 Grua(1948), 286.

조합"인, 즉 [아담, 이브, 카인, 아벨]이라는 조합이 창조될 수 없게 만들기 때문이다. 신은 모순도, 양립불가능한 것도 생각할 수 없지만(생각의 논리), 여기에만 머무는 것이 아니라, "최대한 많은 수의 가능 개체들의 조합"을 깨는, 그러한 조합 역시 창조할 수 없다(창조의 논리). 이것은 창조에 있어서 일종의 제약이 된다. 라이프니츠는 "최대한 많은 수의 가능 개체"라는 조합이 그 완전성perfection에 있어 가장 완전하다고 주장한다. [109] 그렇다면, "최대한 많은 수의 가능 개체의 조합"이 창조되는 것은 신으로서도 피할 수 없는 일이 된다. 결국 라이프니츠에 따르면, 신에게도 선택의 여지가 없는데, 그 결과는 이 세계, 즉 가장 완전한 세계, 가장 많은 개체를 포함하는 그러한 세계의 창조이다. 신은 다른 가능세계를 생각할 수 있지만, 다른 가능세계를 창조할 수 없다. 그렇다면 이 세계가 창조되는 것은 필연적인 일로서, 신조차도 다른 세계를 창조할 수 없다. [110] 이것은 유다가 죄를 지을 수밖에 없다는 정도의 결정론보다 더 강한 그러한 결정론이다.

존재투쟁 vs. 자유의지

필자는 가능한 개체들의 존재를 향한 투쟁이 기계적 방식을 통해 창조로 이어진다는 그러한 해석적 입장을 취한다. 이러한 입장은 신의 자유의지를 부정하는 입장으로 이어진다. 문제는 라이프니츠가

---

109 Russell(1937), 296.
110 그래서 러브조이는 충분한 이유를 가지고서 다음과 같이 논한다. 가능한 것들은 존재하고자 하는 내적 원동력을 가지기 때문에, 그리고 이것은 최대한 완전한 세계로의 논리적 귀결이 되므로, 이 세계에 대한 신의 자유로운 선택의 여지는 없다.(Blumenfeld(1981), 80.)

신의 자유의지를 적극적으로 옹호한다는 것이다. 이제 이렇게 모순적으로 보이는 라이프니츠의 사상을 모순 없이 이해할 방법을 찾아보고자 한다. 그렇게 하기 위해서 필자는 이 주제와 관련한 여러 학자들의 해석들을 살펴보고, 라이프니츠 사상의 긴장이 어떤 해석적 방식으로 극복될 수 있는지 고찰해 보고자 한다.

러셀의 해석

앞에서 언급한 것처럼, 라이프니츠의 사상적 동기 중 하나는 스피노자의 필연주의를 피하는 것이다. 스피노자의 필연주의에 의하면, 신은 여러 선택지들 중 하나를 선택해 창조를 한 것이 아니다. 그에게는 하나의 선택지밖에 없었고, 그것이 창조된 것이다. 그런데 지금까지 본 바에 의하면, 라이프니츠 역시 스피노자식의 필연주의에 개입하는 것으로 보인다. 신이 선하다면, 가장 완전한 세계를 선택할 것이고, 가장 완전한 세계는 최대한 많은 수의 가능개체들이 공존하는 세계이다. 최대한 많은 수의 가능개체들이 공존하는 그러한 세계를 선택하는 것은 신의 자유의지에 의한 것이 아니라, 거의 기계적인 방식으로 이루어지는 것이다. 이것은 스피노자식의 필연주의로 보인다. 그래서 러셀은 다음과 같이 주장한다.

모든 가능한 것은 존재하길 요청한다. 따라서 존재를 방해하는 것이 없는 한, 그것은 존재할 것이다. 존재를 방해하는 것 또한 존재하길 요청한다. [하지만] 앞의 것과 양립불가능하다. 이로부터 다음이 따라 나온다. 즉, 사물들의 조합이, 그 조합에 의해 최대한 많은 가능한 수의 사물들이 존재하는, 그러한 사물들의 조합이 항상 존

재한다. [111]

가능개체들^{essences} 사이의 관계는 영원한 진리들 가운데 있다. 그리고 이것은 순수 논리의 문제로서, 최대한 많은 수의 공존하는 가능개체를 포함하는 그러한 세계를 구성하는 문제이다. 이로부터 다음이 따라 나온다. 즉, 이 세계는 정의^{definition}에 의해 존재하며, 신의 의지 같은 것은 전혀 필요하지 않다. 더욱이 이것은 신의 일부이기도 하다. 가능개체들은 신의 정신 안에 존재하기 때문이다. 다른 곳에서와 마찬가지로 라이프니츠는 그가 논리적이려고 할 때마다 그러하듯, 여기서도 스피노자주의에 빠지고 있다. [112]

러셀은 신의 창조에 대한 라이프니츠의 주장을 필자와 마찬가지로 이해하고 있다. 즉, 창조에 있어 신은 선택의 여지가 없다. 그런데 러셀이 이해하듯이 이러한 라이프니츠의 입장이 스피노자식 필연주의로 귀결되는가? 필자는 그렇지 않다고 생각한다. 러셀의 해석은 과도한 면이 있다. 스피노자에 따르면, 신에게는 오직 하나의 선택지밖에 없다. 즉, 이 세계라고 하는 시나리오. 그러나 위에서 본 것처럼 라이프니츠는 다음과 같이 생각한다. 신의 생각에 일종의 제약이 있다 하더라도 신의 생각의 논리를 보자면, 다음과 같은 조합, 즉 [제우스, 시배]의 조합은 가능하다. 이러한 조합이 창조되지는 않을 것이다. 최대한 많은 가능개체를 포함하는 그러한 조합이 아니기 때문이다. 그

---

111 Russell(1937), 296.
112 Russell(1937), vii.

러나 이러한 조합은 가능하다. 신의 생각의 논리, 신의 창조의 논리를 섞으면 다음과 같이 생각될 수도 있다. 즉, 이러한 조합은 창조되지 않을 것이기 때문에 이러한 조합은 가능조차 하지 않다. 그러나이 두 논리를 분리시키면, [제우스, 시바]의 조합은, 신의 생각의 수준에서 충분히 가능하다. 하지만 이 조합은 신의 창조의 수준에서는 불가능하다. 우리는 신의 생각의 논리와 창조의 논리를 분리시켜 구분해야 한다. [제우스, 시바]의 조합이 창조되지 않을 것이라는 생각으로부터(창조의 논리), 신이 [제우스, 시바]의 조합을 생각조차 하지 못할 것이라는 생각으로(생각의 논리) 건너 뛰는 것은 오류이다. 라이프니츠는 반스피노자주의를 유지하면서도(생각의 논리) 창조에 대한 자신의 입장(창조의 논리)을 고수할 수 있는 것이다.

파킨슨의 해석

파킨슨은 창조와 관련한 라이프니츠의 사상을 존재투쟁이 아닌 신의 자유의지 쪽으로 해석한다. 파킨슨의 주장에 따르면, 가능한 것들의 존재투쟁으로 보이는 라이프니츠의 주장들은 사실 신의 자유의지에 의한 선택으로 이해되어야 하는 것이다. 이러한 해석에서의 핵심은 가능한 것들의 투쟁을 매우 수동적인 것으로 깎아내리는 것이다. 즉, 이러한 투쟁은 기껏해야 신의 생각의 논리 수준에서만 이루어진다는 것이다. 그렇다면 신의 적극적인 선택이, 그것도 자유 의지를 통한 신의 선택이 창조에 있어 가장 중요한 요인이 된다는 것이다. 파킨슨은 다음과 같이 말한다.

라이프니츠는 종종 다음과 같이 말하면서, 즉 모든 가능세계는, 그것이 가진 완전성의 정도에 따라 존재를 주장하거나 존재 주장의 권리를 가지고 있다고 말하면서, 이 주제를 법적 비유를 통해 얘기하고는 한다. 여기서 신은 판관 혹은 결정자로 이해되며, 그가 하는 일은 가장 완전한 주장자에게 상을—존재라는 상을—내리는 것이다. 때때로 신은 설명에서 완전히 빠지는 듯이 보이며, 여기서의 비유는 법적인 것이 되기보다는 물리적인 것이 되는 것처럼 보인다. 라이프니츠가 다음과 같이 말할 때가 그렇다. 즉, 가능한 것들은 존재를 향한다, 혹은 존재를 요구한다, 혹은 가능한 것들은 존재를 열망한다, 혹은 존재에 대한 경향성을 가진다, 혹은 가능한 것들의 충돌로부터 가장 완전한 것의 존재가 결과된다. 그러나 가능한 것들로부터의 존재의 등장은, 흔히 제기되듯이, '거의-기계적인 과정'이라고 생각되어서는 안 된다. 라이프니츠는 다음과 같이 분명히 말한다. 서로 경쟁하는 가능한 것들은 오직 신의 마음 속에서만 존재한다; 라이프니츠가 말하듯, 그것들의 충돌은 '오직 관념적일 수밖에, 즉 가장 완전한 지성 안에서 이유들reasons의 충돌일 수밖에 없다.'[113]

문제는 라이프니츠를 이렇게 이해한다고 해서 창조에 관한 라이프니츠의 사상을 자유의지 쪽으로 해석할 수 있겠느냐는 것이다. 간략한 비유를 들어 보자. 아주 뛰어난, 아주 현명한 목수가 있다고 해 보자. 그의 생각 속에서는 수없이 많은 모양과 색과 질감을 가진 책상들이 있을 것이다. 이 책상들은 목수의 생각 속에서 서로 경쟁한다. 이것들의 충돌은 오직 관념적일 수밖에 없다. 이제 목수는 그것들 중

---

113 Parkinson(1965), 105.

그 어떤 것이라도 하나 골라 책상을 만들어 낼 수 있다. 이것이 라이프니츠식의 창조에 대한 파킨슨의 해석이다. 이 해석에 따르면, 목수는 자신의 자유 의지를 발휘해 어떤 책상이라도 선택해 만들어낼 수 있다. 여러 가능한 책상들이 목수의 생각 속에서 서로 경쟁한다고 하더라도, 목수는 이 중 원하는 그 어떤 책상이라도 선택해 만들 수 있다. 이러한 사정은 신에게도 마찬가지라는 것이 파킨슨의 주장이다.

그런데 라이프니츠에 따르면, 비유적으로 볼 때, 목수에게는 제약이 하나 주어져 있다. 비유적으로 말하자면, 목수는 식구들을 위해 가장 비싼 책상을 만들어 팔아야 한다. 이 경우, 가장 비싸게 팔릴 수 있는 책상의 선택은 뛰어나고 현명한 목수에게 있어 '거의-기계적인' 그러한 과정을 거칠 것이다. 뛰어나고 현명한 목수에게 있어 가장 비싼 책상의 선택은 필연적이다. 가족을 위한 것이기 때문이다. 가족을 위한 것이라는 이 제약으로 인해 가장 비싼 책상의 선택은 필연적이 된다. 이러한 사정은 신에게도 마찬가지로 적용된다. 신도 가장 완전한 세계, 즉 최대한 많은 수의 가능개체를 포함하는 가능세계를 만들어야 한다는 제약으로 인해, 그러한 세계에 대한 선택은 거의 기계적인 과정을 거친다. 그 결과는, 목수가 가장 비싼 책상을 선택하는 것처럼, 가장 최선의 세계, 즉 이 세계가 선택받아 창조되는 것이다. 창조에 이러한 제약이 있는 만큼, 신의 선택은 자유의지의 발현이라기보다는, 거의-기계적인 방식으로 이루어진다고 봐야 할 것이다.

다시 한번 비유적으로 볼 때, 목수의 생각 속에서 그 어떤 책상도 비싼 값을 받지 못하다고 판단되면, 그렇다면 뛰어나고 현명한 목수는 그 어떤 책상도 만들지 않을 것이다. 가장 비싼 책상이 목수의 생각 속에 있는 경우에만, 그것을 선택해 책상을 만들게 될 것이다. 이

지점에서 1711년 라이프니츠가 데 보스에게 보낸 편지를 떠올린다면, 위의 비유가 더 적절히 이해될 것으로 보인다.

> 내 생각에, 최상의 가능 계열이 없다면, 신은 분명 아무것도 창조하지 않았을 것이다. 그는 이유 없이 행동할 수 없기 때문에, 혹은 더 완전한 것보다 덜 완전한 것을 선호할 수 없기 때문에 그렇다. [114]

창조에 있어 아무런 제약이 없다면, 신은 그 어떤 가능세계라도 선택해 창조할 수 있었을 것이다. 그러나 라이프니츠는 창조에 대한 하나의 제약을 걸어 놓고 있다. 바로 "가장 많은 수의 존재자"를 선택해 창조해야 하는 것이다. 이러한 제약이 있는 이상, 신은 바로 이 세계, 우리 세계를 창조할 수밖에 없는 것이다.

블루먼펠트의 해석

창조에 대한 라이프니츠의 사상을 어떻게 해석해야 하는가에 대해 블루먼펠트는 신의 자유의지를 강조하는 입장을 취하고 있다. 블루먼펠트는 라이프니츠가 사용하는 "존재"라는 용어에 대한 컬리의 주장을 인용해 자신의 주장을 정당화하고자 한다. 이제 라이프니츠가 사용하는 "존재"라는 용어에 대한 해석을 중심으로 논의를 진행해 보자. 컬리의 주장을 살펴보기에 앞서 쿠투라가 편찬한 라이프니츠의 저작 한 곳에서 제기된, "존재"에 대한 라이프니츠의 정의definition부터 살펴보자. "존재"에 대해 라이프니츠는 다음과 같이 정의한다.

---

114 Wiener(1951), 95.

'존재'.(사실 존재에 원인을 부여하는 것은 가능하지만, 그리고 '존재'는 다음과 같이 정의될 수 있다. 즉 '존재와 양립불가능한 어떠한 것들보다 더 많은 사물들과 양립가능한 것.'[…]) [115]

블루먼펠트는 "존재"에 대한 이러한 라이프니츠의 정의가 존재투쟁 이론이 옳음을 시사한다고 주장한다. 그는 다음과 같이 말한다.

이것은 존재투쟁 이론이 제시하는 바를 반영하는 듯이 보인다. 즉, 가능한 것들의 투쟁에 대한 논리적 결과는 최대하게 완전한 세계라는 것. 그러나 만약 우리가 이것을 존재의 정의로서 심각하게 간주한다면, 사물들의 기원에 관한 최종 이론은 분명 필연주의이다. [116]

이제 창조에 대한 신의 자유의지론적 해석을 선호하는 블루먼펠트의 전략은, 존재에 대한 이러한 라이프니츠의 정의를 무력화시키는 것이다. 블루먼펠트의 이러한 무력화 전략은 일견 성공하는 듯이 보인다. "존재"를 존재와 양립불가능한 다른 어떠한 것들보다 더 많은 사물들과 양립가능한 것이라고 정의하자마자 라이프니츠는 다음과 같이 주장하기 때문이다.

그러나 지금으로서는, 이 문제들을 제쳐 놓도록 한다. 너무 심오하기 때문이다. [117]

---

115 Couturat(1903), 360.
116 Blumenfeld(1981), 83-4.
117 Couturat(1903), 360.

블루먼펠트에 따르면, "존재"는 더 이상 분석되지 않는 그러한 기본적primitive이고 단순한 용어이다.

사실 '존재'는 더 이상 분석되지 않는, 혹은 더 이상 분석되지 않는다고 생각되는 기본적이고 단순한 용어들의 목록에 등장한다. [118]

몇 가시 언급할 것이 있다. 우선 라이프니츠가 "존재"의 정의를 제시했다는 것은 사실이라는 점이다. 따라서 "존재"에 대해 이것은 정의될 수 없는 단순하고 기본적인 용어라고 라이프니츠가 주장한다고 해서, 이 주장만이, 즉 "존재"는 정의될 수 없는 단순하고 기본적인 용어라는 주장만이 옳은 것이라고 단정하기 어렵다. 서로 모순되는 두 개의 주장을 라이프니츠가 했다고 해서, 그중 어느 하나만을 취해 그것이 최종적인 라이프니츠의 결론인 것처럼 말해서는 안 된다.

다음으로 해석적 양보를 한번 해 보자. 즉, "존재"가 정의될 수 없는 단순하고 기본적인 용어라고 가정하자. "존재"가 정의될 수 없는 단순하고 기본적인 용어라고 가정하면, 그렇다면 라이프니츠는 "존재"에 대해 그 어떠한 주장도 할 수 없을까? "존재"가 분석될 수 없는 기본적인 용어라면, 라이프니츠는 이 용어에 대해 아무런 설명도 할 수 없는가? 예를 들어 "존재"는 기본적 용어지만, "존재"라는 것은 최대한 많은 수의 가능개체와 양립하는 것들에 대한 신의 선택이라고 설명할 수는 없는 것인가? 필자는 그렇지 않다고 생각한다. 이제 필자가 왜 이렇게 생각하는지 설명해 보겠다. 이를 위해서는 비슷한 상

---

118 Blumenfeld(1981), 84.

황에 놓여 있는 다른 분야와의 비교가 필요하다. 바로 양상논리학과의 비교이다. 핵심은 다음과 같다. 어떤 용어가 정의될 수 없는 기본적인 것이라 해도, 그 용어에 대한 모델이나 의미론을 제공할 수 있다. 즉, 그 용어에 대해 설명할 수 있다.

양상논리학에서 "필연적으로"에 해당하는 기호 '□'에 대한 다음과 같은 설명을 보자.

> □과 ◇은 각각, '필연적으로…' 혹은 '…은 필연적이다', 그리고 '가능적으로…' 혹은 '…는 가능적이다'로 읽는다. 이 두 연산자는 상호 정의될 수 있다. 통상 이 중 하나는 기본적[^primitive]인 것으로, 그리고 다른 하나는 이 기본적인 것에 의해 정의되는 것으로 이해된다. 그래서 만약 '□'이 기본적인 것으로 간주된다면, '◇'는 다음과 같이 정의된다: $\Diamond A =_{df} -\square -A$. [119]

여기서 보듯이 "필연적으로"라고 읽히는 '□'는 정의되지 않는 기본적인 것으로 이해된다. 그래서 명제 A에 대해 '필연적으로 A'라고 할 때, 즉 '□A'라고 할 때, 예를 들어 '□(1+1=2)'라고 할 때, 우리는 '□'를 이해함에 있어, 이것이 이보다 더 단순한 어떤 무언가로 분석될 수 없다고 생각한다. 그래서 우리는 "필연적으로"라는 단어가 들어가거나 "가능적으로"라는 단어가 들어간 문장을 앞에 두면, 그것의 의미가 더 이상 분석될 수 없는, 그래서 자명한 것으로 이해한다. 그냥 "필연적으로 1+1=2"인 것이다.

---

[119] Loux(1979), 16 주1.

그런데 양상논리 시스템 중 하나인 브라우어 시스템의 다음과 같은 정리를 보자. "◇□p ⊃ □◇◇□." 이것이 무엇을 의미하는가? '□'는 정의되지 않는 기본적인 것이고, '◇'는 '□'에 의해 정의된다. 이것들은 그냥 자명한 것이다. 그러나 이 경우 위의 정리는 어떻게 이해되어야 하는가? 이 정리가 무엇을 뜻하는지에 대한 설명이 필요하다. "존재"라는 용어도 마찬가지다. 라이프니츠가 이 용어를 더 이상 정의될 수 없는 기본적이고 단순한 것이라 주장한다 하더라도, 이 용어의 의미에 대한 설명은 필요하다.

양상논리 체계 중 하나인 M-시스템에 의미론을 제공하기 위해 크립키는 M-시스템에 다음과 같은 해석을 주고자 한다.

> M-시스템의 의미론을 제공하기 위해 크립키는, 그가 M 모델 구조라고 부르는 것을 다음과 같이 정의하고 있다. "이것은 다음과 같은 순서체이다: (G, K, R). 여기서 K는 대상들의 집합이고, G는 K에 속하는 대상들 중 하나이고, R은 K의 원소들에 적용되는 관계이다. […] 모델이 주어지면, 우리는 M-시스템의 모든 복합 문장들이 어떤 가능세계에서 갖는 진리값을, 그 모델에 기반해 결정할 수 있다. […]
>
> (c) ◇A는 다음과 같은 경우, 그리고 오직 그러한 경우에만 가능세계 W 안에서 참이다. 즉, W가 W'에 접근할 수 있고, W' 안에서 A가 참인, 그러한 적어도 하나의 가능세계 W'가 있을 경우.
>
> (d) □A는 다음과 같은 경우, 그리고 오직 그러한 경우에만 가능세계 W 안에서 참이다. 즉, 모든 가능세계 W'에 대해 W가 W'에 접근할 수 있고, W' 안에서 A가 참일 경우.[120]

줄여 말하면, '□A'는 모든 가능세계에서 'A'가 참이면 참이고, '◇A'는 적어도 하나의 가능세계에서 'A'가 참이면 참이라는 것이다. 이렇게 M-시스템에 모델, 혹은 의미론을 제공함으로써 크립키는 더 이상 정의되지 않는, 그래서 기본적이며 단순한 '□'라는 용어의 의미에 대해 설명할 수 있게 되었다.

필자는 '□'와 관련된 양상논리학에서의 사정이 "존재"와 관련된 라이프니츠의 생각에서도 마찬가지일 것이라 생각한다. 이 두 용어 모두 정의되지 않는, 그래서 기본적primitive이며 단순한 용어들이다. 그러나 '□'의 의미에 대한 설명, 즉 '□A'는 모든 가능세계에서 'A'가 참일 경우 참이라는 설명이 모델, 혹은 의미론에 의해 제공되는 것과 마찬가지로 "존재"에 대한 설명도 어떤 모델, 혹은 어떤 의미론에 의해 제공된다고 생각된다. 그리고 그러한 모델, 혹은 의미론이 바로 앞에서 언급한 가능 개체 ABCDEFG인 것이다.

"존재"라는 용어가 정의될 수 없다 하더라도 라이프니츠는 어떤 모델을 제공함으로써, 존재, 혹은 존재와 관련된 창조에 대해 설명하고 있다. 혹은 라이프니츠는 어떤 모델을 제공함으로써 존재, 창조에 대한 그림을 그리고 있다. 그리고 이러한 설명, 그림은 분명 필연주의적인 것이다. 스피노자식의 필연주의는 아니지만, 분명 필연주의적인 것으로서 이러한 설명, 이러한 그림에서는 [아담, 이브, 카인, 아벨]이 창조되도록, 이것들이 존재하도록 그렇게 되어 있다. 따라서 라이프니츠가 다음과 같이 말할 때, 즉 "'존재'는 다음과 같이 정의될 수 있다. 즉 '존재와 양립불가능한 어떠한 것들보다 더 많은 사물들과 양

---

120 Loux(1979), 21.

립가능한 것'"이라고 말할 때, 블루먼펠트가 말하듯이, 이것은 "존재"
에 대한 정의가 아니라고 하더라도, 그렇게 충분히 양보하더라도, 이
것은 "존재"에 대한 설명, 혹은 그림일 수 있는 것이다. 그리고 "존
재"가 이런 방식으로 설명되고 있는 이상, "존재"에 대한 라이프니츠
의 생각은 필연주의적이라고 할 수 있다. 이러한 설명, 그림에 따르
면, [아담, 이브, 카인, 아벨]이 선택되어 창조되도록 되어 있다. 혹은 이
것들이 존재하도록 그렇게 되어 있다. 신에게는 선택의 여지가 없다.
[아담, 이브, 카인, 아벨]이 선택되어 창조될 수밖에 없다. 이러한 입장은
필연주의 혹은 결정론으로서, 유다가 죄를 지을 수밖에 없다는 결정
론보다 더 강한, 그래서 신은 이 세계를 창조할 수밖에 없었다는 그
러한 더 강한 결정론으로 귀결된다.

결론

　라이프니츠는 창조에 대한 하나의 모델을 제시하고 있다. 그러한
모델은 가능 개체 ABCDEFG이다. 이 글에서 필자는 이러한 모델에
대한 해석을 제시했다. 바로 A=아담, B=제우스, C=이브, D=카인,
E=아벨, F=헤라, G=시바. 이러한 해석이 주어졌을 때, 라이프니츠
는 다음과 같이 주장한다. 위 모델에서 [아담, 이브, 카인, 아벨]이 선택
되어 창조될 것이다. 이러한 조합이 가장 많은 가능 개체들을 포함하
기 때문이다. 이 "가장 많은 가능 개체들을 포함"한다는 조건은 신의
창조에 있어서 일종의 제약으로 기능한다. 신은 이 조건을 만족시키
면서 창조를 해야 하는 것이다. 그 결과는 이 세계, 바로 우리 세계의
창조이다.

파킨슨은 신의 자유의지를 강조하는 해석적 입장을 취한다. ABCDEFG의 존재투쟁이란 기껏해야 관념적이라는 그러한 해석적 입장이다. 이것들의 존재투쟁이란, 신의 생각 속에서 이루어지는, 신의 능동적 기능일 뿐이라는 것이다. 그러나 파킨슨이 놓친 부분이 있다. 이것들의 존재투쟁은 분명 신의 생각 속에서 이루어지는 관념적인 것이지만, 신에게는 창조에 있어서의 제약이 가해진다. 즉, 신에게는 최대한 많은 가능 개체들로 이루어진 조합을 선택해야 한다는 제약이 있어 신은 [아담, 이브, 카인, 아벨]의 조합을 선택해 창조할 수밖에 없는 것이다.

블루먼펠트는 "존재"에 대한 라이프니츠의 정의, 즉 "존재와 양립 불가능한 어떠한 것들보다 더 많은 사물들과 양립가능한 것"이라는 정의가 사실은 "존재"에 대한 정의가 아님을 지적한다. 블루먼펠트에 따르면, 라이프니츠에게 있어 "존재"는 정의될 수 없는 기본적인 용어인 것이다. 이 글에서 필자는 블루먼펠트의 이러한 입장을 그대로 받아들이고자 했다. 즉, "존재"는 정의될 수 없는, 그래서 단순하며 가장 기본적인 용어라는 것. 그러나 양상 논리학에서 벌어졌던 일을 생각해보면, 블루먼펠트의 이러한 입장을 받아들인다 하더라도 "존재"에 대한 모델을 제시하는 것은 가능한 일이다. 그리고 그러한 모델은 위에서 제시한 ABCDEFG이다. 라이프니츠가 "존재"에 대한 이러한 모델을 제시하는 이상, 이 모델에 근거한 창조에 대한 라이프니츠의 최종 견해는 다음의 조합이 선택되어 창조된다는 것이다. 즉 [아담, 이브, 카인, 아벨]. "최대한 많은 수의 가능 개체의 조합이 창조된다"라는 제약이 있는 이상, [아담, 이브, 카인, 아벨]의 조합이 선택되어 창조될 수밖에 없는 것이다. 이러한 제약이 걸려 있는 이상, 신에게는 선

택의 여지가 없다. 신은 이 세계, 즉 우리 세계를 창조할 수밖에 없
는 것이다. 이것은 아담이 필연적으로 죄를 짓는다는 결정론적 생각
보다 더 근본적인, 그래서 '더 강한 결정론'이라고 부를 수 있는, 혹은
'더 강한 필연주의'라고 부를 수 있는 그러한 철학적 사상이다.

<u>6</u>

라이프니츠의 무한

라이프니츠는 무한에 관한 논의를 통해 선이 점들로 구성될 수 없다는 논증을 펼친다. 이를 통해 첫째, 선이 무한 분할 가능하다는 점, 둘째, 이러한 사실로부터의 유비를 통해 물체가 무한 분할 가능하다는 주장으로 나간다. 선이 점으로 구성될 수 없다는 라이프니츠의 논증은, 따라서 물체의 무한 분할 가능성이라는 물리학/형이상학에 영향을 끼치고 있다.

이 글에서는 선이 점으로 구성될 수 없다는 라이프니츠의 기하학적 논증을 분석해 보고자 한다. 필자는 라이프니츠가 이 문제를 다룰 때 오류를 범하고 있다고 생각한다. 라이프니츠는 선이 점들로 구성될 수 있는가의 문제를 다룰 때, 이를 두 가지 방식으로 다루고 있다. 즉, 선이 유한한 수의 점들로 구성될 수 있는가의 문제, 그리고 선이 무한한 수의 점들로 구성될 수 있는가의 문제. 그리고 결론적으로 선이 유한한 수의 점들로 구성될 수 없으며, 또 무한한 수의 점들로도 구성될 수 없으므로 선은 점으로 구성될 수 없다고 주장한다.

필자의 생각에 라이프니츠는 선이 유한한 수의 점들로 구성될 수 없다는 결론을 증명하는 데 성공하지만, 선이 무한한 수의 점들로 구성될 수 없다는 결론을 증명하는 데에는 성공하지 못하고 있다. 뒤에서 보겠지만, 그 이유는 라이프니츠가 부분-전체의 관계를 일의적으로 생각하기 때문이다. 부분-전체 관계는 유클리드적으로 이해할 수도 있고 칸토어적으로 이해할 수도 있다. 칸토어적으로 이해되었을때 부분-전체 관계의 특징은 부분의 원소 수가 전체의 원소 수와 같다는 것이다. 하지만 부분-전체 관계를 유클리드적으로 보면, 부분과 전체가 같을 수 없는 것이다. 이렇게 부분-전체 관계는 이중적으로 이해될 수 있다. 그런데 라이프니츠는 칸토어적으로 이해된 부분-전체 관계를 유클리드의 부분-전체 관계와 충돌시킴으로써 모순을 유도해(귀류법), 점이 선을 구성할 수 없다는 결론으로 나아가고 있다. 이것이 라이프니츠의 오류이다. 모순이 발생하지 않음에도 불구하고, 모순을 유도해 자신의 결론을 뒷받침하는 오류. 이 글에서는 이러한 논증 과정을 살펴보고, 어디에 잘못이 있는지 분석하고자 한다. 이를 위해 우선 칸토어의 무한집합에 대한 간략한 이해가 필요하다. 칸토어의 주장에서부터 출발하도록 하자.

칸토어의 무한집합

선의 무한 분할 가능성에 대한 라이프니츠의 생각을 알아보기 전에 몇 가지 개념에 대한 정리가 필요한 것으로 보인다. 우선 "원소를 셀 수 있는 집합"과 "원소를 셀 수 없는 집합", 이 두 집합에 대한 개념 정리이다. "원소를 셀 수 있는 집합"은 예를 들면 자연수 집합이다. 우리는 1부터 시작해 계속 1을 더해가며 자연수를 셀 수 있다. "원소를 셀 수 없는 집합"은 예를 들면 실수 집합이다. 자연수 집합에서는 1의 이웃 수를 셀 수 있다. 반면 실수 집합에서는 1의 이웃 수를 셀 수 없다.

"원소를 셀 수 있는 집합"은 두 가지의 경우로 나눌 수 있다. 하나는 "범위가 있는 경우", 다른 하나는 "범위가 없는 경우"이다. "범위가 있는 경우", 예를 들어 1~10까지의 범위가 정해지면, 원집합은 그것의 진부분집합보다 더 많은 원소를 가진다. 예를 들어 자연수 1~10의 원집합의 원소의 수는 10개이며, 그것의 진부분집합인 짝수의 원소 개수는 5개이다. 한편 "범위가 없는 경우"는 원집합의 원소의 수와 그것의 진부분집합의 원소 수가 같다. 그래서 자연수 집합과 그것의 진부분집합인 짝수 집합은 원소의 수가 같다. 이것은 기본적으로 칸토어의 발견이다.

1873년 그는 무한집합을 총체로서 존재하는 것으로서 어떤 실체로 생각하기 시작했을 뿐 아니라 그것들을 구분하기 시작했다. 그는 언제 두 무한집합이 같은 갯수 또는 다른 갯수의 원소를 가지게 되는가를 결정하는 정의를 도입했다. 그의 기본적인 아이디어는 일대일 대응이었다. 우리가 알고 있는 바와 같이, 한 권의 책에 꼭 한 개의 공기돌을 짝지을 수 있기 때문에 5권의 책과 5개의 공기돌은 똑같이 5라는 수로 표현될 수 있다. 그래서 칸토르는 일대일 대응을 무한집합에 적용시켰다. 이제 자연수 전체의 집합과 짝수의 집합 사이의 일대일 대응을 다음과 같이 만들 수 있다:

1 2 3 4 5 …

2 4 6 8 10 …

즉, 각각의 자연수는 그 수의 두 배인 단 하나의 짝수에 대응된다. 또한 각각의 짝수는 그 수의 반인 단 하나의 자연수에 대응된다. 따라서 칸토르는 이 두 집합이 같은 갯수의 원소를 가진다는 결론을 내렸다. 이 대응 관계, 즉 자연수 전체가 그 집합의 일부분과 일대일 대응이 된다는 사실은 처음에는 사상가들에게 불합리하게 여겨졌으며, 그들로 하여금 무한집합에 대한 모든 노력을 거부하게 하는 원인이 되었다. [121]

한편 "원소를 셀 수 없는 집합"은 "범위가 있는 경우", 그리고 "범위가 없는 경우" 상관없이 원집합의 원소 개수, 그리고 그것의 진부분집합의 원소 수가 동일하다.

사실상 그[칸토어]는 무한집합을, 그 집합과 그 집합의 어떤 진부분집합이 일대일 대응이 될 수 있는 것으로 정의했다.
실제로는 칸토르도 일대일 대응을 이용해 이끌어낸 결과에 대하여 놀랐었다. 그는 직선 위의 점들과 평면 위의 점들(더 나아가 n차원 공간의 점들)이 일대일로 대응된다는 것을 보이고 1877년에 데데킨트에게 보낸 편지에서 "나는 그것을 발견했지만, 믿지는 않는다"고 했다. 그러나 그는 사실 그것을 믿었으며, 무한집합들이 대등하다는 것을 보이는 데 일대일 대응의 원리를 고집했다. [122]

이러한 칸토어의 발견에 따르면, 서로 다른 길이의 두 선의 점들은 일대일 대응함으로써 긴 선의 원소 수와 짧은 선의 원소 수가 같다.

---

121 모리스 클라인, 박세희 옮김, 『수학의 확실성』, 민음사(1984), 238.
122 모리스 클라인, 박세희 옮김, 『수학의 확실성』, 민음사(1984), 238-9.

사실 이러한 칸토어의 발견은 이미 예견된 것이었다. 무한에 관한 논의에서 갈릴레오와 라이프니츠는 이미 이러한 일대일 대응에 대한 논리적 곤경에 대해 이야기했다. 특히 라이프니츠는 무한에 관한 논의를 통해 선이 점으로 구성될 수 없다는 논증을 펼치며, 이를 통해 선이 무한 분할 가능하다는 점, 그리고 이러한 사실로부터의 유비를 통해 물체가 무한 분할 가능하다는 주장으로 나가고 있다. 이 글에서는 물체의 무한 분할 가능성으로 나아가는 과정으로서의 라이프니츠 논증에 대해 검토하고 평가하고자 한다. 필자가 보기에 라이프니츠는 오류를 범하고 있다. 이제 이를 살펴보고자 한다.

「파키디우스와 필라레티」 – 유한한 개수의 점들로 구성된 선

「파키디우스와 필라레티」에서 파키디우스(라이프니츠 자신을 대신하는 대화편의 인물)는 카리누스와의 대화를 통해 선이 점들로 구성될 수 있는가의 문제를 다룬다. 파키디우스의 입장은 선이 점들로 구성될 수 없다는 것이다. 파키디우스는 두 가지 방식으로 이를 다룬다. 첫째, 선이 유한한 개수의 점으로 구성될 수 있는가? 없다는 것이 파키디우스의 생각이다. 둘째, 선이 무한한 개수의 점으로 구성될 수 있는가? 그럴 수 없다는 것이 파키디우스의 생각이다. 우선 유한한 개수의 점들로 선이 구성될 수 없다는 파키디우스의 논변을 살펴보자.

PA.: 우리가 무엇보다 먼저 물어야 하는 것은 다음과 같은 것입니다. 당신이 선을 구성할 때, 혹은 유한한 양을 구성할 때, 당신은 유한한 수의 점들로 그 선을 구성합니까, 아니면 무한한 수의 점들로 그 선을 구성합니까?

CH.: 유한한 수의 점들로 선을 구성한다고 해 봅시다.

PA.: 당신은 이 견해를 오랫동안 유지하지 못할 것입니다: 왜냐하면 예전에 기하학자들에 의해 어떤 선이든 같은 수의 부분들로 나누어질 수 있다는 것이 증명되었기 때문입니다. 직선 AB를 가정합시다. 이 선은 이 선보다 더 긴 선이 부분들로 나누어질 수 있는 딱 그만큼의 같은 부분들로 나누어질 수 있습니다. 더 긴 선 CD를 가정하고, 이 선을 AB와 평행하게 둡시다. 이제 직선 CA와 DB를 연결한 다음, 그것들을 쭉 늘려서 점 E에서 만나게 합시다. CF가 CD의 같은 부분들 중 하나라고 가정합시다. 예를 들어 100번째 부분. 그리고 직선 EF가 점 G에서 AB와 만나도록 긋습니다. 이제 (유클리드의 원론에 따라) — 왜냐하면 삼각형 AEB와 CED가 닮았기 때문에, 그리고 삼각형 AEG와 CEF도 닮았기 때문에 — AG와 AB의 비는 CF와 CD의 비와 같습니다. 따라서 CF와 CD의 비는 1과 100의 비와 같기 때문에, 혹은 CF가 CD의 100번째 부분이기 때문에 AG도 AB의 100번째 부분이 될 것입니다.[123]

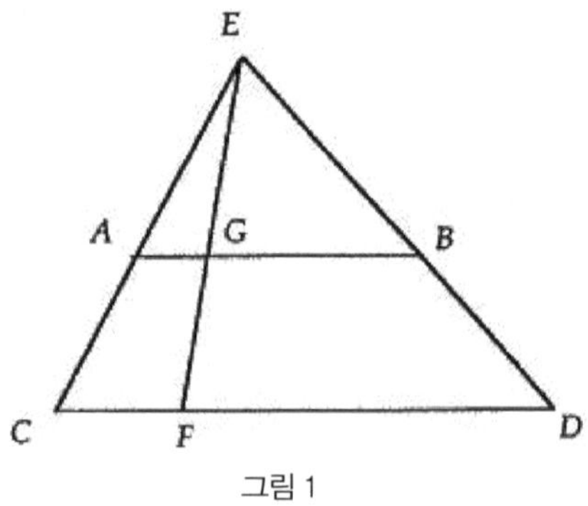

그림 1

여기서의 가정은 선이 유한한 수의 점들로 구성된다는 것이다. 구슬을 상상하면 좋을 것 같다. 더 이상 쪼개지지 않는 구슬들이 모여 선을 이룬다. 그 구슬들의 개수를 100개라고 해 보자. CD를 이루고 있는 100개의 구슬들 중 하나를 CF라고 해 보자. 삼각형의 닮은꼴을 이용하면 AG도 AB의 100번째 구슬이 된다. 파키디우스의 주장에 따르면 이것은 말이 되지 않는다. CF도 셀 수 있는 하나의 구슬이고 AG도 셀 수 있는 하나의 구슬이지만, AG가 CF보다 작기 때문이다. 즉, CF를 더 이상 나누어지지 않는, 그래서 하나로 셀 수 있는(100개 중 하나의) 구슬이라고 한다면, 그보다 작은 AG는 하나로 셀 수 있는 구슬이 아니라, 하나의 구슬보다는 작은, 수로 표현하자면 1이 아니라 1보다 작은 분수로 표현되는 것인데, 셀 수 있다는 애초의 가정에는, 셈의 대상이 되는 구슬이 더 이상 쪼개질 수 없다는(정확하게 100개) 것이 포함되어 있기 때문이다. 구슬이 쪼개질 수 있다면, 애초에 셀 수가 없는 것이다. 그래서 카리누스는 선이 유한한 수의 점으로 구성된 것이라는 가정을 포기하고 무한한 수의 점으로 구성되어야 한다고 결론 내린다.

CH.: 더 진행할 필요는 없겠네요. 이것만으로 나는 이미 선이 유한한 수의 점들로 구성된다는 것이 불가능하다는 것을 알겠으니까요. 이러한 가정하에서는 어쨌든 어떤 직선이 있다는 것 아닙니까, 그리고 그 직선은 99개의 점들로 이루어져 있는 것이고 100번째 부분

---

123 *The Labyrinth of the Continuum: Writings on the Continuum Problem, 1672-1686*, trans. ed. and with intro. by Richard T. W. Arthur, New Haven and New York(2001), 173-5.

은 분명 분수로, 혹은 한 점의 어떤 부분으로 이루어져 있다고 해야
한다는 것 아닙니까? 그렇다면 직선은 점들로 구성되지만, 무한한
수의 점으로 이루어져 있다고 해야 하겠네요. [124]

이러한 결론은 정당한 것으로 보인다. 이 논증은 일종의 귀류법 형
태를 띠고 있다. 귀류법이란 어떤 가정을 하고, 그 가정을 이미 전제
된 명제와 충돌시킴으로써 원래의 가정을 폐기하는 논증을 말한다.
그리고 위의 논증은 다음과 같은 [숨은 전제]와 일련의 귀류법적 논증
을 통해 결론이 도출된다. 우선 [숨은 전제]가 왜 필요한지 설명하고 난
후 라이프니츠의 논증을 정리해보자.

[숨은 전제]는 다음과 같다: "선이 유한한 수의 점들로 구성된다면,
그 점들은 더 이상 쪼개지지 않는다."

선은 유한한 수의 점들로 구성될 수도 있고, 무한한 수의 점들로
구성될 수도 있다.

선이 무한한 수의 점들로 구성된다면, 그러한 수는 실수 계열에 대
응할 것이다. 그런데 실수 계열의 특징은, 임의의 수가 주어져도 그
수는 무한히 쪼개질 수 있다는 것이다. 어떤 수가 쪼개져도, 그 수는
여전히 실수다. 그래서 선이 무한한 수의 점들로 구성된다면, 그 점
은 무한히 쪼개질 수 있고, 그 결과 실수 계열의 특징과 유사하게 그
점들을 셀 수 없게 되는 것이다.

한편 선이 유한한 수의 점들로 구성된다면, 그러한 수는 자연수 계

---

124 *The Labyrinth of the Continuum: Writings on the Continuum Problem, 1672-1686*, trans.
ed. and with intro. by Richard T. W. Arthur, New Haven and New York(2001), 175.

열에 대응할 것이다. 그런데 자연수 계열의 원소들, 즉 각각의 자연수는 쪼개지지 않는다. 쪼개지면, 분수가 되어서 더 이상 자연수 계열이 될 수 없다. 그래서 선이 유한한 수의 점들로 구성된다면, 그 점은 더 이상 쪼개져서는 안되고, 그 결과 자연수 계열의 특징과 유사하게 그 점들을 셀 수 있게 되는 것이다.

따라서 [숨은 전제]는 반드시 필요하다. 선이 유한한 수의 점들로 구성된다면, 그 점들은 더 이상 쪼개지지 않는다. 이제 [숨은 전제]를 포함한 라이프니츠의 논증 전체를 살펴보자.

[숨은 전제] 선이 유한한 수의 점들로 구성된다면, 그 점들은 더 이상 쪼개지지 않는다.

[가정] (1) 선은 유한한 수의 점들로 구성된다.

(2) 그 점들은 더 이상 쪼개지지 않는다. [숨은 전제]+[가정] (1), Modus Ponens.

(3) 선을 이루는 유한한 수의 점들은 셀 수 있다.

(4) CF는 CD의 100번째 점이다.

(5) 삼각형의 닮은 꼴 원리에 의해 AG는 AB의 100번째 점이다.

(6) 그런데 CF는 AG보다 더 크다.

(7) 따라서 AG보다 더 큰 CF는 쪼개질 수 있어야 한다.

(8) (2)와 (7)은 모순

(9) 귀류법에 위해 [가정] (1) 폐기

(9) 결론: 선은 유한한 수의 점들로 구성될 수 없다.

위의 귀류법 논증을 통해 알 수 있듯이, 선은 유한한 수의 점들로 구성될 수 없다. 따라서 카리누스는 선이 "원소를 셀 수 있는 집합"이 아니라 "원소를 셀 수 없는 집합", 즉 무한한 수의 점들의 집합이어야 한다고 주장하게 된다. 이제 파키디우스는 또 다른 논증을 통해 선이 무한한 수의 점들의 집합일 수 없음을 증명한다.

「파키디우스와 필라레티」 – 무한한 개수의 점들로 구성된 선

선이 유한한 개수의 점들로 구성된 것이 아니라 무한한 개수의 점들로 구성된 것이라는 카리누스의 입장에 대해 파키디우스는 이 역시 잘못된 것임을 지적하는 논증을 펼친다. 선이 유한한 개수의 점들로 구성되었음을 반박하는 논증에서와 마찬가지로 파키디우스는 선이 무한한 개수의 점들로 구성되었음을 반박하는 논증에서도 귀류법을 사용한다. 만약 이 논증이 성공한다면, 선은 유한한 수의 점들로 구성된 것도 아니고, 또 무한한 수의 점들로 구성된 것도 아니므로 선은 아예 점들로 구성된 것이 아니라는 결론을 내릴 수 있다. 그리고 이러한 결론으로부터 선은 무한히 나누어질 수 있는 것이며, 이러한 사실로부터의 유비를 통해 물체도 무한히 분할 가능하다는 결론으로 나아갈 수 있게 된다. 문제는, 필자가 보기에 라이프니츠의 논증은 성공적이지 못하다는 것이다. 이제 왜 그런지 살펴보도록 하자. 파키디우스는 선이 무한한 수의 점들로 구성되지 않음을 보이고자 다음과 같은 논증을 펼친다.

PA.: 이 논증이 갖는 힘은 그 어떤 수의 점들에 대해서도 마찬가지

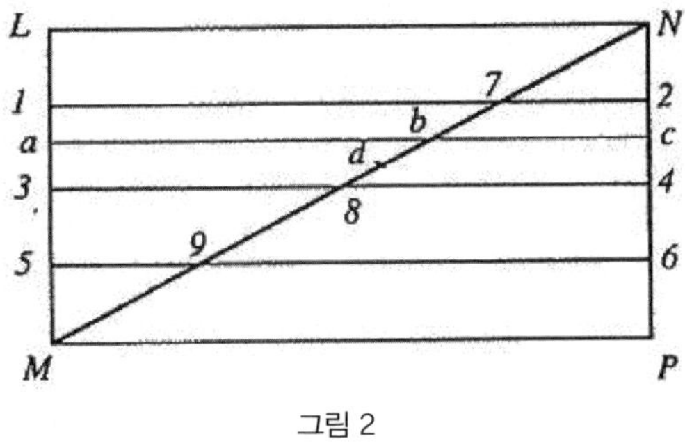

그림 2

의 효과를 갖는 것으로 보입니다. 하지만 이에 보다 적합한 다른 그림을 사용해 봅시다. 직사각형 LNPM에서 대각선 NM을 그어봅시다. LM 안의 점들의 수는 NP 안의 점들의 수와 같지 않겠습니까?

CH.: 물론이죠. 왜냐하면 NL과 MP는 평행이므로 LM과 NP는 같습니다.

[PA.]: 이제 LM의 그 어떤 점으로부터, 예를 들어 1, 3, 5로부터 NP의 그 어떤 점, 예를 들어 2, 4, 6으로의 직선 LN과 평행하게 직선 1-2, 3-4, 5-6을 그어봅시다. 이 직선은 대각선 NM을 점 7, 8, 9 등에서 지납니다. NM에는 LM에 있는 점들의 수만큼, 그만큼의 점들이 있지 않겠습니까? 따라서 선들이 점들의 집합이라면, LM과 [NM]은 같습니다. 이것은 말이 안 되죠. 이 선들은 그 어떤 비율이나 가질 수 있다고 볼 수 있기 때문입니다.

CH.: 나는 당신이 이러한 결론을 어떻게 끌어내고 있는지 알 수 있을 것 같습니다. 만약 NM에 LM보다 더 많은 점이 있다면, NM에는 직선 1-2, 3-4, 5-6 등이 지나지 않는 그러한 점이 있을 것이기 때문입니다. 그 점을 b라고 합시다. 그 점을 통과하면서 직선 LN과 평행하면서 점 a에서는 직선 LM과 만나는, 그리고 점 c에서는 직선 NP와 만나는 직선 하나를 그어봅시다. 그런데 a는 점 1, 3, 5 중 하나가 아닙니다. 그렇지 않으면, [우리의] 가정과 달리 b도 점 7, 8, 9 중 하나가 아니게 됩니다. 따라서 1, 3, 5 등은 LM의 모든 점이 아니라는, 우리가 가정했던 것과는 다른, 말도 안 되는 것인거죠. 똑같은 논증이 점 c에 대해서도 마찬가지로 적용됩니다. 따라서 우리는 LM과 NP에, NM에 있는 점만큼의 점들이 있다고 이해해야 합니다. 따라서 이러한 선들이 단지 점들의 집합aggregates이라면, 짧은 직선이 긴 직선과 같게 되는 것입니다.

[PA.:] 이제 MN의 한 부분 Md를 취해보자. 이것은 ML과 같다고 해보자. ML과 Md는 같으므로 이것들은 적어도 동일한 수의 점들을 갖게 될 것이다. 이제 ML과 MN은 같은 수의 점들을 가지므로(우리가 이 선들이 갖는 점들의 집합으로부터 따라 나온다고 보였듯이), MN과 Md 역시 같은 수의 점들을 가지게 될 것이다. 즉, 부분과 전체가 같다. 이것은 말이 안 된다absurd. 이로부터 다음이 따라 나옵니다. 선은 점들로부터 구성되는composed 것이 아니다. [125]

여기서 파키디우스는 귀류법*reductio ad absurdum*을 사용하고 있는데, 가정은 다음과 같은 것이다. "선은 무한한 개수의 점들로 구성되어 있다". 이로부터 파키디우스는 다음과 같은 결론을 이끌어낸다. MN

---

125 *The Labyrinth of the Continuum: Writings on the Continuum Problem, 1672-1686*, trans. ed. and with intro. by Richard T. W. Arthur, New Haven and New York(2001), 175-7.

의 한 부분 Md와 ML이 같을 경우, ML과 MN은 같은 수의 점들을 가지므로 MN과 Md 역시 같은 수의 점들을 가지게 될 것이다. 즉, 부분과 전체가 같다.[126] 그런데 유클리드의 공리에 따르면 부분과 전체는 다르다. 여기에서 모순이 발생한다. 결국 "선은 무한한 개수의 점들로 구성되어 있다"라는 가정은 폐기되어야 한다.

우선 언급할 점은 이러한 사실이, 즉 무한집합의 경우 부분과 전체가 같다는 사실이 무한집합의 고유한 특성이라는 것이다. 칸토어의 거의 유일한 지지자 데데킨트는 무한집합의 정의로서 원집합의 원소 개수, 그리고 원집합의 진부분집합의 원소 개수, 이 둘이 같음을 제시했다. 그리고 앞에서도 언급했듯이 이러한 주장은 라이프니츠, 칸토어에 앞서 이미 갈릴레오에게서도 볼 수 있는 주장이다. 즉, 무한집합의 경우, 원집합과 그것의 진부분집합, 이 두 집합의 원소 개수가 같다는 것. 선이 무한한 개수의 점들로 구성될 수 없음을 보이는

---

[126] 이러한 라이프니츠의 증명과 관련해 이상명은 다음과 같이 주장한다. "이 증명에 따르면, 우리가 연속을 구성하는 부분의 크기와 수를 사전에 정할 수 있다면, 예를 들어 최소 크기로 점의 크기와 개수를 규정할 수 있다면, 직각사각형의 대각선 MN에 있는 모든 점은 변 LM에 있는 점과 일대일 대응할 것이고, 그러면 대각선 MN과 변 LM의 길이가 같은 것이 된다. 반대로 한 변의 점을 대각선의 점과 일대일 대응시킬 경우에도 변과 대각선의 길이가 같아야 한다. 하지만 실제로 직각사각형의 대각선의 길이와 변의 길이는 같지 않다. 따라서 연속이 최소 크기로, 어떤 지정할 수 있는 분할 불가능한 것으로 구성된다고 가정하는 것은 불합리하다. 따라서 "만약 선이 (분할 불가능한 최소 크기의) 점들의 집적이라면, 더 짧은 선은 더 긴 선과 같아질 것이다." 이런 결론은 분명 불합리하다. 결과적으로 라이프니츠가 주장하는 것은 "연속에는 무한하게 작은 어떤 것, 즉 어떤 주어진 지각 가능한 것보다 무한하게 더 작은 것이 존재한다"는 것이다.""(이상명, 「연속 합성의 미로: 아리스토텔레스와 라이프니츠에 있어 무한 분할의 문제」, 『철학』 제111집, 2012, p. 71) 이러한 주장은 오해로 보인다. 라이프니츠의 증명은 선이 무한한 수의 점으로 구성될 수 있는가의 문제이다. 그런데 이상명은 이 논증을 선이 유한한 수의 점으로 구성될 수 있는가의 문제로 이해하고 있다. 그가 말하듯이 "연속을 구성하는 부분의 크기와 수를 사전에 정할 수 있다면, 예를 들어 최소 크기로 점의 크기와 개수를 규정할 수 있다면"에서 부분의 […] 수를 사전에 정할 수 있다는 것은, 그 수를 셀 수 있다는 말이며, 수를 셀 수 있다는 말은, 마치 선을 이루는 점이 구슬처럼 되어 있다는, 즉 유한한 개수의 점들이 있다는 말이기 때문이다.

파키디우스의 논증을 듣고 난 뒤, 또 다른 화자인 갈리티우스는 다음과 같이 갈릴레오의 무한집합에 대한 견해를 전한다.

GA.: 갈릴레오의 저작에서 보여지는 일련의 탁월한 추론이 생각나는군요. 모든 제곱수들의 수는 모든 수들의 수보다 적습니다. 제곱수가 아닌 수들이 있기 때문입니다. 한편 모든 제곱수들의 수는 모든 수들의 수와 같습니다. 이것은 다음과 같이 증명됩니다: 자기 고유의 대응 제곱수를 가지지 않는 수는 없다. 따라서 수들의 수는 제곱수들의 수보다 더 크지 않다; 반면 모든 제곱수는 한 변의 길이로서 양의 정수를 가집니다: 따라서 제곱수들의 수는 수들의 수보다 더 크지 않습니다. 따라서 모든 수들의 수는(제곱수 그리고 비제곱수) 모든 제곱수들의 수보다 더 크지도 더 작지도 않고 똑같다: 전체가 부분과 같은 것이다. 이것은 말이 안 됩니다.
TH.: 물어볼게요. 파키디우스 당신은 이에 대해 어떻게 답변하시겠습니까?
PA.: 카리누스에게 물어봐야 하실텐데요.
CH.: 농담하세요?
PA.: 전혀 아닙니다. 왜냐하면 나는 당신이 당신 스스로 이 미궁에서 벗어날 수 있다고 믿기 때문이죠.
CH.: 갈릴레오가 뭐라고 했는지 갈루티우스에게 들어볼 수 있을까요?
GA.: 갈릴레오가 이렇게 말했습니다: 더 크다, 같다, 더 작다, 이런 말들은 무한에서는 아무 의미가 없다.

무한집합의 경우는 부분과 전체가 같다. "더 크다, 같다, 더 작다"

등의 말은 무한에서는 아무 의미가 없다. 무한집합의 경우, 원집합과 그것의 진부분집합, 이 두 집합의 모든 원소가 일대일 대응함으로써 개수가 같아진다. 예를 들어 자연수 집합과 그것의 진부분집합인 짝수의 집합, 이 두 집합의 원소 개수는 같다. 이것은 갈릴레오, 라이프니츠, 칸토어 등이 모두 동의하는 부분이다. 라이프니츠도 긴 선분과 짧은 선분의 점들이 일대일 대응한다는 주장을 전개함으로써 선은 무한한 수의 점들로 구성될 수 없음을 보이고 있다.

이제 문제는 라이프니츠가 사용한 귀류법이 정당하냐는 것이다. 애초의 가정은 "선이 무한한 개수의 점들로 구성된다"라는 것이다. 이로부터 라이프니츠는 긴 선분과 짧은 선분의 점들이 일대일 대응한다는 결론을 도출한다. 이제 관건은 이러한 결론, 즉 "긴 선분과 짧은 선분의 점들이 일대일 대응한다"는 결론을 이와 모순되는 명제(부분≠전체)와 충돌시킴으로써, 애초의 가정 "선이 무한한 개수의 점들로 구성된다"를 폐기할 수 있느냐이다. 라이프니츠는 "긴 선분과 짧은 선분의 점들이 일대일 대응한다"라는 결론과 충돌시키는 명제를 찾아내는데, 그것은 바로 유클리드 기하학 공리 5이다. 즉. "전체는 부분보다 크다".

이제 ML[좌변]과 MN[대각선]은 같은 수의 점들을 가지므로(우리가 이 선들이 갖는 점들의 집합으로부터 따라 나온다고 보였듯이), MN과 Md 역시 같은 수의 점들을 가지게 될 것이다. 즉 **부분과 전체가 같다.** 이것은 **모순이다**absurd. 이로부터 다음이 따라 나옵니다. 선은 점들로부터 구성되는composed 것이 아니다. (강조는 필자)

이제 라이프니츠의 논증 전체를 도식화해 보자.

> (1) 유클리드 부분-전체 공리는 참, 즉 "부분〈전체"
> (2) 따라서 "부분≠전체"
> (3) (가정) 선이 무한한 수의 점들로 구성
> (4) "부분=전체"가 도출됨
> (5) (2)과 (4)는 모순
> (6) 선이 무한한 수의 점들로 구성된다는 가정 (3) 폐기

이제 두 개의 명제, 즉 "긴 선분과 짧은 선분의 점들이 일대일 대응한다=부분과 전체가 같다", 그리고 "전체는 부분보다 크다", 이 두 명제가 모순을 일으키는지를 확인하는 것이 관건이다. 이를 살펴보도록 하자.

부분과 전체

라이프니츠의 귀류법이 성공하려면, '부분'과 '전체'라는 단어는 유클리드적인 의미, 즉 "전체는 부분보다 크다"와 칸토어적 의미, 즉 "부분과 전체는 원소의 개수가 같다"에서 동일한 의미로 사용되어야 한다. 그래야만 모순이 발생해 애초의 가정, 즉 "선이 무한한 개수의 점들로 구성된다"라는 가정이 깨진다. 우선 유클리드적 의미에서 짧은 선은 긴 선의 부분이다. 한편 칸토어적 의미에서 짧은 선을 이루는 원소의 수와 긴 선을 이루는 원소의 수는 같다. 라이프니츠는 이 부분에서 충돌이 있다고 생각하는 것 같다.

그러나 이 두 착상은 충돌하지 않는다. 갈릴레오, 라이프니츠, 칸토어 모두가 동의하듯이, 무한집합의 경우 원집합의 원소 개수와 그것의 진부분집합의 원소 개수는 같다. 이러한 착상과 짧은 직선은 긴 직선의 부분이라는 착상은 완전히 다른 착상이다. "짧은 직선은 긴 직선의 부분"(유클리드의 입장)이라는 착상은 "점은 직선의 부분"(유클리드도 부정하는 부분)이라는 착상과 완전히 다른 것이기 때문이다. 긴 선과 짧은 선의 비교를 통한 부분-전체의 관계는 긴 선을 이루는 점들과 짧은 선을 이루는 점들의 비교를 통한 부분-전체의 관계와 다르다. 그런데 라이프니츠는 선과 선의 비교를 통한 부분-전체 관계에 대한 유클리드적 착상을, 점과 선의 비교를 통한 부분-전체의 관계에 대한 칸토어적 착상과 대립시켜 모순을 유도하고는, 이로부터 "선은 무한한 수의 점으로 구성될 수 없다"라는 결론을 내리고 있는 것이다.

애초에 귀류법은 성립하지 않는다. 모순이 일어나지 않기 때문이다. 유클리드의 부분-전체 관계는, 짧은 선이 긴 선의 부분이라는 것이다. 이와 달리 칸토어의 부분-전체 관계는 짧은 선을 이루는 점들의 개수와 긴 선을 이루는 점들의 개수가 서로 같다는 것으로 이해되어야 한다. 유클리드의 부분-전체의 관계는 선과 선 사이의 관계지만, 칸토어의 부분-전체 관계는 긴 선을 이루는 점, 그리고 짧은 선을 이루는 점, 이 점들 사이의 관계다(긴 선의 점들의 수와 짧은 선의 점들의 수는 같다). 따라서 유클리드의 부분-전체 관계, 그리고 칸토어의 부분-전체 관계는 서로 다른 관계이지, 모순을 이루는 관계가 아니다.

사실 선이 점으로 구성될 수 없다는 것은 라이프니츠적 증명을 통해 얻어지는 것이 아니다. 이러한 것은 이미 유클리드의 점, 선에 대한 정의에 포함되어 있는 사실이다. 유클리드는 점과 선을 서로 다른 차원에서 정의하고 있기 때문이다. 『원론elements』의 정의 1에서 유클리드는 "점이란 부분이 없는 것이다"로, 정의 2에서 "선은 너비 없는 길이다"[127]로, 서로 독립적으로 정의한다. 유클리드적 의미에서 부분-전체의 관계는 같은 차원에 있는 선과 선, 혹은 면과 면에서 성립하는 것이지, 서로 다른 차원에 있는 점과 선의 관계로서는 이해될 수 없는 것이다. 유클리드적 의미에서도 점은 선을 구성하는 것이 아니다.

라이프니츠의 최종 견해

선이 무한한 수의 점들로 구성된 것이 아니라는 라이프니츠의 논증은 귀류법의 형식을 가진다. 그리고 귀류법은 모순이 유도되어야 성공하는 논증 방식이다. 위에서 보았듯이 부분-전체에 대한 칸토어적 착상과 이에 대한 유클리드적 착상은 서로 의미가 달라 모순을 일으키지 않는다. 따라서 라이프니츠의 논증은 실패로 돌아간다. 사실 선이 점으로부터 구성되지 않는다는 사실은 증명되어야 하는 문제가 아니라 당연한 문제로 생각되어야 한다. 유클리드의 접근 방식만 보더라도, 그는 점과 선을 부분-전체의 관계로 생각하지 않았다. 부분-전체의 관계는 오직 긴 선과 짧은 선 사이에 성립하는 관계다.

라이프니츠의 논증이 실패로 돌아감에도 불구하고 그의 주장, 즉

---

127 Euclid, *Euclid's Elements of Geometry*, The Greek text of J.L. Heiberg (1883 – 1885), from *Euclidis Elementa*, edidit et Latine interpretatus est I.L. Heiberg, in aedibus B.G. Teubneri, 1883 – 1885, edited, and provided with a modern English translation, by Richard Fitzpatric, 6.

선이 무한한 수의 점들로 구성된 것이 아니라는 라이프니츠의 주장은 여전히 정당한 것으로 받아들여질 수 있다. 그리고 이로부터 선이 무한 분할 가능하고, 이러한 사실로부터의 유비를 통해 물체도 무한 분할 가능하다는 주장으로 나아가는 과정은 여전히 정당한 것으로 받아들여질 수 있다.

이제 점이 선의 부분이 아니라면, 점은 선과 어떤 관계를 가지는가? 라이프니츠는 다음과 같이 주장한다.

> 그럼에도 불구하고 불가분적인 실체가, 마치 부분으로서 물체라는 구성체를 구성한다고 말해서는 안 됩니다. 불가분적 실체는, 본질적 내적 요건으로서, 물체라는 구성체를 구성합니다. 마찬가지로 점은, 선을 구성하는 부분이 아니며, [선과는] 이질적인 어떤 것이지만, 그럼에도 불구하고 선이 있기 위해 혹은 선이 인식되기 위해서는 꼭 필요한 본질적 요건인 것입니다. [128]

이것이 의미하는 바는 분석이 필요해 보인다. 점은 선을 구성하는 부분이 아니며, 선과는 이질적인 어떤 것이다. 유클리드와 마찬가지로 라이프니츠는 점과 선이 서로 다른 차원에 있는 어떤 것들이라고 생각하고 있다. 따라서 점은 선의 부분이 아닌 것이다. 그럼에도 불구하고 점은 선이 인식되기 위해 꼭 필요한 본질적 요건이다. 여기서 라이프니츠는 두 가지를 구분한다. 첫째, 점과 선은 서로 다른 차원에 있는 것이다. 둘째, 점은 선이 인식되기 위해 꼭 필요한 본질적 요

---

128 DMF, p. 322 323.

건이다. 이 두 주장은 서로 모순되는 것으로 보인다. 서로 별개인데, 인식되기 위해 꼭 필요한 본질적 요건이라는 모순되는 것처럼 보이는 주장. 그러나 라이프니츠의 생각을 분석해보면, 이 둘은 서로 모순이 아님을 알 수 있다. 점이 모여 선이 되는 것이 아니다. 그렇다면 점은 무엇인가? 라이프니츠는 카리누스의 입을 통해 점과 선의 관계에 대한 자신의 생각을 다음과 같이 말한다.

> CH.: 파키디우스, 당신이 동의하신다면, 이렇게 말해야겠네요. 점들은 특정designated되기 전까지는 없는 것이다. 구가 평면을 만나면, 접촉한 그 자리가 점이다. 물체가 다른 물체와 교차하면, 혹은 평면이 다른 평면과 교차하면, 교차한 그 자리가 각각 평면, 그리고 선이 된다. 그 밖에는 점, 선, 면이란 없는 것이다. 일반적으로 유일한 극한extrema[점, 선, 면]은 나누는 행위에 의해 주어지는 것이다. 나눔을 통해 생산되기 전까지는, 연속체 안에 그 어떤 부분도 없는 것이다.

카리누스의 이러한 입장을 들은 파키디우스는 카리누스가 이러한 논증에 있어 엄청난 발전을 이루었다고 칭찬한다. 이것이 점과 선의 관계에 대한 라이프니츠의 최종 입장이다. 3차원 입체의 물체가 있다. 이 물체가 다른 물체와 교차할 때, 그때 면이 나온다. 면과 면이 서로 교차하면, 그때 선이 나온다. 선과 선이 만나면, 그때 점이 나온다. 점과 선은 서로 이질적인, 서로 다른 차원에 있는 것들이며, 나누는 행위 이전에 점은 존재하지 않는다. 교차라는 행위가 있기 전까지는 선도 점도 존재하지 않는 것이다. 면을 자르면, 그때 선이 존재하게 되는 것이고, 선을 자르면, 그때 점이 생기는 것이다. 자르는 행위

이전에 점은 존재하지 않는다.[129] 점은 선의 부분으로서 존재하는 것
이 아니다. 이런 점에서 점과 선은 서로 이질적인 것이다. 그러나 자
르는 행위를 통해 점이 존재하게 된다는 점에서 점은 선을 이루는 본
질적 요건이 되는 것이다. 이것이 점과 선의 관계에 대한 라이프니츠
의 최종 입장이다.

점과 선의 관계에 대한 라이프니츠의 최종 입장은 유클리드 기하
학에서 보이는 점과 선의 정의와 부합하는 것으로 보인다. 문제는 이
러한 최종 입장이 "선은 무한한 수의 점들로 구성되지 않는다"라는
명제에 대한 논증과 전혀 관계가 없다는 것이다. 앞에서 보았듯이 라
이프니츠의 이 논증은 실패로 보인다. 그런데 라이프니츠는 이 논증
이 성공이라고 생각하고, 이를 바탕으로 우리가 자연스럽게 받아들
일 수 있는 주장, 즉 "자르는 행위 이전에 점은 존재하지 않는다"는
주장으로 나아가고 있다. 이 주장은 우리가 받아들일 수 있는 주장이
지만, "선이 무한한 수의 점들로 구성되지 않는다"라는 결론을 도출
하는 논증을 통해 얻어진 결과는 아니다. 라이프니츠는 실패한 논증
을 통해 우리가 받아들일 수 있는 주장을 도출하는 오류를 범한 것으
로 보인다.

---

129 유클리드 기하학 정의 3과 정의 6은 이와 같은 착상을 전제하고 있는 것으로 보인다. "3. 선의
끝은 점이다." "6. 표면의 끝은 선이다."(Euclid, *Euclid's Elements of Geometry*, The Greek
text of J.L. Heiberg (1883 – 1885), from *Euclidis Elementa*, edidit et Latine interpretatus est
I.L. Heiberg, in aedibus B.G. Teubneri, 1883 – 1885, edited, and provided with a modern
English translation, by Richard Fitzpatric, 6.)

결론

이 글에서 우리가 살펴본 것은 선의 무한 분할 가능성에 대한 라이프니츠의 고찰이 정당한가의 문제이다. 우선 라이프니츠는 선이 유한한 수의 점들로 구성될 수 있는가의 문제를 다룬다. 선이 유한한 수의 점들로 구성된다면, 우리는 그 점들을 셀 수 있을 것이다. 라이프니츠에 따르면, 이렇게 셀 수 있는 점들로 구성된 서로 다른 길이의 두 선은, 긴 선과 짧은 선의 일대일 대응으로 인해 같은 수의 점들로 구성되어야 하는데, 만약 그렇다면 짧은 선의 점은 긴 선의 점보다 작아야만 한다. 이 경우 애초의 가정, 즉 선이 유한한 수의 점들로 구성된다는 조건이 만족되지 않는다. 선이 유한한 수의 점들로 구성된다는 가정은, 모든 점들이 같은 크기를 가진다는, 그래서 예를 들어 모든 점들은 1의 크기를 가진다는 가정이 포함되어 있기 때문이다. 따라서 선이 유한한 수의 점들로 구성된다는 주장은 깨지게 된다. 이 점을 보임에 있어 라이프니츠는 자신의 논변을 성공시키고 있다.

문제는 선이 무한한 수의 점들로 구성되는지를 확인하는 과정에서 발생한다. 라이프니츠에 따르면, 선은 무한한 수의 점들로도 구성될 수 없다. 만약 이 논증이 성공한다면, 선은 유한한 수의 점들로도 구성될 수 없고, 또 무한한 수의 점들로도 구성될 수 없으므로, 선은 점들로 구성될 수 없다는 결론을 내릴 수 있다. 그러나 라이프니츠는 선이 무한한 수의 점들로 구성될 수 없다는 것을 증명함에 있어 실패한다. 선이 무한한 수의 점들로 구성될 수 없음을 보이고자 라이프니츠는 귀류법이라는 논증 방식을 택한다. 귀류법은 어떤 것을 가정한 뒤, 모순을 유도함으로써 가정된 것을 부정하는 논증 방식을 의미한다. 라이프니츠는 "선이 무한한 수의 점들로 구성된다"라고 가정한다. 그리고 이로부터 긴 선과 짧은 선을 구성하는 점들의 수가 서로 일대일 대응함으로써 이 둘이 같다는 결론을 이끌어낸다. 그리고 이러한 결론과 유클리드 기하학의 부분-전체 공리를 충돌시킴으로써, 즉 모순을 이끌어냄으로써 애초에 가정된 것의 부정, 즉 "선이 무한한 수의 점들로 구성된다"라는 가정을 부정하게 된다. 이를 간략히 도식화하면 다음과 같다.

> (1) 유클리드 부분-전체 공리는 참, 즉 "부분〈전체"
> (2) 따라서 "부분≠전체"
> (3) (가정) 선이 무한한 수의 점들로 구성
> (4) "부분=전체"가 도출됨
> (5) (2)과 (4)는 모순
> (6) 선이 무한한 수의 점들로 구성된다는 가정 (3) 폐기

이 논증에서의 핵심은 정말 (2)와 (4)가 모순을 일으키는가 하는 점이다. 필자는 본문에서 (2)와 (4)가 모순을 일으키지 않음을 보였다. (1)의 경우 긴 선과 짧은 선의 관계에 대한 유클리드의 주장이지만, (4)의 경우 긴 선을 구성하는 점들, 그리고 그에 일대일 대응하는 짧은 선의 점들, 이 둘에 대한 칸토어의 주장이기 때문이다. 칸토어가 우리에게 보여주고 있는 바는, 긴 선과 짧은 선의 원소들(점들)은 일대일 대응함으로써 그 수가 같다는 것이다. 전체에 해당하는 긴 선과 부분에 해당하는 짧은 선, 이 둘을 구분하면서도(유클리드), 이 두 선이 같은 수의 원소를 가진다고 할 수 있다는 것이다(칸토어). 유클리드

적 부분–전체를 인정하면서도, 이 둘의 원소(점)의 수가 같다고 칸토어적으로 말할 수 있는 것이다. 따라서 (2)와 (4)는 서로 모순을 일으키지 않는다. 둘 모두 참인 명제들이다. 이렇게 볼 때, "선은 무한한 수의 점들로 구성될 수 없다"는 라이프니츠의 주장은 정당화되지 않는다. 귀류법은 모순이 도출될 때에만 성공할 수 있는데, 라이프니츠의 논증만 볼 때에는, 모순이 도출되지 않기 때문이다.

갈릴레오는 무한이 개입할 경우, 크다, 작다, 같다고 말할 수 없다고 주장한다. 이것은 칸토어의 주장과 같다. 라이프니츠는 무한이 개입할 경우, 무한집합들의 원소들 사이의 일대일 대응으로 인해 이 두 집합의 원소의 수가 같아진다고 결론 내린다. 이것 역시 칸토어의 주장과 같다. 문제는 라이프니츠가 이러한 일대일 대응으로 인해 원소의 수가 같아진다는 결론이 잘못되었다고 주장한다는 점이다. 이것은 칸토어 동시대인들에게도 나타나는 현상이다.

무한이 개입되었을 때 우리가 직관적으로 보기에 이상해 보이는 상황들이 발생한다. 우리가 무한집합을 다룰 때, 우리는 다음과 같은 이상한 결론에 도달하게 된다. 즉, 자연수 집합을 이루는 원소의 개수와 짝수 집합을 이루는 원소의 개수는 같다. 데데킨트는 이러한 사실을 무한집합의 정의로 간주한다. 즉, 하나의 집합과, 그 집합의 진부분집합이 같은 개수의 원소를 갖는다면, 이 집합들은 무한집합이다. 이러한 사실은 우리의 직관을 흔든다. 그러나 이러한 사실이 우리의 직관을 흔든다면, 그것은 이 사실이 수학적으로 불가능하기 때문이 아니다. 이러한 사실이 우리의 직관을 흔드는 이유는, 우리의 직관이 유한집합으로부터 생성된 것이기 때문이다. 라이프니츠는 점과 선의 관계에 대한 고찰을 통해 무한에 개입하게 된다. 그리고 짧은 선의 점들과 긴 선의 점들 사이의 일대일 대응관계를 발견하고, 두 무한집합의 원소의 개수가 같다는 통찰을 얻어낸다. 그러나 그는 이러한 무한에 대한 통찰을 더 진전시키지 못하고, 여기서 모순을 발견한다. 갈릴레오와 칸토어 등과 마찬가지로 무한에 개입하지만, 유한집합에서 획득한 직관을 무한집합에 적용했다는 점에서, 라이프니츠의 무한에 대한 고찰은 최종적으로 실패로 돌아간다고 할 수 있다.

2부

흄, 칸트, 퍼트넘의 형이상학

– 인과성, 회의주의

칸트의 인과성 개념에 대한 비판적 고찰

이 글에서 필자는 인과성 개념에 대한 흄의 이론을 옹호하고, 이 이론에 대한 칸트의 대안 이론을 비판하고자 한다. 이를 위해 필자는 흄의 인과 이론에 대한 새로운 해석을 제시하고자 한다. 인과성에 대한 흄 이론에 대한 전통적 해석은('올드 흄'이라고 한다) 흄 이론을 "규칙성 분석"이라는 이름하에 다룬다. 이 이론에 따르면, 흄은 인과성과 관련해 필연적 연결을 부정했다. 또 다른 전통적 해석은('뉴 흄'이라고 한다) 흄 이론을 "필연적 연결주의"라는 이름하에 다룬다. 이 이론에 따르면, 흄은 인과성과 관련해 규칙성 분석을 포기했다. 필자의 생각에 따르면, 흄 인과 이론은 이 둘 모두를, 즉 규칙성과 필연적 연결성을 논증의 전제와 결론으로서 가지고 있다.

규칙성과 필연적 연결, 이 둘 모두를 인과성에 대한 분석 요소로 넣게 되면, 그때 우리는 어떻게 흄이 인과적 사건 쌍과 비인과적 사건 쌍을 구분해 내는지 알 수 있게 된다. 구분의 기준은 바로 반복성, 패턴이다. 패턴을 이루는 사건 쌍만이 인과성을 부여받게 된다.

이러한 반복성을 통한 인과적 사건 쌍, 그리고 비반복성을 통한 비인과적 사건 쌍의 구분이 이해되면, 우리는 왜 칸트가 인과성을 잘못 이해하고 있는지 알 수 있다. 칸트는 우리에게 너무나 익숙한 인과적 사건 쌍, 그리고 비인과적 사건 쌍, 이 둘을 구분하지 못한다. 예를 들어 칸트는 "복어알을 먹고 죽음"이라는 인과적 사건 쌍과 "까마귀 날고 배 떨어짐"이라는 비인과적 사건 쌍을 구분하지 못한다. 하나는 원인과 결과의 사건 쌍이고, 다른 하나는 그렇지 못하다는 너무나 익숙한 구분을 칸트는 해내지 못한다. 그리고 그러한 이유는 칸트가 인과성을 잘못 이해하고 있기 때문으로 보인다. 즉, 칸트는 인과법칙을 '일어나는 모든 것은 원인을 갖는다'로 이해하기 때문에 이러한 오류를 범하고 있는 것이다. 이제 흄의 인과성에 대해 분석적으로 살펴보고, 왜 흄이 옳은지, 그리고 왜 칸트가 오류를 범하고 있는지 차례대로 살펴보도록 하자.

인과성

원인과 결과, 이 둘 사이의 관계를 인과성, 혹은 인과관계라고 부른다. 이러한 인과성은 우리가 세상을 살아가는 데 있어 매우 중요하다. 인과성에 대한 정보가 없으면, 죽을 수도 있다. 물고기가 수조에서 헤엄친다. 너무 배가 고파 그 고기를 통째로 먹었다. 그런데 그 물고기는 알을 품은 복어였다. 이 경우, 우리는 죽는다. 복어알에는 맹독이 있기 때문이다. 인과관계에 대한 정보가 없으면, 죽을 수도 있다. 즉, 다음의 가언명제(조건문)에 대한 정보가 없으면, 우리는 죽는다. "복어알 먹음 → 사망." 이 글에서 필자는 '&'를 "시·공간적 인접성"의 의미로(앞으로 진행되겠지만, 이것은 흄적인 의미의 표현 방식이다), 그리고 '→'를 "인과관계"를 나타내는 표현으로 사용한다. 그래서 '복어알 먹음 & 사망'은 "복어알을 먹는 바로 그 시·공간 근처에서 사망했다"

라고 읽으며, '복어알 먹음 → 사망'은 "복어알을 먹었기 때문에 사망했다"라고 읽는다.

인과성에 대한 여러 해석들

우리는 수없이 많은 인과성에 대한 정보를 통해 하루하루를 살아간다. 이러한 정보가 없는 경우, 예를 들어 "시뻘건 난로를 만짐 → 화상" 등의 정보가 없는 경우, 큰 화상을 입을 수 있다. 아이들이 이러한 사고를 당하는 것은 부모가 불, 화상, 이 둘에 대한 인과 정보를 제대로 알려주지 않아서다. 아이들은 직접 경험을 통해서든, 아니면 부모로부터의 교육을 통해서든, 어떤 방식으로든 인과관계에 대한 정보를 파악해 나감으로써, 점차 이 세계에 적응하게 된다. 사실 어른이 되어서도 여전히 이러한 인과 정보를 파악하지 못해 죽는 경우가 많다. 예를 들어 아직도 산에서 독버섯을 먹거나 복어알을 먹고 죽는 사건이 발생하기도 한다.

우리는 굉장히 많은 인과적 정보를 가지고 살아나간다. 너무나 당연해 보이는 정보라 이에 대해 철학적으로 뭔가를 말하려는 시도는 이상해 보이기도 하다. 하지만 철학사에서는 인과성에 대한 여러 철학적 입장이 서로 대립하면서, 이 개념에 대한 논쟁이 치열하게 진행되어 왔다. 이 글에서는 이러한 논쟁적 입장 중 세 가지 입장을 고찰하고자 한다. 인과 개념에 대한 흄 이전의 입장, 그리고 흄의 입장, 마지막으로 칸트의 입장, 이 셋이 그것이다. 필자는 이 중 흄의 입장이 가장 올바르다고 생각한다. 이제 이 인과성 개념에 대한 여러 입장들을 고찰하면서 왜 흄의 입장이 옳은 것인지, 그리고 칸트의 입장이 왜 잘못되었는지 살펴보도록 하자.

인과성 개념에 대한 1차적 구분

인과성 개념에 대해 우선 분명히 해야 할 것은, 인과성에 대한 다음의 두 입장은 서로 매우 다르다는 점이다[1].

(A) 모든 사건은 원인을 가진다.
(B) 어떤 것이 원인이 되어 어떤 결과가 발생했다.(어떤 조건에서 그러한지는 이론마다 다르다. 뒤에서 정식화될 것이다)

(A)와 (B), 이 둘을 구분하기 위해 어떤 상황을 설정해보자. 김 씨가 사망했다. 경찰이 조사했고 기자들이 질문했다. "사망 원인은 무엇인가?" 경찰이 대답했다. "원인이 있었다." (A)식의 답변이다. 기자 중 그 누구도 이 답에 만족하지 못할 것이다. 특정 인과관계에 대해 물었는데, 지나치게 일반적인, 그래서 아무런 도움도 되지 않는 답이 나왔다. 인과관계에 대한 입장 중 하나인 (A)는 지나치게 일반적인, 그래서 아무런 도움도 되지 않는 입장이다.

이제 경찰의 다른 대답을 들어보자. "물이 있었다." 즉 경찰의 대답은 "물 → 사망"이다. 기자가 물었다. "물 먹고 죽는 경우도 있습니까?" 이 질문은 경찰의 답변에 대한 반론이다. 즉, 이 기자는 "물 & 사망"일 뿐인데, 다시 말해, 사망 사건 근처에 물이 우연히 발견된 것

---

1   원승룡(2019), 206 참조.

일 뿐인데, 왜 "물 → 사망"이라고 말하느냐는 반론이다.

이제 다른 수사 경찰의 대답을 들어보자. "등에 칼이 찔림 → 사망." 등에 칼이 찔렸기 때문에 사망했다는 주장이다. 그럴 듯한 답변이다. 등에 칼이 찔리면, 그래서 피를 많이 흘리면 사망한다. 이것은 인과성에 기초한 답변이다. 하지만 기자가 다시 묻는다. "등의 칼은 살짝 찔린 것으로 보이는데요?" 정황상, 이것도 이상하다.

다른 수사경찰이 다시 조사를 했다. "혼자 술을 마시다가 취해 넘어져 옆에 있던 과도에 등을 살짝 긁히긴 했지만, 이것이 사망 원인은 아니고, 실제 사망 원인은 안주로 복어알을 먹었기 때문입니다."

드디어 답이 나왔다. 우리가 원하던 답. 여러 정황을 살펴보니 "복어알 섭취 → 사망"인 것으로 드러난 것이다. 이러한 원인 분석은 전형적으로 (B)의 문제, 즉 "사건 F는 사건 G의 원인이다(어떤 조건에서 그러한지에 대해서는 여러 입장이 있다). 결국 인과관계에 대한 이해로서 (A)는 적절치 않다.

인과성 개념에 대한 2차적 구분

인과성에 대한 우리의 논의는 (A)와 관련이 없다. 우리의 논의는 전형적으로 (B)와 관련되어 있다. 이제 (B)에 대한 답으로 제시되어 온 여러 대립적 입장을 고찰해 보자. 세 가지가 있는데, 그중 첫 번째 입장은 인과성에 대한 흄 이전의 입장('필연적 연결주의'라고 부른다), 두 번째 입장은 인과성에 대한 흄의 입장으로 알려진 것(통상 '규칙성 분석'이라고 부른다), 세 번째 입장은 인과성에 대한 칸트의 입장(인과성에 관한 '칸트주의'라고 부르고자 한다)이. 이 각각은 다음과 같이 정식화된다.

사건 F는 다음의 조건에서 사건 G의 원인이다(F → G):

(1) 필연적 연결주의: 사건 F에는 어떤 필연적 힘 같은 것이 포함되어 있어, 사건 G를 발생시킨다.

(2) 규칙성 분석: F와 비슷한 사건들이 G와 비슷한 사건들에 시간적으로 선행하면서 항상, 반복적으로 같이 발생한다.

(3) 칸트주의: 우리의 선험적 지식이 F라는 사건과 G라는 사건을 인과적으로 결합시킨다.

인과성에 대한 흄의 이론

필자는 인과성에 대한 흄의 입장이 오랫동안 잘못 이해되어 왔다고 생각한다. 흄 인과성이 정확히 어떤 것이냐에 대한 최근의 논쟁, 즉 올드 흄과 뉴 흄 사이의 논쟁도 흄 인과성에 대한 오해에서 출발한다고 필자는 생각한다. 필자가 볼 때, 인과성에 대한 흄의 입장은 이 둘 모두를, 즉 올드 흄 입장(규칙성 분석)[2]과 뉴 흄 입장(필연적 연결주의)[3], 이 둘 모두를 포함한다. 올드 흄과 뉴 흄은, 인과성에 대한 흄의 입장 중 어느 하나만 취하는 오류를 범하고 있다. 이는 잠시 후 다룰 것이다.

이 글에서는 우선 필연적 연결주의, 그리고 규칙성 분석, 이 둘을 차례로 살펴보고, 인과성에 관한 흄의 주장이 정확히 어떤 것인지, 그리고 왜 옳은지 살펴보고자 한다. 필연적 연결주의는 인과성에 대

2　Blackburn(2007), 107 참조.
3　"스트로슨은 흄이 인과적 힘, 또는 "자연적 필연성", 내지는 "인과"를 믿었다고 주장한다."(양선이 (2010), 169. G.; Strawson (2007), 31 참조)

한 흄 이전의 입장이며, 매우 오랫동안 받아들여져 왔던 입장이다. 김 씨가 복어알을 먹고 사망했다. 필연적 연결주의에 따르면, 복어알에는 죽음에 이르게 하는 어떤 '힘', '연결', '필연성' 등이 있다. 복어알을 먹는 사건에는 어떤 힘이 있어, 그 사건 다음에 사망이라는 결과가 발생한다는 것이다. 혹은 복어알을 먹는 사건과 사망이라는 사건에는 어떤 필연적 연결이 있다는 것이다. 이러한 입장은 우리의 상식에 부합한다. 유리창이 야구공에 맞는 모습을 보면, 우리는 그 힘을, 그 필연성을 느낀다. 그래서 "깨지겠구나"라고 생각한다. 흄은 그렇지 않다고 주장한다. 힘이라는 것이 경험되지 않기 때문에 이에 대한 관념도 허상이라는 것이다. 그는 다음과 같이 주장한다.

> 우리는 힘이나 효력을 포함하는 그 어떤 인상도 가지고 있지 않다. 따라서 힘에 대한 관념도 전혀 가지고 있지 않다. [4]

> 우리의 모든 지각들은 서로 구분된 존재들이며, 마음은 서로 구분된 존재들 사이의 어떤 실재적 연결real connection도 결코 지각하지 못한다. [5]

흄에 따르면, 인과관계를 맺고 있는 두 사건 사이에서 우리가 관찰할 수 있는 것은 오직 두 사건이 시·공간적으로 인접해 있다는 사실뿐이다. 그는 다음과 같이 말한다.

---

4 (T, 161)
5 (T, 636)

어떤 대상[사건]이 다른 대상[사건]에 시간적으로 선행하고 시간, 공간적으로 근접되어 있을 때, 그리고 전자의 대상[사건]과 유사한 모든 대상[사건]들이 후자의 대상[사건]과 유사한 모든 대상[사건]들과 시간적 선행, 시간·공간적 근접관계에 놓여 있을 때, 그 전자의 대상[사건]을 원인이라 한다. [6]

경험주의자로서의 흄이 이런 결론을 내는 것은 자연스러운 일이다. 힘, 실재적 연결, 필연성 등은 경험되지 않는다. 경험되지 않는 것은 없는 것이다. 이러한 입장을 인과성에 대한 '규칙성 분석'이라고 부른다. 규칙성 분석에 따르면, 사건들 사이의 필연적 연결관계란 없는 것이며, 오직 사건쌍들이 반복적으로 발생할 뿐이다. 김 씨가 복어알을 먹고 사망했고(복어알 섭취$_1$ & 사망$_1$), 이 씨도 복어알을 먹고 사망했고(복어알 섭취$_2$ & 사망$_2$), 윤 씨도 복어알을 먹고 사망했다(복어알 섭취$_3$ & 사망$_3$). 인과성이란 이것뿐이다. 즉 '&'로 묶인 사건들의 쌍이 인과성의 전부라는 것이다. 우리는, 우리의 경험을 통해서는 '→'로 표현되는 관계를 파악해 내지 못한다. 이것이 규칙성 분석의 입장이며, 이들에 따르면(올드 흄), 흄이 바로 이러한 입장을 취한다는 것이다.

철학사에서는 오랫동안 흄의 인과성을 규칙성 분석으로 이해해왔다. 흄은 예전의 믿음, 즉 인과성에 대한 필연적 연결주의를 부정하고, 자신의 새로운 해석, 즉 규칙성 분석을 제시했다는 그러한 해석이다. 그러나 필자는 규칙성 분석이 인과성에 대한 흄의 이론 모두를 보여주는 것은 아니라고 생각한다. 필자는 규칙성 분석이 인과성

---

6 (T, 170)

에 대한 흄의 이론 중 오직 한 축만을 이룬다고 생각한다. 즉, 인과성에 대한 흄의 이론에는 다른 한 축도 포함되어 있다는 말이다. 필자는 인과성에 대한 흄의 이론에 "필연적 연결주의('→'로 표현되는)"의 면모도 포함되어 있다고 생각한다. 흄은 이렇게도 말하기 때문이다.

> 그렇다면 우리는 ['&'로 표현되는] 인접과 연속의 두 관계가 인과에 대한 완전한 관념을 제시한다는 것으로 만족해야 하는 것인가? 그렇지 않다. 어떤 대상[사건]은 다른 대상[사건]의 원인이라 간주되지 않으면서도 그것에 인접하고 선행한다. ['→'로 표현되는] 필연적 연결이 고려되어야 한다. 그리고 이 관계는 위에 언급된 다른 둘보다 훨씬 중요하다.[7]

흄에 따르면, "복어알 섭취 & 사망"이라는 시·공간적 인접이 인과에 대한 완전한 관념을 제시하지 못한다. 즉, 흄에 따르면, 자신의 인과성 분석을 규칙성 분석으로만 이해하면 그것은 잘못이라는 말이다. 흄에 따르면, 인과성에 대한 다른 한 축이 필요하다. 그리고 그것을 흄은 "필연적 연결"이라고 부르며, 이러한 "필연적 연결"이 위에 언급된 다른 둘, 즉 시간적 인접, 공간적 인접보다 더 중요하다고 주장한다. 즉, "복어알 섭취 & 사망"이라는 규칙성 분석은 옳지만, 이보다 더 중요한 것이 있는데, 그것은 바로 "복어알 섭취 → 사망"이라는 것이다.

지금까지의 흄 해석의 역사를 보면, 인과성에 대한 흄의 입장은 오

---

7 (T, 77)

로지 규칙성 분석으로만 이해되어 왔다. 그런데 바로 위의 구절에서 흄은 "필연적 연결"이 더 중요하다고 주장한다. "규칙성 분석"으로 흄 이론을 해석[8]해야 하는가, 아니면 "필연적 연결"로 흄 이론을 해석[9]해야 하는가? 필자는 인과성에 대한 흄 이론이, 이 두 축 모두를 포함한다고 생각한다. 이제 왜 그런지 살펴보도록 하자.

위 인용문에서 보듯이, 흄은 "필연적 연결이 고려되어야 한다"고 주장한다. 그 이유에 대해 흄은 다음과 같이 주장한다. "어떤 대상은 다른 대상의 원인이라 간주되지 않으면서도 그것에 인접하고 선행한다." 무슨 말인가? 시·공간적으로 인접해 있는 두 사건 쌍, "F & G"에 대해, 어떤 경우에는, 이 두 사건 쌍이 인과관계를 이루지 않는다는 것이다. 가장 좋은 예로 다음을 들 수 있다. "까마귀 남 & 배 떨어짐" 우리 중 그 누구도 서로 시·공간적으로 인접해 발생한 이 두 사건이 인과적으로 연결되어 있다고 생각하지 않는다. 즉, "까마귀 남 → 배 떨어짐"은 거짓이다.

그렇다면 "복어알 섭취 & 사망"과 "까마귀 남 & 배 떨어짐"은 서로 다른 종류의 사건 쌍들이다. "복어알 섭취 & 사망"으로부터 우리는 "복어알 섭취 → 사망"을 추론해 내지만, "까마귀 남 & 배 떨어짐"으로부터는 "까마귀 남 → 배 떨어짐"을 추론해 내지 않기 때문이다. 그렇다면 "복어알 섭취 & 사망"과 "까마귀 남 & 배 떨어짐", 이 둘은 어떻게 다르기에 이러한 차이를 낼까? 반복성이 그것이다. 흄의 주장을 다시 인용하자.

8 　앞에서 언급했던 '올드 흄'의 입장이 이것이다.
9 　앞에서 언급했던 '뉴 흄'의 입장이 이것이다.

어떤 대상[사건]이 다른 대상[사건]에 시간적으로 선행하고 시간, 공
간적으로 근접되어 있을 때, 그리고 전자의 대상[사건]과 <u>유사한</u> 모
든 대상[사건]들이 후자의 대상[사건]과 유사한 모든 대상[사건]들과
시간적 선행, 시간·공간적 근접관계에 놓여 있을 때, 그 전자의 대
상[사건]을 원인이라 한다. [10](밑줄은 필자의 것)

여기서 '유사한'이라는 단어가 바로 반복성을 나타낸다. 김 씨가 복
어알을 먹고 사망했고(복어알 섭취$_1$ & 사망$_1$), 이 씨도 복어알을 먹고 사
망했고(복어알 섭취$_2$ & 사망$_2$), 윤 씨도 복어알을 먹고 사망했다(복어알 섭
취$_3$ & 사망$_3$). 이런 일이 계속 반복되면, 우리는 그로부터 "복어알 섭취
→ 사망"이라는 인과관계에 대한 정보를 얻어낸다는 것이다. 이렇게
볼 때, 인과성에 대한 흄의 입장은 "규칙성 분석"('&'로 표현되는 사건 쌍
들의 반복적인 발생), 그리고 "필연적 연결주의"('→'로 표현되는 두 사건 사이
의 연결), 이 둘 모두를 포함하고 있다.

한편 우리는 다음과 같이 반복적이지 않은 사건 쌍들도 경험한다.
즉, 어떤 까마귀가 날았는데 배가 떨어졌지만(까마귀 낢$_1$ & 배 떨어짐$_1$),
다른 까마귀가 날았을 때는 배가 안 떨어지는 경우(까마귀 낢$_2$ & −배 떨
어짐$_2$)[11], 그리고 또 다른 까마귀가 날았는데 배가 안 떨어지는 경우(까
마귀 낢$_3$ & −배 떨어짐$_3$). 이 경우 우리는 인과성을 추론해 낼 수 없다.

---

10 (T, 170)
11 여기서 '−'는 부정사로서, '−배 떨어짐'은 배가 떨어지지 않음을 표현한다.

인과적인 것 vs. 인과적이지 않은 것

　인과성에 대한 칸트의 이론을 분석함에 있어서 흄의 이러한 주장은 매우 중요하다. 인과성을 분석하는 과정에서 흄은 인과적인 것과 인과적이지 않은 것을 구분하는 기준을 제시하게 되는데, 바로 반복성/패턴이 그것이다. 흄은 시·공간적으로 근접한 사건들 모두가 인과관계로 연결되어 있는 것은 아니라고 주장한다. 반복적으로 발생하는, 그래서 패턴을 이루는 사건 쌍만이 인과적인 것이고, 반복적이지 않은, 그래서 패턴을 깨는 사건 쌍은 인과적이지 않은 것이다. 까마귀가 날고 배가 떨어지는 사건 쌍은, 시·공간적으로 근접해 있다 하더라도, 이것은 반복되지 않고 패턴을 이루지 않기 때문에 인과적이지 않은 것이다. 예를 들어 까마귀가 날았는데, 배가 떨어지지 않는 경우를 우리는 수없이 경험한다. 바로 이러한 반복성, 패턴, 이러한 것의 유무에 따라 인과적 사건 쌍과 비인과적 사건 쌍이 구분되는 것이다. 흄은 이렇게 반복성, 패턴에 근거해 인과적 사건 쌍과 비인과적 사건 쌍을 구분해 낸다. 그런데 칸트는 이것을 해내지 못한다. 인과성에 대한 칸트의 설명을 보면, 이러한 구분에 대한 것이 전혀 없다. 즉, 칸트는 "복어알 섭취 & 사망"(이로부터 우리는 이 둘의 인과성을 추론해 낸다)과 "까마귀 남 & 배 떨어짐"(이로부터 우리는 이 둘의 인과성을 추론해 내지 못한다), 이 둘의 차이를 설명하지 못한다. 이것이 인과성에 대한 칸트 이론의 가장 큰 약점이다. 칸트의 오류에 대해서는 뒤에서 좀 더 살펴보기로 하고, 지금은 인과성에 대한 흄의 입장을 좀 더 분석적으로 고찰하기로 한다.

논리적 분석

이제 인과성에 대한 흄의 주장을 정식화해 보자. 앞에서 본 것처럼, 인과성에 대한 흄의 이론은 두 개의 축으로 이루어져 있다. 인과성에 대한 흄의 이론은 일종의 논증 형태를 띤다. 즉, 전제들이 있고, 결론이 있다. 흄의 인과성 개념을 분석하면, 전제 부분과 결론 부분이 발견된다는 말이다. 우선 전제 부분을 살펴보자.(복어알 섭취를 'F'라고 표현하고, 사망을 'G'라고 표현한다. 그리고 개체상항으로서, 'a', 'b', 'c'라는 표현(이것은 '김 씨', '이 씨', '윤 씨' 등을 뜻한다)을 채택하고자 한다)

인과이론의 **전제부분**(규칙성 분석이라는 축):

Fa & Ga

Fb & Gb

Fc & Gc ·········

이렇게 반복적으로, 혹은 패턴을 이루는 어떤 사건들의 쌍(흄의 표현대로 하면, '**유사한**' 사건들의 쌍이) 발생하면, 이로부터 우리는 이러한 시·공간적 인접성보다 더 중요한 "필연적 연결"을 얻게 된다.

인과이론의 **결론 부분**(필연적 연결이라는 축):

$(x)(Fx \rightarrow Gx)$

인과성에 대한 흄의 이론은 이렇게 전제 부분과 결론 부분, 이 둘로 이루어져 있다. 이 둘을 하나로 표현하면, 다음의 논증이 완성된다.

$$
\begin{array}{l}
Fa\ \&\ Ga \\
Fb\ \&\ Gb \\
Fc\ \&\ Gc\ \cdots\cdots\ 12 \\
\hline
(x)(Fx \rightarrow Gx)\ 13
\end{array}
$$

여기서 중요한 점 하나를 지적하고자 한다. 흄의 인과이론을 구성하는 이 두 축, 즉 전제와 결론, 혹은 규칙성 분석과 필연적 연결주의, 이 두 축으로 이루어진 인과 이론은, 전제와 결론이라는 표현이 말해주듯이, 일종의 논증이다. 그리고 이 논증은 분명 귀납 논증이다. 또한 모든 귀납 논증이 그러하듯이, 이 논증도 전제가 다 참이더라도 결론이 거짓일 수 있다. 언제 결론이 거짓이 되는가? 누군가 복어알을 먹고도 죽지 않는 경우가 그러하다. 따라서 위의 결론은 잠정적으로 참이다. 언제든, 복어알을 먹고 죽지 않는 사람이 나타나면, 위의 결론은 거짓이 된다. 따라서 위 논증의 결론은 추정된 것이다. 사실로 확정된 것이 아니다. 언제든 복어알을 먹고 죽지 않는 사람이 나타나면, 새로운 인류가 복어알에 내성이 생기면, 위 논증의 결론은 거짓이 되어 버리는, 그저 추정 정도의 지위를 갖는다. 이것은 귀납 논증의 전형적 특성이다. 지금까지 누적된 사례로부터, 즉 전제 부분

---

12 '올드 흄' 이론가들은 인과성에 대한 위의 도식 중 전제 부분에만 강조를 두고 논쟁을 펼치는 오류를 범하고 있다.

13 '뉴 흄' 이론가들은 인과성에 대한 위의 도식 중 결론 부분에만 강조를 두고 논쟁을 펼치는 오류를 범하고 있다.

이 모두 참이라 하더라도, 그것으로부터 결론이 100% 참이라 할 수 없다. 인과성이라는 것은, 그 특성상 언제나 잠정적이라는 성격을 갖는다.(칸트는 이를 부정한다. 그는 인과성이 필연적이어야 한다고 생각한다. 이에 대한 비판은 뒤에서 이루어질 것이다.)

이러한 추정은, 앞으로도 이러한 패턴이 계속 유지될 것이라는 기대, 미래에도 복어알을 먹고도 죽지 않는 사람은 나타나지 않을 것이라는 기대에 근거한다. 이를 논리적 언어로 표현하면 다음과 같다. 즉, 우리는 다음과 같은 것을 기대함으로써, 위 논증의 결론을 추정하게 된다. 즉, 복어알을 먹고 죽지 않는 사람은 없다. 이를 논리학의 언어로 표현하면 다음과 같다.

$$-(\exists x)(Fx \ \& \ -Gx)$$

그리고 이러한 기대는 위 귀납논증의 결론과 동치이다. 즉, "$-(\exists x)(Fx \ \& \ -Gx) \equiv (x)(Fx \rightarrow Gx)$."

이렇게 보자면, 같은 '&'로 묶인 두 사건의 쌍, 예를 들어 "복어알 섭취 & 사망"과 "까마귀 남 & 배 떨어짐"이 왜 서로 다른 종류의 사건 쌍들인지를 알 수 있다. 복어알과 관련한 사건 쌍들은 반복적 패턴을 이룬다. 그로부터 우리는 "$-(\exists x)(Fx \ \& \ -Gx)$"라는 기대를 통해 "$(x)(Fx \rightarrow Gx)$"라는 결론(이것 역시 기대이다)으로 나아갈 수 있었다. 반면에 까마귀와 관련한 사건 쌍들은 반복적 패턴을 이루지 않는다. 우리는 그 패턴을 깨는 많은 사건들의 쌍을 경험해왔기 때문이다. 즉, 우리는 다음의 사건 쌍, "까마귀 남 & -배 떨어짐"을 여러 번 경험해왔다. 패턴이 반복되는가, 아니면 패턴이 깨지는가가 '&'로부터 '→'

로 나아갈 수 있는가, 없는가가 결정된다. 다시 한번 위에서 언급했던 흄의 주장을 인용해 보자.

> 그렇다면 우리는 인접과 연속의 두 관계가 인과에 대한 완전한 관념을 제시한다는 것으로 만족해야 하는 것인가? 그렇지 않다. 어떤 대상[사건]은 다른 대상[사건]의 원인이라 간주되지 않으면서도 그것에 인접하고 선행한다. 필연적 연결이 고려되어야 한다. 그리고 이 관계는 위에 언급된 다른 둘보다 훨씬 중요하다. [14]

"복어알 섭취 & 사망"에 만족해서는 안 된다. 이러한 구조만으로는 "복어알 섭취 & 사망", 그리고 "까마귀 남 & 배 떨어짐", 이 둘이 왜 서로 다른지를 설명할 수 없기 때문이다. 이 둘은 다르다. 따라서 필연적 연결이 고려되어야 한다. "복어알 섭취 → 사망"는 되지만(패턴 유지), "까마귀 남 → 배 떨어짐"은 안 되는(패턴 비 유지), 바로 그러한 필연적 연결 말이다. 하나는 패턴이 유지됨으로써 필연적 연결이 도출되지만, 다른 하나는 패턴이 유지되지 않음으로써 필연적 연결이 도출되지 않는다. 그리고 이 필연적 연결이 시·공간적 인접성보다 더 중요하다는 것이 흄의 주장이다.

지금까지 본 바와 같이 인과성에 관한 흄의 이론은 두 가지 축으로 구성되어 있다. 하나는 시·공간적 인접이라는 규칙성 분석, 다른 하나는 인과적 필연성이라는 필연적 연결 분석. 이 둘을 통일적으로 이해해야만 인과 이론에 대한 흄의 주장이 적절히 이해될 수 있다. 이

---

14 (T, 77)

것이 인과성에 대한 흄의 입장이다. 흔히 알려진 것과는 다르게 흄은 '→'으로 표현되는 필연적 연결을 부정하지 않았다. 흄은 '→'로 표현되는 필연적 연결의 근거(반복성, 패턴)를 제시한 것이지 필연적 연결을 부정한 것이 아니다. 오히려 흄은 '→'로 표현되는 필연적 연결이 단순한 시·공간적 인접성보다 더 중요한 것이라고 주장했다. 흄이 필연적 연결을 부정했다고 생각하는 것은 잘못이다. 그는 필연적 연결을 부정한 것이 아니라, 필연적 연결을 분석한 것이다. 이전에는 "인과성 =df. 필연적 연결"이라고 이해되어 왔던 것을 흄은, "인과성 =df. 반복적 사건 쌍(패턴) + 필연적 연결"로 교정한 것이다.

이제 인과성에 대한 칸트의 이론을 분석하기 전에 다음과 같은 사실을 지적하는 것이 중요해 보인다. 흄은 필연적 연결을 부정한 것이 아니라 필연적 연결을 분석했다. 그리고 그러한 분석이 진행되는 동안, 그는 매우 중요한 사실 하나를 지적하게 된다. 바로 인과적인 사건 쌍, 그리고 비인과적인 사건 쌍, 이 둘의 구분. 위에서 보았듯이, 인과적인 사건 쌍은 패턴을 유지하는 사건 쌍들이고, 비인과적인 사건 쌍은 패턴이 깨지는 사건 쌍들이다. "복어알 섭취 & 사망"의 경우, 계속 이러한 패턴이 유지되지만, "까마귀 남 & 배 떨어짐"의 경우는 빈번히 이 패턴을 깨는 사건들이 나온다. 앞에서 설정된 상황을 다시 보자면, "물 & 사망"과 같은 것들은 패턴을 유지하지 못한다. 우리는 "물 & −사망"이라는 사건 쌍을 계속 관찰한다. 기자들이 반대조로 질문한 이유도 여기에 있다. 한편 기자들은 "등에 칼 찔림 → 사망", 그리고 "복어알 섭취 → 사망"에는 동의했다. 이러한 패턴은 기존의 경험상 계속 유지되는 것이기 때문이다. 다만 둘 중 하나에 동의하지 못했던 것은, 정황상 "등에 칼 찔림 → 사망"은 배제되는 것으로 봐야했기 때문이다.

인과적 사건 쌍과 비인과적 사건 쌍의 구분은 중요한 문제다. 인과성에 대한 그 어떤 이론도, 이 두 사건 쌍이 왜, 어떻게 다른지 설명할 수 있어야 한다. 흄은 이것을 해냈다. 그래서 다음의 질문에 대해 대답할 수 있는지 없는지에 따라, 그것이 인과성에 대한 적절한 이론인지 아닌지가 결정된다. 왜 어떤 사건 쌍은 인과적이고, 왜 어떤 사건 쌍은 비 인과적인가? 차이를 내는 원리는 무엇인가?

앞에서 본 것처럼 흄은 이 질문에 대한 적절한 분석을 제시한다. 패턴을 이루는 사건 쌍은 인과적이고, 패턴을 깨는 사건 쌍들은 인과적이지 않다. 흄처럼 칸트도 이에 대해 적절히 대답할 수 있을까? 흄과는 다를지라도, 칸트 역시 위 질문에 대한 자신만의 적절한 분석을 제시할 수 있을까? 그렇지 않은 것으로 보인다. 이제 왜 그런지 살펴보도록 한다.

인과성에 대한 칸트의 이론

칸트는 흄을 염두에 두고 인과성에 대한 자신의 이론을 제시하는 것으로 보인다[15]. 왜냐하면 인과성에 대한 자신의 분석을 끝마친 후, 칸트는 다음과 같이 주장하기 때문이다.

이것[인과성에 대한 칸트 자신의 이론]은 사람들이 항상 우리의 지성사용의 과정에 관해 개진했던 소견과는 어긋나는 것처럼 보이기는 한

---

15 박정하(1999), 346 참조.

다. 사람들의 소견에 따르면, 우리는 지각되고 비교되는 많은 사건들이 일치되게 선행하는 현상들에 뒤이어 잇따름을 보고서[계속 발생하는 "복어알 & 사망"에 대한 관찰] 그에 의해 특정한 사건들이 특정한 현상들에 항상 잇따르는 한 규칙을 발견하도록 비로소 이끌려지고 ["복어알 → 사망"을 확인], 그럼으로써 이제야 원인 개념을 만들어 갖도록 유도된다는 것이다[복어알이 사망의 원인]. [16]

여기서 칸트가 제기하는 "사람들의 소견"은 앞에서 우리가 분석한 흄의 인과 이론을 정확히 반복한다. 따라서 칸트가 제시하는 인과성에 대한 분석은 흄을 염두에 두고 있다고 봐야 한다. [17] 그렇다면 칸트가 제시하는 인과성에 대한 분석은 어떤 것인가?

『순수이성비판』의 경험의 유추들 중 제2유추에서는 '인과성의 법칙에 따른 시간 계기의 원칙'이라는 제목이 붙어 있다. 제목에서 알 수 있듯이, 이 절에서는 인과법칙에 대해 다루고 있다. 인과법칙에 관한 칸트의 견해가 어떠한지를 살펴보기 이전에, 우선 칸트의 전반적인 전략을 고찰하는 것이 필요해 보인다. 칸트는 우리의 인식이 대상의 어떠한지에 따르는 것이 아니라고 본다. 반대로 대상의 어떠어떠함은, 우리 인식의 구조에 근거한다고 본다. 그리고 그러한 우리 인식의 구조를 칸트는 범주라고 부른다. 예를 들어 "철수는 착하다"라는 것은 대상 그 자체의 특성이라 할 수 없고, 우리가 대상을 파악하는 방식에 근거해 그렇게 판단된다는 것이다. 12가지의 범주들의 표

중 하나가 바로 "원인성과 의존성(원인과 결과(인과성))의 관계이다." 그래서 칸트의 전략에 따르면, 사건들은 우리 인식의 구조를 이루는 범주들 중 하나인 "인과성"에 의해서 조작되고 통일되는 것이다. 대상 그 자체가 아니라 우리 인식의 구조, 그중 "인과성"이 적용됨으로써 사건들은 인과적인 것으로 우리에게 드러난다는 것이 칸트의 견해이다. 왜 사건들은 그 자체로 인과적인 것이 아니라 우리의 인식 조건으로서의 범주를 전제해야만 하는가? 이에 대해 칸트는 다음과 같이 말한다.

> 현상들은 하나에 다른 것이 뒤따른다는 것을, 다시 말해 어느 때의 사물들의 한 상태는 앞선 상태에서는 그 반대였다는 것을 나는 지각한다. 그래서 나는 원래 시간상의 두 지각들을 연결한다. 그런데 연결은 순전한 감관[감각기능]과 직관의 작품이 아니라, 이 경우 시간 관계와 관련하여 내감을 규정하는 상상력의 종합 능력의 산물이다. 그러나 이 상상력은 앞서 말한 두 상태를 두 가지 방식으로 결합할 수 있다. 시간상 이 상태가 저 상태에 선행하거나 또는 저 상태가 이 상태에 선행하는 것으로 말이다. 왜냐하면 시간은 그 자체로는 지각될 수 없고, 시간과 관계하여 말하자면 경험적으로 무엇이 선행하며, 무엇이 후속하는가가 객관에서 규정될 수 없기 때문이다. [18]

---

[18] 백종현 선생의 번역에서는 "시간과 관계하여 말하자면 경험적으로 무엇이 선행하며, 무엇이 후속하는가가 객관에서 규정될 수 있기 때문이다"로, 필자와는 반대로 번역되어 있다. 홍우람 박사에 따르면, 독일어 원문에는 백종현 선생의 번역대로 되어 있다. 그러나 필자는 맥락상 필자의 번역이 옳다고 본다. 그리고 『순수이성비판』의 캠브리지 판에서도 필자와 동일하게 번역되어 있음을 밝힌다("for time cannot be perceived in itself, nor can what precedes and what follows in objects be as it were empirically determined in relationd to it."(*The critique of pure reason*,

그러므로 나는 단지 나의 상상 작용이 하나를 먼저 놓고, 다른 것을 나중에 놓는다는 것을 의식할 뿐, 객관에서 하나의 상태가 다른 상태에 선행한다는 것을 의식하는 것이 아니다. 바꿔 말해, 순전한 지각에 의해서는 서로 잇따르는 현상들의 **객관적 관계**는 미확정으로 남아 있다. [19](밑줄은 필자의 강조)

김 씨가 복어알을 먹었다. 그리고 사망했다. 칸트의 주장에 따르면, 김 씨가 복어알을 먹는 상태가 김 씨가 사망하는 상태에 앞선다는 것을 우리는 (현재 상태에서는) 의식하지 못한다. 바꿔 말해 칸트에 따르면, 순전한 지각에 의해서는 서로 잇따르는 현상들(복어알 섭취, 사망)의 **객관적 관계**는 미확정으로 남아 있다. 이상해 보이는 주장이지만, 필자는 이것을 칸트의 전략 중 하나로 이해하고자 한다. 칸트는 이러한 객관적 관계를 확립할 방법을 제공함으로써 인과성에 대한 자신의 이론을 완성해 나가고 있다고 보이기 때문이다. 칸트는 다음과 같이 주장한다.

이 관계가 이제 확정적으로 인식되기 위해서는, 두 상태 사이의 관계가 그에 의해 그중 어느 하나가 먼저, 다른 하나가 나중에 놓이고, 뒤바뀌어 놓여서는 안 된다는 것이 필연적으로 규정된다고 생각되어야만 한다. 그러나 종합적 통일의 필연성을 동반하는 개념으로는 지각 중에는 놓여 있지 않은, 오로지 순수 지성개념만이 가능

edited [and translated] by Paul Guyer, Allen W Wood., Cambridge University Press, 1998, p. 304) 이에 대해 조언을 해 준 홍우람 박사에게 감사의 마음을 전한다.

19　(K, 423-424)

하며, 그것은 이 경우 원인과 결과의 관계 개념이다. 그중 전자는 후자를 시간상 후속하는 것으로 — 한낱 상상 속에서 선행할 수 있는(또는 도대체가 어디서고 지각될 수 없는) 무엇으로서가 아니라 — 규정한다. 그러므로 우리가 현상들의 잇따름을, 즉 모든 변화를 인과법칙에 종속시킴으로써만, 그것들에 대한 경험, 다시 말해 감각경험적 인식도 가능하다. 그러니까 경험의 대상들로서 그것들 자체도 오로지 바로 이 법칙에 따라서만 가능하다."[20](밑줄은 필자의 강조.)

칸트에 따르면, 복어알을 먹는 사건, 그리고 사망 사건, 이 둘의 순서는 객관적으로 정해져 있지 않다. 그러나 우리 인식의 범주 중 하나인 "원인과 결과의 관계" 개념이 이 두 사건에 적용되면, 그때 비로소 그 시간적 순서가 정해지게 되는 것이다.

두 가지 지적할 점이 있다. 첫째, 칸트는 시간적 선·후를 인과성에 기반해 설명하고 있다. 인과성이 먼저고, 시간적 선·후가 그것을 바탕으로 설명된다. 우선 이것은 우리의 상식에 반한다는 점을 지적해야겠다. 김 씨가 복어알을 먹었고, 그다음 사망했다는 것이 옳아 보인다. 어느 것이 먼저인지 모르는 상태에서 이 두 사건에 인과성을 적용하면, 그때 비로소 복어알을 먹는 사건이 먼저고, 그 다음 사망했다는 사건이 뒤따른다는 것을 알 수 있다는 주장은 이상해 보인다. 복어알을 먹은 사건과 사망한 사건, 이 둘의 선후 관계가 인과성을 전제로 해야만 결정되는가? 흄은 시간적 선·후 관계가 먼저고, 그다음 인과성에 대한 정보를 확립할 수 있다고 주장한다.[21] 어떤 것이 옳

---

20 (K, 424)

은가?

상식에 반한다는 것은 약점이 아닐 수도 있다. 하지만 이보다 더 큰, 아주 곤혹스러운 문제가 있다. 칸트는 모든 변화를 인과법칙에 종속시킴으로써만 시간적 선·후에 대한 인식이 가능하다고 주장하는데, 이것이 참이라면, 우리는 아주 곤혹스러운 상황에 놓이게 된다. 칸트에 따르면, 까마귀가 날고 배가 떨어지는 사건이 관찰될 때, 만약 내가 이 두 사건에 인과법칙을 적용하지 않으면, 어느 사건이 먼저인지 알 수 없다. 인과법칙에 두 사건을 종속시켜야만, 그때 비로소 나는 두 사건의 선·후 관계를 객관적으로 파악할 수 있다. 그런데 이러한 시간적 선·후 관계를 파악하기 위해 내가 까마귀 나는 사건과 배 떨어지는 사건에 인과법칙을 적용하면, 이 두 사건은 인과적 관계에 놓이게 된다. 이것을 일반화하면 다음과 같다. 시간적으로 인접한 모든 사건에 대해 이것들의 선·후가 결정되는 순간, 이것들은 모두 인과적이 되어 버린다. 그렇다면 까마귀가 나는 사건과 배가 떨어지는 사건에 대해, 나는 둘 중 하나를 해야만 한다. 이 두 사건 중 어느 것이 먼저인지 알기를 포기해 버리든가, 아니면 이 두 사건 사이에 억지로 인과관계를 부여하든가. 둘 중 그 어느 것도 선택지가 되기는 어려워 보인다.

이런 주장을 하고 나서 칸트는 시간적 선·후의 객관성, 혹은 그 근거가 되는 원인·결과의 객관성에 대해 증명해 나간다. 칸트는 두 개의 예를 드는데, 하나는 집에 대한 것이고, 다른 하나는 배에 관한 것

---

21 "어떤 대상이 다른 대상에 **시간적으로 선행하고** 시간, 공간적으로 근접되어 있을 때, 그리고 전자의 대상과 유사한 모든 대상들이 후자의 대상과 유사한 모든 대상들과 시간적 선행, 시간·공간적 근접관계에 놓여 있을 때, 그 전자의 대상을 원인이라 한다."(T, 170)(강조는 필자의 것)

이다. 우선 칸트는 집의 비유를 통해 공간적 부분들에 대한 우리의 포착과, 그러한 포착은 자의적이라는 사실, 즉 공간적 부분들에 대한 포착의 순서는 공간적 부분들 그 자체에 의해 결정되어 있지 않다는 사실에 대해 증명한다. 칸트는 다음과 같이 말한다.

현상의 잡다에 대한 포착은 항상 순차적이다. […] 나는 포착에서의 잡다의 표상이 항상 순차적임에도 불구하고, 현상들 자체에서 잡다가 시간상에서 어떤 종류의 결합을 갖는가를 명시해야 한다. 예컨대 우리 눈앞에 있는 집 한 채의 현상에서 잡다에 대한 포착은 순차적이다. 이제 문제는 과연 이 집 자체의 잡다가 그 자신에 있어서도 순차적이냐 하는 것인데, 물론 어느 누구도 이를 인정하지 않을 것이다. [22]

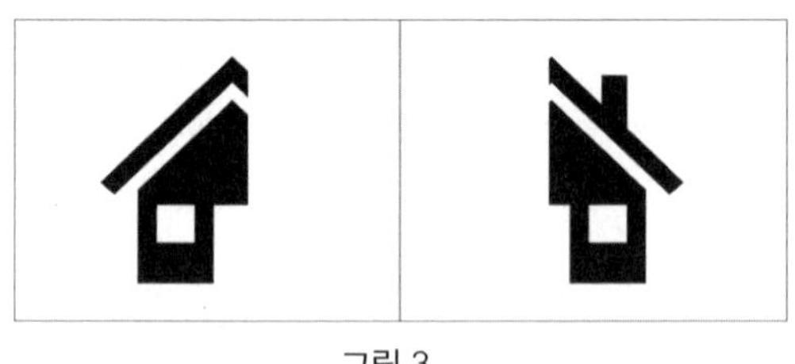

그림 3

이 그림에서처럼 내가 왼쪽 부분을 먼저 보고, 그 다음 오른쪽 부분을 보는, 그러한 잡다에 대한 나의 포착은 순차적이지만, 집 자체의 잡다가 그 자신에 있어서도 순차적인 것은 아니다. 나는 거꾸로도

---

22 (K, 425)

행동할 수 있기 때문이다. 즉, 오른쪽 부분을 먼저 보고, 그 다음 왼쪽 부분을 볼 수도 있기 때문이다. 복잡해 보이지만, 한마디로 칸트의 증명을 요약하면, 우리는 이것을 "공간의 가역성"이라고 부를 수 있겠다.[23] 공간상에서 우리는 앞에서 뒤로, 뒤에서 앞으로, 그리고 왼쪽에서 오른쪽으로, 오른쪽에서 왼쪽으로 옮겨 다닐 수 있다.

그리고 나서 칸트는 이제 시간적 순서는 이러한 공간적 순서와 매우 다른 특성을 지닌다는 것을 증명한다. 칸트는 다음과 같이 말한다.

그러나 그럼에도 내가 알아채는 바는, 내가 생기하는 한 현상에서 지각의 선행하는 상태를 A라고, 반면에 후속하는 상태를 B라고 부를 때, 포착에서 B는 A를 오직 뒤따를 수만 있으되, 지각 A는 B를 뒤따를 수 없으며, 오히려 오로지 선행할 수만 있다는 사실이다. 예를 들어 나는 배 한 척이 강물을 따라 내려가는 것을 보고 있다. 하류에서의 그 배의 위치에 대한 지각은 상류에서의 그것의 위치에 대한 지각에 뒤따른다. 그리고 이 현상의 포착에서 그 배가 먼저 하류에서, 그러나 나중에 상류에서 지각된다는 것은 불가능하다. 그러

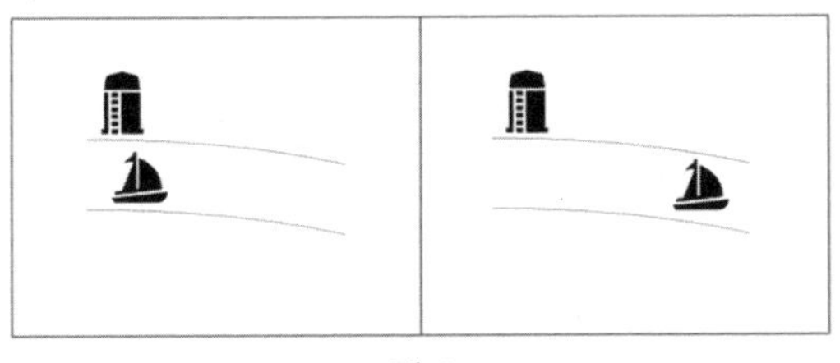

그림 4

---

23 Ward, A(1986), 411 참조; 이남원(1995), 70-71 참조.

므로 포착에서 지각들의 이어짐에서의 순서는 이 경우 일정한 것이고, 이 순서에 포착은 매여 있다. 앞서 든 집의 예에서 포착에서의 나의 지각들은 그 집의 꼭대기에서 시작해서 바닥에서 끝날 수도 있고, 또 아래에서 시작해서 위에서 끝날 수도 있으며, 오른쪽 또는 왼쪽에서부터 경험적 직관의 잡다를 포착할 수 있다. 그러므로 이 지각들의 계열에서는 내가, 잡다를 경험적으로 결합하기 위해서 어디에서 시작해야만 하는가를 필연적으로 정해 주는 아무런 순서도 없었다. 그러나 일어나는 것에 대한 지각에 있어서는 이 규칙이 항상 발견될 수 있다. 그리고 이 규칙이 서로 뒤를 잇는 지각들의 순서를 (이 현상의 포착에서) 필연적이게 한다.[24]

내가 왼쪽 부분을 보고, 그 다음 오른쪽 부분을 보는, 그러한 포착에 있어, 이 포착의 주관성은 사실 객관적으로 결정되어 있는 것이다. 나는 오른쪽 부분으로부터 왼쪽 부분으로 나의 포착을 이동시킬 수 없기 때문이다.[25] 복잡해 보이지만, 한마디로 칸트의 증명을 요약하면, 우리는 이것을 "시간의 불가역성"이라고 부를 수 있겠다[26]. 시간상에서 우리는 앞에서 뒤로, 오른쪽에서 왼쪽으로 옮겨 다닐 수 없다. 그런데 공간의 가역성과 시간의 불가역성은 인과성과 어떤 관계를 갖는가?

시간적 선·후, 시간의 불가역성, 이 모든 것은 인과성과 무관한 것

---

24 (K, 426-427)

25 "그러므로 나는 우리의 경우에 포착의 주관적 잇따름을 현상들의 객관적 잇따름으로부터 도출할 수밖에 없을 것이다."(K, 427)

26 Ward, A(1986), 411 참조; 이남원(1995), 70-71 참조.

으로 보인다. 앞에서 본 것과 마찬가지로, 이 두 조건을 갖춘 사건 쌍들 중 어떤 사건 쌍들은 인과적이지 않기 때문이다. 복어알을 먹고 죽었다. 우리는 이 두 사건이 인과적임을 안다(인과성). 복어알을 먹는 사건이 사망 사건에 앞서 일어났음도 안다(시간적 선·후). 그리고 이 두 사건이 시간적으로 뒤바뀔 수 없음도 안다(시간의 불가역성). 그러나 똑같은 시간적 선·후, 똑같은 시간의 불가역성이 적용되지만, 이 사건 쌍과는 종류가 매우 다른 그러한 사건 쌍이 있음도 역시 알고 있다. 바로 "까마귀 날고, 배 떨어짐" 사건 쌍이 그것이다(비인과성). 이 사건 쌍도, 시간적 선·후 관계로, 그리고 불가역적인 시간 축 상에서 일어난 사건임을 우리는 알고 있다. 그러나 이 두 사건들은 인과관계로 맺어진 것이 아니다. 시간적 선·후, 시간의 불가역성, 이 두 개념과 인과관계는 관련이 있을 수도(복어알, 사망) 있지만, 관련이 없을 수도 있다(까마귀, 배). 흄은 시간적 선·후, 그리고 시간의 불가역성, 이 둘과 인과성이 서로 연관이 있을 수 있음(패턴의 유지)을 보여주고 있으며, 또한 시간적 선·후, 시간의 불가역성, 이 둘과 인과성이 서로 연관이 없을 수도 있다는 것(패턴의 파괴) 역시 보여주고 있다. 반면 칸트는 이 둘을 구분해 내지 못하고 있다. 칸트는 자신만의 용어로 흄이 하고 있는 바로 그 일을 하고 있는 것처럼 보이지만, 사실은 다른 일을 하고 있는 것이다. 그리고 그가 하는 일은 적어도 인과관계에 대한 설명과는 거리가 있다[27].

---

27 이남원(1995), 71–73 참조.

칸트의 오류

인과관계에 대한 흄의 분석은, "복어알 → 사망", 그리고 "까마귀 남 & 배 떨어짐", 이 둘의 차이를 정확하게 보여준다. 하나는 패턴을 이루어 인과성을 획득한 사건 쌍이고, 다른 하나는 패턴이 깨져 인과성을 얻지 못한 사건 쌍이다. 칸트는 시간적 선·후, 시간의 불가역성을 제시하며 흄을 넘어서고자 하지만 결국은 실패하는 것으로 보인다. 흄이 해낸 분석을 칸트는 해 내지 못하기 때문이다. 누군가가 궁금해 하는 것이 있다. "A약을 먹으면 코로나 질병으로부터 벗어날 수 있나요?" 인과성에 대한 질문이다. 흄은 이에 대해 대답할 수 있다. "관찰이 필요합니다. A약을 먹은 사람들 누구나 질병으로부터 벗어난다면(이 경우 "A약 복용 & 회복," 즉 패턴의 유지), 이 둘 사이에 인과성이 있다고 할 수 있습니다. 반면 A약을 복용했는데, 여전히 아픈 사람들이 나온다면(이 경우 "A약 복용 & −회복," 즉 패턴의 파괴), 이 둘 사이에는 인과성이 없습니다."[28] 반면 칸트는 이에 대해 답을 할 수 없다. 칸트의 답은 다음과 같을 것으로 추정되기 때문이다. "A약을 먹는 사건이 먼저인지, 병에서 회복되는 것이 먼저인지를 판단

---

28 이것은 이 두 사건 사이의 관계가 보편적 인과관계에 놓여 있다는 가정하에서의 주장이다. 만약 약과 회복 사이에 확률적 인과관계만 있다면, 이 주장은 전혀 다른 차원의 것이 되어 버린다. 가난과 범죄 사이에 인과관계가 있는가? 누군가 이렇게 답할 수 있다. "인과관계가 없다. 가난하지만 범죄를 저지르지 않는 사람들이 많기 때문이다." 이 답은 잘못된 것이다. 그리고 이러한 답이 나온 이유는 답변자가 가난과 범죄 사이에 보편적 인과관계가 있다고 생각했기 때문이다. 만약 우리가 가난과 범죄 사이에 확률적 인과관계만 있음을 이해한다면, 위의 답변이 왜 잘못된 것인지 알 수 있다. 이 둘 사이의 확률적 인과관계는 다음과 같은 경우 확립된다. 즉, (범죄/가난)>(범죄/−가난). 그리고 양 항이 '=', 혹은 '<'로 표현되는 관계로 이어진다면, 가난과 범죄 사이의 확률적 인과관계는 깨지는 것이다. 보편적 인과 주장은 반례 하나만으로 깨지지만, 확률적 인과 주장은 그렇지 않다.

하기 위해서는 인과법칙을 적용해야 합니다." 시간 순서를 알기 위해서 인과관계를 부여해야 한다면, 모든 시간 순서 사건들은 인과관계를 갖게 되는 것이다.

앞에서 본 것처럼, 칸트의 이러한 답은 곤혹스러운 결론에 도달하도록 만든다. 두 사건 사이의 시간적 선·후를 알기 위해 항상 인과법칙의 적용이 필요하다면, 다음과 같은 결론이 나오기 때문이다. 까마귀 난 사건과 배 떨어진 사건에 대해 어느 것이 먼저인지를 알려면, 우리는 인과법칙을 적용해야 하는데, 그렇게 인과법칙이 적용되면, 까마귀 난 사건과 배 떨어진 사건은 인과관계로 묶이게 된다. 하지만 우리는 이 두 사건 사이에 인과관계가 없음을 알고 있다.

여기서 끝나지 않는다. 이 두 사건 사이에 인과법칙을 적용해 보자. 어떤 것이 먼저 발생한 것인가? 흄은 시간적 선·후를 자명한 것으로 본다. 따라서 이것을 설명할 필요가 없다. 그러나 칸트는 이것을 설명할 부담을 갖는다. 까마귀 난 사건과 배 떨어진 사건 사이에 인과법칙을 적용해 보자. 이제 칸트가 대답할 차례다. 어떤 사건이 먼저인가?

유사한 문제가 또 있다. 까마귀 난 사건과 배 떨어진 사건 사이에 인과법칙을 적용하면, 이 두 사건은 인과관계에 놓인다. 이제 문제는 다음과 같다. 어떤 사건이 원인인가? 임의의 사건 A와 B를 가정해보자. 이 둘의 시간적 순서를 정하기 위해 인과법칙을 적용해 보자. 어떤 사건이 원인인가? 흄은 대답할 수 있다. 만약 패턴을 이루어 인과관계에 놓인다면, 먼저 발생한 사건이 원인이다. A가 먼저 발생하고, 그 다음 B가 발생했다. 그리고 이와 유사한 사건들의 쌍들이 패턴을 이루면, A가 원인이 된다. 인과성이 획득되는 모든 과정에서의 출발

점은 사건들의 시간적 선·후 관계다. 하지만 칸트는 이렇게 답할 수 없게 되어 있다. 시간적 순서가 정해지기 전에, 인과법칙이 적용되어야 하기 때문이다. 그에 따르면, 시간적 순서를 알기 위해 A와 B에 인과법칙을 적용해야 한다. 그런데 우리가 시간적 순서를 알기 위해 A와 B에 인과법칙을 적용하면, 이 두 사건은 인과관계에 놓이게 된다. 그러나 여전히 문제가 남게 되는데, 그 문제란 A와 B 중 어떤 것이 원인이냐는 것이다. 시간적 선·후와 관련 없이 어떤 것이 원인이고 어떤 것이 결과인지 어떻게 알 수 있는가? 복어알 먹는 것이 먼저고, 사망이 나중이라는 주장은 이해할 수 있다. 그런데 복어알 먹는 것이 먼저인지, 아니면 사망이 먼저인지를 알기 위해 인과법칙을 적용해야 한다면, 둘 중 하나가 원인이 되고 다른 하나는 결과가 될텐데, 시간적 선·후라는 관계 말고 어떤 방식으로 원인, 결과를 결정할 수 있겠냐는 것이다. 원인과 결과를 결정하는 원리로서 시간적 선·후 말고 어떤 다른 원리가 있을 수 있을까? 시간적 선·후 말고 복어알 먹는 것과 사망하는 것, 이 둘을 하나는 원인으로, 다른 하나는 결과로 분류하도록 만들어 주는 어떤 원리가 있을까? 답하기 어려워 보인다.[29] 흄은 매우 직관적이다. 시간적 선·후가 주어지고 패턴이 이루어지면, 하나는 원인, 하나는 결과로서 인과관계가 확립된다. 하지만 칸트는 일단 인과관계가 부여되어야만 시간적 선·후가 확립된다고 한다. 이제 어떻게 할 것인가? 어떤 것이 원인이고, 어떤 것이 결과인가? 칸트는 구조적으로 이에 답하지 못할 것으로 생각된다.

---

29 이남원(1995), 69 참조.

　이제 칸트가 왜 오류를 범하고 있는지 살펴보며, 이 글을 마치고자 한다. "공간의 가역성"과 "시간의 불가역성"을 증명한 후, 칸트는 다음과 같이 주장한다.

　이것은 사람들이 항상 우리의 지성사용의 과정에 관해 개진했던 소견과는 어긋나는 것처럼 보이기는 한다. 사람들의 소견에 따르면, 우리는 지각되고 비교되는 많은 사건들이 일치되게 선행하는 현상들에 뒤이어 잇따름을 보고서 그에 의해 특정한 사건들이 특정한 현상들에 항상 잇따르는 한 규칙을 발견하도록 비로소 이끌려지고, 그럼으로써 이제야 원인 개념을 만들어 갖도록 유도된다는 것이다. 그런 기반 위에서는 이 개념은 한낱 경험적일 터이고, 이 개념이 제공하는 규칙, 곧 '일어나는 모든 것은 원인을 갖는다'는 것도 경험 자체와 마찬가지로 우연적일 것이다. 이 경우에 이 개념의 보편성과 필연성은 단지 꾸며낸 것일 것이고, 아무런 진정한 보편적 타당성도 갖지 못할 터이다. 왜냐하면 이 개념의 보편성은 선험적인 것이 아니고, 단지 귀납에 근거하는 것일 터이니 말이다. 이와 같은 사정은, 우리가 그것들을 경험 속에 집어 넣었고 그래서 그것들에 의해 비로소 경험을 성립시켰기 때문에 오로지 그 때문에, 경험으로부터 명료한 개념들로 끄집어낼 수 있는 여타의 선험적인 순수한 표상들(예컨대, 공간과 시간)에 있어서나 마찬가지다. 물론 이 표상, 곧 일련의 사건들을 규정하는 원인 개념이라는 규칙의 논리적 명석성은 오로지 우리가 그것을 경험에서 사용할 때만 가능하다. 그러나 시간상의 현상들의 종합적 통일의 조건으로서 이 규칙을 고려함이 역시 경험 자체의 근거였으므로 선험적으로 경험

에 선행하였다.[30]

칸트는 "공간의 가역성"과 "시간의 불가역성"을 증명함으로써 인과성에 대한 흄의 이론을 깰 수 있다고 주장한다. 그리고 칸트는 흄의 인과성 개념이 한낱 경험적이며 우연적이라고 주장한다. 이 경우 인과성은 보편성과 필연성을 갖지 못하고, 진정한 보편적 타당성도 갖지 못하는 것이다. 흄의 인과 개념의 보편성은 선험적인 것이 아니고, 단지 귀납에 근거하는 것이기 때문이다.

흄의 인과성 개념이 한낱 경험적이며 우연적이라는 칸트의 비판은 옳은가? 앞에서도 살펴봤듯이, 인과성이라는 것은 일종의 귀납 논증이다. 여러 사건 쌍들의 반복적인 발생에 근거해 앞으로도 그럴 것이라는 추정에 기초해 결론을 도출하는 일종의 논증이다. 그리고 이러한 귀납 논증은 당연히 경험적이며 우연적인(언제나 반례가 나올 수 있는) 그러한 논증이다. 앞에서 언급했듯이, 복어알을 먹어도 아무런 문제가 없는 사람이 있을 수 있고, 또 새로운 인류 모두가 그러할 수도 있다. 현재 인과관계를 가진다고 여겨지는 모든 사건 쌍들은 가까운 미래에 그 결론이 뒤바뀔 수 있다. 인과관계의 본질적인 특성 자체가 바로 경험적이며 우연적이라는 것이다. 이것이 왜 문제인가?

필자는 칸트가 인과관계를 잘못 이해하고, 이것을 무리하게 자신의 철학적 기획의 일부분(코페르니쿠스 전환)으로 사용한다고 생각한다. 칸트의 철학적 기획은 대상이 그러한 것이 아니라 우리 인식 구조가 그러하기 때문에 대상이 그런 식으로 보인다는 것을 드러내는

---

30 (K, 430-431)

것이다. 칸트는 우리 인식 구조의 한 측면으로 인과개념을 포함시키고 싶어 한다. 그래야만 그 개념이 보편적이며, 선험적이며, 필연적이 될 것이라 생각한다. 즉, 인과개념은 한낱 경험적이며 우연적이어서는 안 된다는 것이다. 그런데 칸트의 이런 기획은 인과관계에 대한 잘못된 이해에 기반하고 있다. 흄을 비판하면서 칸트는 다음과 같이 말한다.

> 그런 기반 위에서는 이 개념[인과개념]은 한낱 경험적일 터이고, 이 개념이 제공하는 규칙, 곧 '일어나는 모든 것은 원인을 갖는다'는 것도 경험 자체와 마찬가지로 우연적일 것이다. 이 경우에 이 개념의 보편성과 필연성은 단지 꾸며낸 것일 것이고, 아무런 진정한 보편적 타당성도 갖지 못할 터이다. 왜냐하면 이 개념의 보편성은 선험적인 것이 아니고, 단지 귀납에 근거하는 것일 터이니 말이다. [31]

칸트는 인과개념이 제공하는 규칙을 "일어나는 모든 것은 원인을 갖는다"라고 이해한다. 이것은 흄이 이해하는 인과개념과 전혀 다른 것이다. 이 규칙을 참으로 받아들이든, 거짓으로 받아들이든, 이것은 흄이 이해하는 인과개념과 전혀 다른 것이다. [32]

---

31 (K, 431)
32 이 부분에서 익명의 심사위원의 견해에 대해 해명이 필요한 것으로 보인다. 심사위원의 견해에 따르면, 흄과 칸트는 인과성에 대해 서로 다른 접근을 하고 있으므로, 흄의 인과이론을 통해 칸트를 비판하는 것은 적절치 않다는 것이다. 이에 대해 해명하자면, 필자는 인과성에 대해 서로 다른 이해를 하는 것에 대해서는 철학자들의 자유라고 생각한다. 그러나 칸트의 문제점은 인과성에 대해 흄과 다른 이해를 하는 데 있는 것이 아니라, 다르게 이해한 점을 바탕으로 흄을 비판하고 있다는 것이다. 이 점에 대해서는 칸트가 흄을 염두에 두고 논증을 펼쳤다는 부분을 통해 정당성이 부여될 것으로 생각한다.

인과성에 대한 흄의 이해방식과 칸트의 이해방식이 서로 다르다는 것보다 더 중요한 문제가 있다. 사실은 인과성을 칸트의 방식으로 이해할 경우 아주 큰 문제가 발생한다. 칸트가 생각하듯이, 이 규칙, 즉 "일어나는 모든 것은 원인을 갖는다"라는 규칙을 필연적으로 참이라 해 보자. 까마귀가 난 것도 원인이 있을 것이고, 배가 떨어진 것도 원인이 있을 것이다. 이것이 참이라고 해 보자. 이제 어떻게 할 것인가? 이 둘 사이에 인과관계를 부여할 것인가, 말 것인가? 이 규칙은 인과관계에 대해 사실 아무런 말도 하고 있지 않다.

인과관계에 대한 흄의 분석은 이와 매우 다르다. 논쟁적일 수도 있지만, 인과관계에 대한 흄의 분석은 매우 분명하다. 그에 따르면, 우리가 얻어낸 '→'에 의해 표현되는 인과성(필연적 연결)은, 사실은 '&'로 표현되는 시·공간적으로 인접한 사건 쌍들의 무수한 반복, 그래서 패턴을 이루는 사건들의 쌍들에 근거한 것이다. 흄은 인과성에 대한 이런 분명한 분석을 제시하며 인과적 사건 쌍과 비인과적 사건 쌍들을 구분해 낸다. 하지만 칸트는 우리가 인과관계에 대해 궁금해 하는 그 어떤 부분에 대해서도 분명한 설명을 제공해 주지 못한다. 이렇게 볼 때, 칸트는 흄이 하고 있는 작업과는 다른 무언가를 하고 있는 것으로 보인다. 그리고 서로 다른 작업을 하고 있는 이상, 인과성에 대한 칸트의 분석은 흄 분석에 대한 대안 이론이 될 수 없다. 똑같은 일을 서로 다른 방식으로 할 때에만, 우리는 그 둘이 서로 대안적이라 말하기 때문이다.

결론

이 글에서 필자는 인과성 개념에 대한 흄의 이론을 옹호하고, 이 이론에 대한 칸트의 대안 이론을 비판하고자 했다. 알려진 바와는 달리 흄은 필연적 연결을 포기하지 않았다. 그는 필연적 연결을 포기한 것이 아니라 그 근거를 분석한 것이다. 시·공간적으로 인접한 사건 쌍들이 계속 반복적으로 패턴을 이루며 발생할 경우, 그 경우 우리는 그러한 사건 쌍이 필연적으로 연결되어 있다고 추론한다는 것이 흄의 주장이다. 인과성에 대한 흄의 이러한 분석을 이해하고 나면, 인과적 사건 쌍과 비인과적 사건 쌍을 구분해 낼 수 있는 기준이 생기게 된다. 그 기준이란 바로 반복적으로 패턴을 이루는가, 패턴을 이루지 못하는가 하는 것이다. "복어알을 먹고 사망한 사건 쌍"의 경우 반복적 패턴을 이룬다. 예외가 없다. 이 경우 이 두 사건 쌍 사이에는 인과관계가 성립하는 것이다. 반면 "까마귀가 날고 배가 떨어진 사건 쌍"의 경우 반복적 패턴이 없다. 이 경우 이 두 사건 쌍 사이에는 인과관계가 없는 것이다.

칸트는 흄이 하고 있는 이러한 작업을 하고 있지 못하다. 그는 인과적 사건 쌍과 비인과적 사건 쌍을 구분해 내지 못한다. 그리고 이 두 사건 쌍을 구분해 내지 못하는 이유는 칸트가 다음과 같이 주장하기 때문이다. 즉, 시간적 선·후에 대한 파악이 가능하기 위해서는 인과관계가 적용되어야 한다. 받아들이기 어려운 주장이다. 흄에 따르면, 시간적 선·후 관계에 대한 파악이 먼저이고, 패턴이 있느냐, 없느냐에 따라 인과성이 추론되거나 추론되지 않는다. 이것은 우리의 상식에 속하는 것으로 보인다. 김 씨가 복어알을 먼저 먹었는지, 아니면 그 전에 먼저 죽었는지, 우리는 인과관계를 전제로 하지 않고서도 안다. 그리고 까마귀가 먼저 날았는지, 배가 먼저 떨어졌는지, 우리는 인과관계를 전제하지 않고서도 안다. 그러나 칸트의 분석에 따르면, 사건들에 인과법칙이 적용되지 않으면 우리는 어느 사건이 먼저인지를 파악하지 못한다. 까마귀가 날고, 배가 떨어졌다. 우리 오성의 범주로서의 인과법칙을 적용하지 않으면, 우리는 어느 사건이 먼저인지를 파악할 수 없다는 것이 칸트의 주장이다. 그런데 우리가 어느 사건이 먼저인지를 파악하기 위해 이 두 사건에 인과법칙을 적용하면, 이 두 사건은 인과적으로 연결된다. 까마귀가 난 사건이(혹은 배가 떨어진 사건이) 원인이 되고, 배가 떨어진 사건이(혹은 까마귀가 난 사건이) 결과가 되는 것이다. 이 두 사건 사이의 시간적 선·후에 대한 파악을 포기할 것인가, 아니면 이 두 사건 사이에 억지로 인과성을 부여할 것인가? 억지로 인과성을 부여하더라도, 어떤 것을 원인으로 삼아야 할지 우리는 여전히 알 수 없는 것이다.

칸트가 이런 딜레마적 상황에 놓이게 된 것은 그가 인과성을 잘못 이해하기 때문으로 보인다. 칸트는 인과성에 보편성, 필연성을 넣고 싶어 한다. 인과성이란 보편적이며 필연적이어야 한다는 것이다. 그를 위한 하나의 전략으로서 그 인과성에 선험성을 부여하는 것이다. 즉, 우리 오성의 범주 중 하나로 인과법칙을 넣는 것이다. 그러나 흄의 분석이 보여주듯이, 인과성이란 언제든 거짓이 될 수 있는 특성을 가진다. 패턴이 깨지는 사례가 발생하면, 인과성도 깨지는 것이다. 칸트가 흄과 달라지는 지점이 바로 이곳이다. 칸트는 인과성에 보편성, 필연성을 넣고 싶어 하며, 그래서 선험성을 부여한다. 그런데 칸트가 인과성을 이런 방식으로 다루는 이유가 있다. 그는 인과성을 적

어도 흄과는 다르게, 혹은 잘못된 방식으로 이해하기 때문이다. 칸트
는 인과법칙을 '일어나는 모든 것은 원인을 갖는다'로 이해한다. 까마
귀 나는 것도 이유가 있을 것이고, 배가 떨어지는 것도 이유가 있을
것이다. 이것이 참이라고 해도, 까마귀 나는 것이 배가 떨어지는 것
의 원인이 되지는 못한다. 칸트는 자신의 기획(코페르니쿠스적 전환)을
완성하기 위해 인과성에 대한 분석을 시도하지만, 결국 실패하는 것
으로 보인다.

<u>8</u>

퍼트넘의 통 속의 뇌 논증 비판 I

이 글의 목적은 퍼트넘의 "통 속의 뇌 논증"이 잘못된 논증임을 보이는 것이다. 분석은 세 단계로 진행된다. 첫째, "우리는 통 속의 뇌이다"라는 문장은 필연적으로 거짓일 수 있지만, 이 문장을 포함하고 있는 전체 스토리는 일관적일 수 있다. 둘째, "통 속의 뇌 가설"은 전지적 시점과 1인칭 시점 모두를 포함하고 있다. 퍼트넘이 전체 가설을 설명하기 시작할 때, 그는 전지적 시점을 취한다. 그다음 그는 곧바로 1인칭 시점을 취해 "우리는 통 속의 뇌이다"라는 문장이 필연적으로 거짓이라고 주장한다. 그런데 퍼트넘은 부당하게도 다시 전지적 시점을 확보해 "우리는 통 속의 뇌이다"라는 문장이 표상세계에서뿐만 아니라 실제세계에서도 필연적으로 거짓이라고 주장한다. 이렇게 퍼트넘은 시점을 전환해, 표상세계에 대해 확인된 사실을 부당하게도 실제세계에 적용시키고 있다. 셋째, '우리는 통 속의 뇌이다'라는 문장은 표상세계에 대해 필연적으로 거짓인지는 확인할 수 있지만, 실제세계에 대해서도 필연적으로 거짓인지는 증명되지 않는다. 우리가 전지적 시점을 취하면, 그때라야 우리는 알 수 있다. 우리가 통 속의 뇌인지 아닌지를. 우리가 1인칭 시점만을 취한다면, 우리는 우리가 통 속의 뇌인지 아닌지를 알 수 없다. 어떤 경우든, 우리가 실

제세계에서 통 속의 뇌가 아님이 증명되지 않는다. 퍼트넘의 의도와
는 다르게 말이다. 따라서 퍼트넘의 "통 속의 뇌 논증"은 잘못된 논증
이다. 그리고 퍼트넘이 "통 속의 뇌 논증"을 제시한 이유가 회의주의
를 극복하기 위한 것이니만큼, 회의주의는 여전히 살아있다.

통 속의 뇌 가설

눈을 뜨고 무언가를 바라보면, 우리 정신에는 어떤 상이 생긴다.
탁자가 있고, 저 멀리 나무가 있다. 우리는 우리 정신에 나타나는 그
러한 상이 우리 밖의 세계를 반영한다고 믿는다. 일군의 철학자들은
이에 반대한다. 그들은 우리 정신에 그려진 상과 우리 밖의 세계가
완전히 다른 모습일 수 있다고 주장한다. 적어도 데카르트까지 거슬
러 올라가는 이러한 철학적 입장을 회의주의라고 부른다.

회의주의의 핵심 아이디어는 표상적 외부세계와 실제적 외부세계
등 두 개의 개념을 통해 정식화할 수 있다. 우선 표상적 외부세계(줄
여서 '표상세계')는 우리 정신에 나타나고 있는 세계이다. 내 앞에는 탁
자가 있고, 저 멀리에 나무가 있다. 이러한 대상들로 이루어져 있는
세계가 표상적 외부세계이다. 회의주의는 표상적 외부세계뿐만 아니
라 실제적 외부세계(줄여서 '실제세계')도 상정한다. 실제적 외부세계는
우리에게 드러나는 모습과는 완전히 다른 그러한 세계이다. 예를 들
어 우리는 실제로는 통 속의 뇌이면서, 그 뇌와 연결된 슈퍼컴퓨터가
제공하는 전기 자극을 통해 탁자와 나무를 보고 있다고 믿는지도 모
른다는 것이다. 실제로는 통 속의 뇌이지만, 나는 나에게 주어지는
전기자극을 통해 탁자와 나무를 보고 있다는 믿음을 갖게 되는 것이

다. 이렇게 서로 다른 모습을 갖는 두 세계, 즉 실제적 외부세계와 표상적 외부세계를 상정함으로써 회의주의는 자신들의 입장을 정당화한다. 당신이 표상적 외부세계를 벗어나 실제적 외부세계로 갈 수 있다면, 그렇다면 당신은 당신의 실제적 모습을 확인할 수 있다. 그러나 당신은 당신의 표상세계에 갇혀 있는 존재이므로, 당신의 실제적 모습을 확인할 수 없다. 당신은 1인칭의 존재이다. 전지적 시점을 갖지 못하는 한, 그래서 표상세계와 실제세계 모두를 관찰할 수 없는 한, 당신은 당신의 실제 모습을 확인할 수 없다. 우리의 표상세계와 실제세계는 서로 다를 수 있다고 주장하는 철학적 입장을 앞에서 언급했듯이 회의주의라고 한다.

이러한 회의주의에 대한 초창기의 예로는, 우리가 꿈을 꿀 때, 이것이 꿈인지 생시인지 구분할 수 없다는 사실로부터(꿈인지 알 수 있는 조건은 오직 꿈에서 깨어났을 경우뿐이다), 우리 앞에 주어지는 모든 것들은 꿈일 수도 있다는 주장이다. 퍼트넘의 목적은 이러한 회의주의를 깨는 것이다. 즉, 퍼트넘의 목적은 우리가 꿈을 꾸고 있지 않다는 것, 혹은 우리가 통 속의 뇌가 아니라는 것을 보여주는 것이다.

실제적 외부세계와 표상적 외부세계를 구분함으로써 정식화되는 이러한 회의주의적 아이디어는 적어도 데카르트까지 거슬러 올라가며, 영화 〈매트릭스〉도 이러한 아이디어에 기대 그 스토리 전개가 이루어지고 있다. 퍼트넘의 "통 속의 뇌 가설"도 이러한 아이디어를 그대로 보여주고 있다. 퍼트넘은 자신의 저서 『이성, 진리, 역사』에서 다음과 같이 말한다.

두뇌 하나가 아니라 모든 인간(또는 아마도 모든 감각 기능을 가진 생물)

이 통 속에 들어 있는 두뇌(〈감각〉이라는 최소한의 신경 조직만 가진 생물의 경우에는 신경 조직)라고 상상할 수도 있다. 물론 그 사악한 과학자는 통 밖에 있어야 할 것이다. 아니면 꼭 그렇게 밖에 있어야 할 것인가? 아마도 사악한 과학자란 존재하지도 않고 (좀 무리한 이야기이지만) 우주는 온통 두뇌와 신경 조직으로 가득 찬 통만을 만들어내는 자동 기계로 구성되어 있는지도 모른다.

이번에는 그 자동 기계가 우리로 하여금 서로 연관성 없이 각각 분리되어 있는 환각들이 아니라 하나의 집단적인 환각을 일으키도록 만들어져 있다고 상상해 보자. 그리하여 내가 당신에게 말하고 있는 것처럼 내 스스로에게 보일 때, 당신에게는 당신이 나의 말을 듣고 있는 것처럼 보인다. 물론 이때 나의 말이 당신의 귀까지 실지로 다다르는 것은 아니다. 당신에게는 실지로 귀가 없고 나에게는 입과 혀가 없기 때문이다. 내가 말을 내뱉을 때 정말로 일어나는 일은 나의 두뇌에서 발생한 전기 자극이 컴퓨터로 나가서 나는 나 자신의 음성을 〈듣고〉 내 혀의 움직임을 〈느끼게〉 하고 당신은 내 말을 〈듣고〉 내가 말하는 것을 〈보게〉 함이다. 이 경우 어떤 의미로서는 당신과 나는 실지로 의사 소통을 한다고 할 수 있다. 당신이 정말 존재한다는 나의 생각은 틀릴 수 없다. (이때 당신의 존재란 두뇌와 상관없이 〈외부 세계〉에 있는 당신 육체의 존재를 말한다.) 어떤 관점에서 보면 〈전세계〉가 하나의 집단적인 환각이라 할지라도 하등의 문제가 아닐 수 있다. 말하고 듣는 기계적 과정이 우리가 평소 생각하는 바와는 다를지라도 내가 당신에게 무엇을 이야기할 때, 결국 당신은 정말로 나의 말을 듣고 있다고 할 수 있기 때문이다.[33]

이것은 전형적인 회의주의의 입장이다. 퍼트넘의 "통 속의 뇌 가설"에는 실제적 세계(우리는 알 수 없는 실제세계)와 표상적 세계(우리 앞에 펼쳐지고 있는 세계)가 동시에 설정되어 있다. 실제적 세계에서의 나는 사실 통 속의 뇌이다. 그러나 컴퓨터가 내게 전달해주는 전기 신호 덕에 나는 표상적 세계에 놓여 입과 혀를 가지고 다른 사람과 대화한다고 생각한다.

이 지점에서 한 가지 중요한 점을 짚고 넘어가야 할 것 같다. 표상적 세계, 그리고 실제적 세계, 이 두 세계를 구분할 때, 우리는 자칫 표상적 세계가 우리의 믿음체계라고 잘못 생각할 수 있다. 누군가는 다음과 같이 주장할 수 있다.

우선 퍼트넘은 두 세계 즉 '표상적 외부세계'와 '실제적 외부세계'를 구분하지 않는다. 그가 구분하는 것은 우리의 믿음체계 (또는 표상 체계)와 실제세계이다. 믿음체계 내에서 p를 참인 것으로 받아들이는 것은 p를 믿는 것이고, p를 거짓인 것으로 받아들이는 것은 p를 믿지 않는 것이다. 따라서 믿음체계 내의 믿음 p가 참인지 여부는 믿음체계 내에서 결정되는 것이 아니라, p가 실제세계에 성립하는지 여부에 의해 결정되는 것이다. 이 점에서 주목할 점은, 우리가 통 속의 뇌이든 아니면 정상적 인간이든 회의론 논증에서 우리의 현상세계 (또는 주관적 관점에서의 우리의 믿음체계)는 동일한 것으로 가정된다는 사실이다. 따라서 믿음의 참, 거짓은 현상세계 차원에서 말할 수 있는 것이 아니다. 다시 말해, 어떤 믿음 p가 참이라고 말하

---

33 퍼트넘(2002), 27-28.

는 것은 p가 실제세계에 관해 참이라는 말하는 것이다. 따라서 이른 바 '두 세계'의 구분을 토대로 한 퍼트넘 비판은 퍼트넘의 논증에 대한 적절한 비판이 될 수 없다.

나는 누군가의 이러한 주장이 문제 있다고 생각한다. 예를 들어, 나는 실제로는 통 속의 뇌이다. 즉, 실제세계에서 나는 통 속의 뇌이다. 그러나 나는 실제세계에 인지적으로 접근할 수 없기 때문에 나의 실제 모습에 대해 모른다. 이제 전기 자극을 통해 나에게 표상세계가 주어진다. 탁자가 있고, 저 멀리 나무가 있다. 이것이 퍼트넘의 "통 속의 뇌 가설"이 말해주는 바이다. 즉, 퍼트넘은 '실제세계', '표상세계'라는 단어는 사용하지 않지만, 그가 의미하는 바는 바로 실제세계에서의 통 속의 뇌, 그리고 표상세계에서의 우리들이다. 이제, 이러한 표상세계 내에서 나는 일련의 믿음체계를 형성한다. 특히, 나는 더 이상 나누어질 수 없는 물질은 존재하지 않는다고 믿는다. 이러한 믿음은 표상세계의 모습이 어떠한가에 따라 참일 수도 있고 거짓일 수도 있다. 이 믿음이 참이 되는 조건은 여럿일 수 있다. 증거가 나타날 수도, 일관적 정황이 나타날 수도, 더 이상 나누어질 수 없는 물질이 존재한다고 주장하는 과학자들 사이에서 비일관적인 진술들이 나올 수도 있다. 어떤 방식이든, 이 믿음의 참, 거짓은 표상 세계가 돌아가는 모습에 의해 결정된다. 이 믿음은 실제세계와 관련해 참, 또는 거짓이 되는 것이 아니다. 이 믿음은 표상세계의 모습이 어떠한지와 관련해 참 또는 거짓이 되는 것이다. 그리고 이 믿음은 표상세계 그 자체와는 다른 것이다. 표상세계, 그리고 우리의 믿음체계, 이 둘은 구분되어야 한다. 예를 들어, 철수와 나는 같은 표상세계 내에 있다. 물론 관점에 따른 차이는 있다. 예를 들어 내 앞의 탁자는, 나에게는 직사각형의 모양을 가진 대상으로 주어지지만, 저 옆에 있는 철수에게는 마름모의 모양을 가진 대상으로 주어질 수 있다. 이렇게 관점에 따라 달라 보이기는 하지만, 이 탁자와 관련해 그 어떤 모순도 없다. 한편 철수와 나는 서로 모순되는 믿음을 가질 수 있다. 하나가 참이라면, 다른 하나는 반드시 거짓이 되는 그러한 믿음. 예를 들어, 지구가 둥글다는 나의 믿음과 지구가 평평하다고 믿는 철수 사이에 존재하는 모순. 이렇게 모순 없는 표상세계, 그리고 모순이 가능한 믿음체계, 이 둘은 구분되어야 한다

"통 속의 뇌 가설"은 한마디로 퍼트넘식 "회의주의"이다. 따라서 만약 이 가설이 논파된다면, 회의주의도 논파된다. 퍼트넘은 "통 속이 뇌 가설"이 논파된다고 주장한다. 그는 다음과 같이 말한다.

이제 매우 어리석고도 자명한 것 같아 보이지만 (적어도 이론적으로 무장된 몇몇 철학자들의 눈에는) 정말 깊이 있는 철학적 문제로 보다 직접적으로 인도할 질문 하나를 제기하겠다. 지금까지 한 이야기가 전부 사실이라고 가정해 보라. 정말 우리가 통 속에 들어 있는 두뇌라고 한다면, 그와 같은 사실을 우리가 말하거나 생각할 수 있을 것인가? 이 질문에 대한 나의 대답은 〈아니오〉이다. 사실 나는 우리가 정말로 통 속에 있는 두뇌에 불과하다는 가정이 물리적 법칙에 위배되지 않고 우리가 경험해 온 모든 것과 전혀 모순되지는 않더라도 절대 참이 될 수 없는 가정이라고 주장하고자 한다. 왜 그것이 절대 참이 될 수 없는 가정이냐 하면 그것은 스스로를 논파하는 가정이기 때문이다.[34]

퍼트넘은 "통 속의 뇌 가설"이 절대 참이 될 수 없는 가정이라고 주장한다. 만약 퍼트넘의 주장이 옳다면, 즉 "통 속의 뇌 가설"이 절대 참이 될 수 없는 가정임이 밝혀진다면, "회의주의"도 절대 참이 될 수 없는 가정이 된다. 그런데 퍼트넘의 주장은 뭔가 이상해 보인다. 내가 영화 〈매트릭스〉를 보았을 때, 나는 그 영화가 굉장히 그럴듯하다고 생각했다. 그리고 과학자들 사이에서는 다음과 같은 가능성, 즉 우리의 표상적 세계는 미래 우리 후손들의 과학적 장난의 결과일 수 있다는 가능성이 논의되고 있다. 이러한 가능성에 대해 나는 전혀 문제를 느끼지 못하고 있다(이 점은 아랫글 '전체 스토리와 자기 반박적 문장'에서 자세히 논의될 것이다). 그런데 왜 퍼트넘은 "통 속의 뇌 가설"이 절대 참이 될 수 없는 가정이라고 주장하는가? 퍼트넘 주장의 핵심은 "통 속의 뇌 가설"이 "스스로를 논파하는 가정"이라는 것이다. 이제 "스스로를 논파하는 가정"이 무엇인지 확인하는 것이 관건이다. "스스로를 논파하는 가정"이라는 것이 정말로 불가능한 가정이라면, 그리고 "통 속의 뇌 가설"이 정말로 "스스로를 논파하는 가정"이라면, "통 속의 뇌 가설"은 폐기되어야 할 것이다. "스스로를 논파하는 가정"에 대해 퍼트넘은 다음과 같이 주장한다.

스스로를 논파하는 가정이라 함은 그것이 참이면 또한 거짓도 함축되어 있는 가정을 말한다. 예컨대 모든 일반적 진술은 거짓이다라는 명제를 생각해 보자. 이 명제 자체가 일반적인 진술이다. 따라서 그것이 참이라면 또한 거짓이 아닐 수 없다. 그러므로 그 명제는 거

---

34 퍼트넘(2002), 28-29.

짓이라는 결론이 나온다. 때로는 어떤 명제가 거짓을 함축하고 있음에도 불구하고 내심으로 생각되거나 밖으로 언표될 경우에도 〈스스로를 논파한다〉고 불린다. 예를 들어 〈나는 존재하지 않는다〉는 명제가 나(어떤 〈나〉라도 좋다)에 의하여 생각되었다면 스스로를 논파하는 격이 된다. 그리하여 (데카르트가 이미 말하였다시피) 어느 누구라도 자신의 존재에 대하여 생각할 수 있는 한, 자신이 존재하고 있음을 확인할 수 있다.

내가 지금 밝히고자 하는 바는 우리가 통 속에 들어 있는 두뇌라는 문제의 그 가정이 바로 위에서 말한 그러한 성질을 가진 가정이라는 점이다. [35]

여기서 퍼트넘은 "통 속의 뇌 가설"이 스스로를 논파하는 가정이라고 주장한다. 그리고 스스로를 논파하는 가정의 한 예로서, 〈나는 존재하지 않는다〉를 들고 있다. 내가 나의 존재에 대해 의심할 경우, 그러한 의심도 나의 존재를 전제하고 있으므로, 〈나는 존재하지 않는다〉는 스스로를 논파하는 것이다. 〈나는 존재하지 않는다〉가 스스로를 논파하는 주장인 만큼, 그만큼 "통 속의 뇌 가설"도 스스로를 논파하는 가정이라는 것이 퍼트넘의 주장이다. 왜 "통 속의 뇌 가설"이 스스로를 논파하는 가정인가? 퍼트넘은 다음과 같이 말한다.

동일한 논법에 의하여 〈통〉이라는 말은 통 속 영어로[통이라는 세계 안에서 사용되는 영어(우리의 영어와는 다르다)] 이미지 속의 통 또는 그와

---

35 퍼트넘(2002), 29–30.

관련된 어떤 것(전기 충격이나 프로그램상의 어떤 특징)을 지시하지 실재의 통을 지시하는 것이 아님은 분명하다. 통 속 영어로 〈통〉이라고 하는 것은 실재의 통과 아무런 인과관계도 가지지 않기 때문이다. (두뇌들이 들어앉을, 적어도 한 개의 특수한 통은 있어야 할 것이니 이러한 의미에서는 실재의 통과 일종의 관계를 맺고 있다고 할 수 있다. 그러한 통, 즉 두뇌가 들어앉을 통이 만약 없다면 통 속의 두뇌들은 〈통〉이라는 말을 사용할 수 없을 것이기 때문이다. 그러나 이와 같은 관계는 통 속 영어로 된 모든 말의 사용과 그 하나의 특수 통 사이의 관계이지 〈통〉이라는 개별적인 말의 사용과 실재 통과의 관계는 아니다.) 마찬가지로 〈영양액〉도 이미지 속의 액 또는 그와 관련된 어떤 것을 지시할 뿐이다. 따라서 문제의 〈가능세계〉가 정말 현실세계로 되어 우리가 실지로 통 속의 두뇌라 한다면 〈우리가 통 속의 두뇌〉라는 말로 의미하는 바는 우리가 이미지 속의 통에 들어 있는 두뇌라는 것일 것이다. 그러나 우리가 이미지 속의 통에 든 두뇌가 아니라는 점도 우리는 통 속의 두뇌라는 가정의 일부를 차지한다. (다시 말하여 우리가 지금 〈환각을 일으키고〉 있는 것이 우리는 통 속의 두뇌라는 사실은 아니다.) 따라서 우리가 만일 통 속의 두뇌라 한다면 〈우리는 통 속의 두뇌이다〉라는 문장은 거짓이다. 따라서 그 문장은 (필연적으로) 거짓이다. [36]

"통 속의 뇌 가설"이 스스로를 논파하는 가정이라는 퍼트넘 주장의 핵심을 이루는 것은 다음과 같은 사실이다. 만약 우리가 통 속의 뇌라면, 〈우리는 통 속의 두뇌이다〉라는 문장은 필연적으로 거짓이다.

---

36 퍼트넘(2002), 40-41.

우리가 통 속의 뇌라면, 우리가 〈우리는 통 속의 두뇌이다〉라는 문장을 생각하거나 발화할 때, 우리는 〈통〉이라는 단어로 이미지 상의 통을, 〈두뇌〉라는 단어로 이미지 상의 두뇌만을 지칭할 수 있지, 실제의 통과 두뇌를 지칭함에 있어 실패함으로써 〈우리는 통 속의 두뇌이다〉라는 문장이 필연적으로 거짓이 되기 때문이다.

지금까지의 퍼트넘 논증을 정리하면 다음과 같다. 〈우리는 통 속의 두뇌이다〉라는 문장은 스스로를 논파하는 문장이며 따라서 필연적으로 거짓인 문장이다. 따라서 "통 속의 뇌 가설" 역시 스스로를 논파하는 가설이다. 그리고 "통 속의 뇌 가설"은 퍼트넘식 "회의주의"이므로, "통 속의 뇌 가설"이 논파된다면 "회의주의"도 논파된다.

전체 스토리와 자기 반박적 문장

퍼트넘의 논증은 두 가지 서로 다른 시점을 포함하고 있다. "통 속의 뇌 가설" 전체는 전지적 시점(사악한 과학자의 시점)과 1인칭 시점(우리의 시점)을 동시에 포함한다. 전지적 시점으로 보았을 때, 그 가설에는 통 속에 든 뇌가 있고, 그 뇌에 컴퓨터가 연결되어 있다. 이것이 실제적 외부세계이다. 이제 컴퓨터가 뇌에 전기자극을 줄 때, 1인칭 시점이 형성된다. 그 1인칭 시점을 가진 우리들은 무언가를 보고 듣고, 서로 대화한다. 이것이 표상적 외부세계이다. 퍼트넘의 논증은 전지적 시점을 전제하며, 그러한 전지적 시점하에서 우리는 통 속의 뇌들이다. 퍼트넘의 논증은 1인칭 시점도 전제하며, 그러한 1인칭 시점하에서 우리는 사지 멀쩡한 사람들이다. 그리고 우리가 〈우리는 통 속의 뇌이다〉라고 발화하면 우리는 스스로를 논파하는 주장을 하는 것이다.

　이제 스스로를 논파하는 가정이라는 퍼트넘의 주장과 관련해 다음과 같은 스토리를 상상해 보자. 우리는 통 속의 뇌이다. 사악한 과학자가 컴퓨터로 우리에게 표상적 외부세계를 제공하고 있다. 우리는 그 세계에 갇혀서, 우리의 실제 모습을 알지 못한 채, 서로 대화하고 어떤 행동을 한다. 그 표상적 외부세계에서 어떤 사람이 스스로를 논파하는 문장을 발화한다. 예를 들어, 어떤 사람이 다음과 같이 말한다. 〈나는 존재하지 않는다.〉 이러한 스토리를 상상해 보고, 이제 어떤 결론이 주어지는지 살펴보자. 우선 전체 스토리와 그 스토리의 한 요소를 이루는 〈나는 존재하지 않는다〉라는 문장을 살펴보자. 퍼트넘의 말처럼 〈나는 존재하지 않는다〉라는 문장은 스스로를 논파하는 문장으로 보인다. 그러나 이 전체 스토리는 어떠한가? 위에서 말한 전체 스토리가 스스로를 논파하는 것으로 보이는가? 〈나는 존재하지 않는다〉라는 문장이 스스로를 논파하는 문장이라고 해서, 위에서 말한 전체 스토리가 스스로를 논파하는 것인가? 그렇지 않아 보인다. 만약 위의 문장이 스스로를 논파하는 문장이기 때문에 전체 스토리도 스스로 논파되는 것이라면, 퍼트넘의 저작 『이성, 진리, 역사』도 스스로를 논파하는 책이 된다. 그 책에 〈나는 존재하지 않는다〉라는 문장이 스스로를 논파하는 문장의 예로 제시되기 때문이다. 그 책에 이 문장이 쓰여 있다. 물론 전체 스토리에서 누군가가 〈나는 존재하지 않는다〉라고 발화하면, 그는 스스로를 논파하는 주장을 하고 있는 것이다. 그러나 전체 스토리의 일부를 차지하는 〈나는 존재하지 않는다〉라는 문장이 스스로를 논파하는 문장이라고 해서 전체 스토리가 스스로를 논파하는 것은 아니며, 반드시 그럴 필요도 없다.

이제 퍼트넘의 "통 속의 뇌 가설"을 살펴보자. 전체 스토리는 전지적 시점과 1인칭 시점, 이 두 시점을 포함하고 있다. 1인칭 시점에 갇혀 있는 우리는, 만약 우리가 〈우리는 통 속의 뇌이다〉라는 문장을 발화하면, 필연적으로 거짓 발언을 하는 것이다. 그러나 〈우리는 통 속의 뇌이다〉라는 문장이 스스로를 논파하는, 그래서 필연적으로 거짓인 그러한 발언이라는 사실로부터 "통 속의 뇌 가설" 전체가 스스로를 논파하는 가정이라고 할 수 없다. 〈나는 존재하지 않는다〉라는 문장을 포함하는 그 어떤 스토리도 스스로 논파되지 않는 것처럼, 〈우리는 통 속의 뇌이다〉라는 문장을 포함하고 있는 그 어떤 스토리도 그 자체만으로는 스스로 논파되지 않는다. 스스로 논파되는 것은, 〈우리는 통 속의 뇌이다〉라는 발화이지 퍼트넘이 제기한 "통 속의 뇌 가설" 전체는 아닌 것이다. 영화 〈매트릭스〉를 보면서, 〈말도 안 돼!〉라고 하지 않고, 〈아! 저럴 수도 있겠구나〉하는 우리의 느낌은 어디서 기인하는가? 이 점이 퍼트넘의 오류이다. 퍼트넘은 〈우리는 통 속의 뇌이다〉라는 문장이 스스로를 논파하는 문장이라는 사실로부터 출발해(이것은 인정할 수 있는 주장이다), "통 속의 뇌 가설" 전체가 스스로를 논파하는 가정이라고 결론 내린다.[37] 그러나 이러한 결론은 잘못된 것이다. 〈우리는 통 속의 뇌이다〉라는 문장이 스스로를 논파하는 문장이라는 사실로부터 "통 속의 뇌 가설" 전체가 스스로를 논파하는 가정이라는 사실이 따라 나오지 않는다. 〈나는 존재하지 않는다〉라는 문장을 포함하는 퍼트넘의 저작이 스스로를 논파하는 책이 아닌

---

37 내가 지금 밝히고자 하는 바는 우리가 통 속에 들어 있는 두뇌라는 문제의 그 가정이 바로 위에서 말한 그러한 성질[스스로를 논파하는 성질]을 가진 가정이라는 점이다.(퍼트넘(2002), 30.)

것처럼 말이다. 결론적으로 "통 속의 뇌 가설"은 일관적이다. 오직 문제가 되는 것은 "통 속의 뇌 가설" 전체가 아닌, 〈우리는 통 속의 뇌이다〉라는 문장일 뿐이다. 이 부분에서 퍼트넘은 오류를 범하고 있다. [38]

퍼트넘의 주장과 달리, "통 속의 뇌 가설" 전체가 문제를 일으키는 것은 아니다. 영화 〈매트릭스〉가 스스로 논파되는 스토리가 아닌 것처럼 말이다. 그런데 퍼트넘은 "통 속의 뇌 가설"을 일종의 회의주의로 설정한 다음, 이 가설 전체가 논파된다면 회의주의도 논파된다고 보고 있다. 그러나 이 가설 전체가 논파되는 것이 아니므로, 회의주의 역시 논파되지 않는다고 해야 한다. 퍼트넘의 의도와는 달리 말이다. 여기서 오직 문제가 되는 것은 〈우리는 통 속의 뇌이다〉라는 문장일 뿐이다.

"통 속의 뇌 가설" 전체는 일관적이다. 이 가설이 일관적이므로 회의주의도 일관적이다. 여기까지는 문제가 없어 보인다. 따라서 이제부터는 "통 속의 뇌 가설" 전체는 온전한 것으로 놓아두고, 오직 〈우리는 통 속의 뇌이다〉라는 문장만을 대상으로 분석을 진행하자. 이 문장은 정당하게 주장될 수 있는가? 이 문장의 참, 거짓과 관련해, 다음과 같은 세 가지 가능성이 있다. 첫 번째 가능성은 회의주의자들의 입장이다. 그들에 따르면 〈우리는 통 속의 뇌이다〉라는 문장은 참이다(사실 회의론자들은 이렇게 주장하지 않는다. 그들은 다음과 같이 주장한다. 이 문장은 참일 수 있다. 이것이 퍼트넘, 그리고 회의주의자, 이 둘의 차이이다. 회

---

[38] "사실 나는 우리가 정말로 통 속에 있는 두뇌에 불과하다는 가정이 물리적 법칙에 위배되지 않고 우리가 경험해 온 모든 것과 전혀 모순되지는 않더라도 절대 참이 될 수 없는 가정이라고 주장하고자 한다."(퍼트넘(2002), 29.)

의주의자들은 우리가 통 속의 뇌일 수 있다고 주장한다. 반면, 퍼트넘은 이렇게 완곡하게 주장하지 않는다. 그는, 필연적으로, 우리는 통 속의 뇌가 아니라고 주장한다). 두 번째 가능성은 나의 입장인데, 이 입장에 따르면, (1) 우리가 전지적 시점을 취할 수 있다면, 이 문장이 참인지, 거짓인지 판단 가능하지만, (2) 우리가 1인칭 시점만을 취할 수 있다면, 우리는 이 문장이 참인지, 거짓인지 알 수 없다. 세 번째 가능성은 퍼트넘의 입장이다. 이 입장에 따르면, 이 문장은 필연적으로 거짓이다. 따라서 다음과 같은 문장은 (필연적으로) 참이다: 〈우리는 통 속의 뇌가 아니다〉.

이 글의 최종 결론과 관련해, 이 지점에서 다음과 같은 누군가의 주장을 상상해 보는 것이 도움이 될 것 같다.

물론 어떤 사람이 〈나는 존재하지 않는다〉고 말할 수 있다. 그러나 이 점은 전혀 논란거리가 아니다. 문제는 그 사람이 이 문장을 정당하게 주장할 수 있는지 여부이다. 마찬가지로, 회의론자도 〈우리는 통 속의 뇌이다〉라고 말할 수 있다. 이 점도 논란거리가 아니다. 문제는 회의론자가 이 회의론 가설을 정당하게 주장할 수 있는지 여부이다. 퍼트넘이 주장하고자 하는 바는, 회의론자가 〈우리는 통 속의 뇌이다.〉라는 회의적 가설을 정당하게 주장할 수 없다는 것이다.

이것은 입증 책임의 문제이다. 본 글에서 나는 〈우리는 통 속의 뇌이다〉라는 문장이 참이라고 주장하지 않는다. 만약 어떤 회의주의자가 이 문장을 발화한다면, 그에게 입증 책임이 돌아갈 것이고, 그는 그 입증에 실패할 것임을 나는 확신한다. 따라서 첫 번째 가능성은 배제된다. 한편 퍼트넘이 이 문장에 대해 그것이 필연적으로 거짓이라 주장한다면, 그리고 다음 글에서 자세히 살펴볼 것이지만, 이 문장이 표상세계에 대해서 뿐만 아니라 실제세계에 대해서도 필연적으로 거짓이라고 주장한다면, 입증 책임은 퍼트넘에게 주어진다. 그리고 역시 다음 장에서 자세히 살펴볼 것이지만, 입증의 책임을 다함에 있어 퍼트넘은 실패하게 된다. 따라서 세 번째 가능성도 배제된다. 즉, 우리가 실제세계에서 통 속의 뇌일 수 없다는 퍼트넘의 주장은 절대 정당화될 수 없다. 결론은 간단하다. 나는 〈우리는 통 속의 뇌이다〉라는 문장이 실제세계에 대해 참이라고도, 거짓이라고 주장하지도 않는다. 그냥 알 수 없다는 것이 나의 주장이다. 이제 이 문제에 대해 좀 더 분석적으로 살펴보자.

시점의 이동

퍼트넘은 〈우리는 통 속의 뇌이다〉라는 문장이 스스로를 논파하는 문장이라는 사실로부터, 이 문장이 포함되어 있는 전체 스토리도 스스로를 논파하는 것이라는 잘못된 결론을 내렸다. 여기에서 퍼트넘은 오류를 범하고 있다. 그런데 전체 스토리가 논파되는 것은 아니라 하더라도, 만약 〈우리는 통 속의 뇌이다〉라는 문장이 스스로를 논파하는 문장이라면, 그래서 필연적으로 거짓인 문장이라면, 우리는 통 속의 뇌가 아닌 것 아닌가? 이제 이 문제를 살펴보도록 하자. 여기에 복잡한 사정들이 포함되어 있다.

퍼트넘이 "통 속의 뇌 가설"에 대해 설명하는 동안, 그는 본인에게 세 번의 시점 이동을 허용하고 있다. 첫째, "통 속의 뇌 가설"의 출발점에서 그는 전지적 시점을 가진다. 그는 실제세계와 표상세계 모두를 관찰하며 그 가설을 설명하고 있다. 이러한 시점 하에서, 우리는 알 수 있다. 우리가 통 속의 뇌인지, 아닌지. 여기까지는 전혀 문제가 없다. 그 다음, 이 가설이 스스로를 논파하는 가설임을 주장할 때, 퍼트넘은 오직 1인칭 시점만을 허용한다. 이러한 시점 하에서 우리는 우리가 실제로 통 속의 뇌인지 아닌지 알 수 없다. 그리고 이러한 시점하에서 확실한 것은, 표상세계에서 우리는 통 속의 뇌가 아니라는 것이다. 여기까지도 아무런 문제가 없다. 그러나 퍼트넘은 여기서 멈추지 않는다. 그는 〈우리는 통 속의 뇌이다〉라는 문장이 자기 반박적이라는 사실에 주목해, 다시 시점을 전환한다. 우선 그는 1인칭 시점하에서, 표상세계에 대해 어떤 사실을 확인한다. 즉 우리가 표상세계에서 통 속의 뇌가 아니라는 것. 그런데 그는 이러한 사실로부터, 다시 전지적 시점을 취해 우리가 실제세계에서도 통 속의 뇌가 아니라고 결론짓는다. 이것은 따져봐야 할 문제이다. 표상세계에 대해 확인된 사실(우리는 통 속의 뇌가 아님)을 실제세계에도 적용할 수 있는가의 문제.

퍼트넘은 우리가 1인칭 시점에 고정된 존재라는 사실에 근거해 〈우리는 통 속의 뇌이다〉라는 문장이 필연적으로 거짓인 문장이라고 주장하며, 그런 의미에서 우리는 (실제세계에서) 통 속의 뇌가 아니라고 주장한다. 여기서 다음과 같은 누군가의 가상적 논평을 소개하는 것이 필요해 보인다.

필자의 주장에 따르면, 퍼트넘은 우리가 1인칭 시점에 고정된 존재라는 사실에 근거해 〈우리는 통 속의 뇌이다〉라는 문장이 필연적으로 거짓이라고 주장한다. 그러나 이것은 전혀 사실이 아니다. 퍼트넘의 논증은 거칠게 표현하면 다음과 같다.

우리가 통 속의 뇌가 아니라면, 〈우리는 통 속의 뇌이다〉라는 회의론자의 주장은 참이 아니다. 반면 우리가 통 속의 뇌라면, 〈우리는 통 속의 뇌이다〉라는 회의론자의 주장은 지칭의 인과적 제약조건 때문에 그가 의도하는 바의 명제를 표현하지 못한다. 따라서 정당하게 주장할 수 없다.

지칭의 인과적 제약조건에 따르면, 한 용어는 한 대상을 그 용어와 그 대상 사이에 적절한 인과적 연결이 있는 한에서만 지칭할 수 있다. 따라서 우리가 실제로 통 속의 뇌라면, 우리의 용어 "통 속의 뇌"는 통 속의 뇌를 지칭하지 못한다. 양자 사이에 적절한 인과적 연결이 없기 때문이다. 요컨대 퍼트넘 논증의 핵심은 지칭의 인과적 제약조건에 있지, 우리가 1인칭 시점에 고정된 존재라는 데 있지 않다. 다시 말해, 지칭의 인과적 제약조건에 근거한 퍼트넘의 논증은 "전지적 시점을 허용했다가, 거부했다가, 다시 허용했다가를 반복"하는 그런 논증이 결코 아니다.

이 주장에서의 핵심은 지칭의 인과적 제약조건, 그리고 우리가 1인칭 시점에 고정된 존재라는 것, 이 둘은 서로 다르다는 것이다. 그러나 나는 이렇게 묻고 싶다. 우리가 1인칭 시점에 고정되지 않는다면, 그래서 우리가 전지적 시점을 갖게 된다면, 지칭의 인과적 제약문제가 발생할까? 만약 우리가 퍼트넘의 "통 속의 뇌 가설"에서의 사악한 과학자라면, 그래서 전지적 시점을 가진다면, 내가 '통'이라는 단어로 통을, '뇌'라는 단어로 뇌를 지칭함에 있어 어떤 문제가 발생하는가? 특히 우리가 1인칭 시점에 고정되어 있다는 것은 지칭 실패의 필요, 충분조건이다. 다음의 조건문들이 보여주듯이 말이다.

(1) −1인칭 시점 고정 → −지칭실패
(2) 1인칭 시점 고정 → 지칭실패

이렇게 퍼트넘은 우리가 1인칭 시점에 고정된 존재라는 사실에 근거해 〈우리는 통 속의 뇌이다〉라는 문장이 필연적으로 거짓인 문장이라고 주장한다. 그러나 1인칭 시점만을 허용한다 해도, 우리가 우리의 실제 모습이 어떠한지 알 수 없을 뿐이지, 우리가 통 속의 뇌가 아님이 증명되는 것은 아니다. 알 수 없다는 것이 그렇지 않음을 함축하는 것은 아니다. 마찬가지로 전지적 시점을 허용해도 같은 결론이 나온다. 이 경우 우리는 우리가 통 속의 뇌인지 아닌지 알 수 있을 뿐이지, 통 속의 뇌가 아님이 증명되는 것은 아니다. 전지적 시점을 허용해도, 혹은 오직 1인칭 시점만을 허용해도, 그 어떤 경우라도, 우리가 통 속의 뇌가 아님이 증명되지는 않는다.

전지적 시점을 허용하면, 우리가 통 속의 뇌인지, 아닌지 알 수 있을 뿐이며, 1인칭 시점만을 허용하면, 우리가 통 속의 뇌인지, 아닌지 알 수 없을 뿐이다. 그 어떤 시점을 허용한다 하더라도, 우리가 통 속의 뇌가 아님이 증명되는 경우는 없다. 그런데 왜 퍼트넘은 우리가 통 속의 뇌가 아님이 증명되었다고 생각할까?

이에 대해 나는 다음과 같이 생각한다. 그 이유는, 퍼트넘이 잘못된 분석을 가하고 있기 때문이다. 그러한 잘못된 분석이란 다음과 같은 것이다: 퍼트넘은 시점을 이동시키면서 표상세계에 대해 확인된 사실을 그대로 실제세계에도 적용시키고 있다는 것. 〈우리는 통 속의 뇌이다〉라는 문장이 필연적으로 거짓이라고 할 때, 우리는 다음과 같은 두 가지 가능성을 모두 고려해야 한다: 1) 이 문장은 표상세계에 대해 필연적으로 거짓이다, 2) 이 문장은 실제세계에 대해 필연적으로 거짓이다. 퍼트넘은 시점을 이동시키면서 표상세계에 대해 확인된 사실, 즉 〈우리는 통 속의 뇌이다〉라는 문장이 표상세계에서 필연적으로 거짓이라는 사실로부터 부당하게도 위의 문장이 실제세계에 대해서도 필연적으로 거짓이라는 잘못된 결론을 도출하고 있다. 이제 이 문제를 살펴보도록 하자.

두 세계

〈우리는 통 속의 뇌이다〉가 필연적으로 거짓인 문장이라고 해 보자. 따라서 이 문장의 부정이 참이다. 즉, 필연적으로, 우리는 통 속의 뇌가 아니다. 이것이 퍼트넘이 증명하고자 한 것이다. 그런데 퍼트넘의 논증에서 정말로 증명되는 것이 무엇인지를 살펴보아야 한다. 두 가지 가능성이 있다. 첫째, 우리는 표상세계에서 통 속의 뇌가 아니라는 것, 둘째, 우리는 실제세계에서 통 속의 뇌가 아니라는 것. 이 둘 중 어떤 것이 증명되었는가?

퍼트넘이 설정해 놓은 "통 속의 뇌 가설"을 살펴보자. 이 가설에는 두 세계, 두 시점이 설정되어 있다. 하나는 실제세계로서 전지적 시점을 취해야만 이 세계를 관찰할 수 있다. 다른 하나는 표상세계로서 이 세계의 거주자들은 1인칭 관점만을 취할 수 있다. 이제 표상적 세계의 거주자인 우리들은 만약 우리가 〈우리는 통 속의 뇌이다〉라고 발화하면, 우리는 스스로를 논파하는 주장을 하고 있는 셈이 된다.

우리는 표상적 세계에 갇혀 있는 존재로서 통 속의 뇌가 아니기 때문이다. 따라서 〈우리는 통 속의 뇌이다〉가 필연적으로 거짓이라면, 그것은 표상적 세계에 대해 그러한 것임은 분명하다. 그런데 실제적 세계에 대해서는 어떠한가? 실제세계에 대해서도 〈우리는 통 속의 뇌이다〉라는 문장은 필연적으로 거짓인가? 전혀 그렇지 않다. 왜냐하면 우리가 1인칭 시점만을 취한다면, 우리는 우리가 실제세계에서 어떤 모습을 가지고 있는지 알 수 없을 뿐이며, 우리가 전지적 시점을 가질 수 있다면, 우리는 우리의 실제 모습을 알 수 있을 뿐이기 때문이다. 실제세계에서 우리는 정말 통 속의 뇌일 수 있는 것이다. 1인칭 시점을 취하든, 전지적 시점을 취하든, 우리가 실제세계에서 통 속의 뇌가 아님이 증명되는 일은 없다.

어쩌면 퍼트넘은 우리가 표상세계에서만큼은 정말로 통 속의 뇌가 아님을 증명했다고 할 수 있다. 실제세계에서 우리가 어떠한지는 알 수 없지만, 적어도 우리가 표상세계에서만큼은 통 속의 뇌가 아님을 그가 증명했다고 할 수 있을지 모르겠다. 그러나 이러한 증명이 왜 필요한가? 표상세계에서 우리가 통 속의 뇌가 아님을 부정하는 사람이 있는가? 따라서 그의 의도를 살리고자 한다면, 그가 증명하려고 한 것은 다음과 같은 것이라고 해야 한다. 즉, 우리가 실제세계에서도 통 속의 뇌가 아니라는 것. 그러나 퍼트넘의 논증을 살펴보면, 우리가 표상적 세계에서 통 속의 뇌가 아님은 증명되는 것으로 보이나, 실제세계에서도 역시 통 속의 뇌가 아님은 증명되지 않는 것으로 보인다. 전지적 시점을 취하면, 우리는 실제세계에서 우리가 통 속의 뇌인지 아닌지 확인할 수 있다. 여기까지는 아무런 문제가 없다. 다음으로, 우리가 1인칭 시점만을 취하면, 우리는 표상세계에서 통 속의 뇌일 수 없다. 이 점은 분명하며, 여기까지도 아무런 문제가 없다. 여기서 멈춘다면 아무런 일도 발생하지 않는다. 그러나 퍼트넘은 여기서 멈추지 않는다. 그는 다시 전지적 시점을 취해 우리가 실제세계에서도 통 속의 뇌일 수 없다는 결론을 내린다. 표상세계에서 확인된 사실을 실제세계에 적용시키고 있는 것이다. 이렇게 시점을 전환해가면서 서로 다른 두 세계에 대해, 한 세계에서 확인된 사실을 다른 세계에도 적용시키는 것, 이것이 퍼트넘의 오류이다.

전지적 시점을 취하면, 실제세계에서 우리가 어떤 모습을 가지고 있는지 우리는 확인할 수 있다. 거기서 우리는 통 속의 뇌일 수 있다. 1인칭 시점만을 취하면, 우리는 표상세계에서 우리가 통 속의 뇌가 아님은 확인할 수 있지만, 실제세계에서 우리가 어떤 모습을 가지고 있는지 알 수 없다. 여기까지는 아무런 문제가 없다. 그러나 퍼트넘은 여기서 멈추지 않고 표상세계에서 다시 실제세계로 넘어간다. 그러는 동안 그는 표상세계에서 확인된 사실, 즉 우리가 통 속의 뇌가 아니라는 사실로부터 부당하게 우리가 실제세계에서도 통 속의 뇌가 아니라고 결론 내린다. 이 점이 퍼트넘의 잘못이다.

결론: 문제의 근원

퍼트넘은 우리가 통 속의 뇌가 아님을 증명하고자 하지만, 그 증명을 위한 논증을 펼침에 있어 실패한다. 그런데 퍼트넘은 왜 우리가 통 속의 뇌가 아님을 증명하고자 하는가? 나는 퍼트넘이 혼동을 하고 있다고 생각한다(그리고 이것은 칸트도 마찬가지라고 생각한다[39]). 퍼트넘과 칸트는 우리의 믿음체계의 신뢰성을 확보하려고 한다. 그 출발

점은 다음과 같은 세 개의 차원을 구분하는 것이다. 첫째, 실제세계, 둘째, 표상세계, 셋째, 믿음체계. 퍼트넘의 "통 속의 뇌 가설"이 바로 이렇게 설정되어 있다. 그러나 이들의 최종 결론을 보면, 실제세계가 빠지고 오직 두 개의 차원만 남는다. 즉, 표상세계와 믿음체계. 그리고 이들은 표상세계와 우리 믿음체계 사이의 관계에 관해 일종의 안경 이론을 제시한다. 즉, 표상세계와 우리 믿음체계가 대응하는 방식은, 우리 믿음체계가 표상세계를 거울처럼 비추는 것이 아니라, 우리의 믿음체계를 형성하는 개념틀에 의해 표상세계가 우리에게 (구부러진 방식으로) 주어진다는 것. 안경을 벗으면, 우리는 세계를 볼 수 없다. 안경을 써야만 세계를 볼 수 있다. 그러나 안경은 빛을 구부러뜨린다. 그 유비적 안경은 개념틀, 인간공동체, 그 공동체의 역사, 이론 등으로 이해된다. 어쨌든, 이 경우, 우리 믿음체계와 세계의 관계는, 믿음체계–실제세계가 아니라, 믿음체계–표상세계이다. 출발은 세 차원의 구별이었는데, 그 끝은 두 차원의 관계이다. 왜 이런 일이 발생했는지는 알 수 없지만, 어쨌든 오류임에는 분명하다. [40]

---

39 이제 우리가 본 것처럼 칸트는 다음과 같이 주장한다. '우리 밖' 혹은 '외재적'이라는 문구는 실제로 완전히 서로 다른 두 가지 의미로 사용된다. 그리고 이 두 가지 의미 중 칸트가 '초월적' 의미라고 부르는 그러한 의미와 관련해 […] 칸트가 다음과 같이 주장한 것, 즉 공간을 차지하는 사물들 things to be met with in space은 이러한 의미에서[초월적 의미에서] '외재적'인 것은 아니라고 주장한 것은 악명 높다. […] 만약 '외재적'이라는 문구가 이런 의미로 사용된다면, 그렇다면 "두 마리의 개가 존재한다"라는 명제로부터 어떤 [초월적으로] 외재적 사물이 있다는 명제는 따라 나오지 않는다. […] 그러나 다른 의미, 즉 칸트에 따르면 '외재적'이라는 단어가 통상적으로 사용되는 그러한 의미, 칸트가 '경험적으로 외재적인'이라고 불렀던 그러한 의미에서의 외재성은 어떠한가?(Moore(2013), 159.)

40 "내가 옹호하게 될 관점은 이름 짓기가 애매하지 않은 것은 아니다. 이 관점은 철학사에서 최근에 도달한 것이며, 오늘날에도 그것은 그것과는 꽤 다른 종류의 관점들과 계속 혼동되고 있다. 나는 이 관점은 내재적(internalist) 관점이라고 부르게 될 텐데, 그 이유는 어떤 대상들로 세계가 구성되어 있는가는 어떤 이론 또는 기술 내에서만 의미 있는 물음이 될 수 있다는 주장이 이 관점의 특징이기 때문이다.(Putnam(1981), 49)", 이상원, "내재적 실재론과 비실재론", 『철학논집』,

나는 실제세계의 가능성, 즉 우리가 실제로 통 속의 뇌일 가능성
이 배제될 수 없다고 생각한다. 그 세계에 대한 우리의 인지 가능성
에 대해 이야기 하자면, 우리는 그 세계에 대해 그냥 모르는 것이다.
영화에서처럼 약을 먹어 실제세계로 가면 전지적 시점을 확보함으로
써 우리는 알 수 있다. 우리가 실제로 어떤 모습인지. 그러나 표상세
계에 갇혀 있는 동안은, 우리가 실제로 어떤 모습을 가지고 있는지
알 수 없다. 어떤 경우든, 우리가 실제로 통 속의 뇌가 아님은 증명될
수 없다. 이런 의미에서 나는 회의론이 옳다고 생각한다. 그러나 이
러한 회의론 문제와 우리 믿음체계의 안정성 문제는 구분되어야 한
다. 우리 믿음체계의 안정성 문제는, 실제세계가 어떤 모습을 가지는
가에 의해 결정되는 것이 아니라, 표상세계의 모습이 어떠한가에 의
해 결정된다. 따라서 우리 믿음체계의 안정성 문제를 따질 경우, 우
리는 오직 표상세계만을 대상으로 탐구해야지, 실제세계에 대해 무
언가를 얻어내려 해서는 안 된다. 특히, 나는 우리가 실제세계를 상
정하지 않고 오직 표상세계만 상정하더라도, 우리의 인식적 삶과 도
덕적 삶에 아무런 문제도 발생하지 않는다고 생각한다. 표상세계에
서 저기 갈색의 탁자가 보이면, 나는 "저 탁자는 갈색이다"라는 믿음
을 정상적으로 형성한다. 표상세계에서 어떤 여자가 가는 장소마다
자꾸 변기를 바꾼다면, 나는 "저 여자는 미쳤다"라는 믿음을 정상적
으로 형성한다. 실제세계(거기서 그녀는 통 속의 뇌이다)가 나의 믿음에 그
어떤 영향도 미치지 못한다. 나의 정상적 인식 상태는 표상세계가 돌
아가는 모습에 의해, 그 믿음이 정당화되기도 하고 그렇지 않기도 한

2013, 225에서 재인용.

것이다. 도덕적 삶도 마찬가지이다. 신상규의 논문에서 다음과 같은 주장을 참고하면 좋을 것이다. "인격성이나 도덕성과 같은 가치들은 〈매트릭스〉 내부에서도 여전히 유효한 가치이며, 〈매트릭스〉의 가상성은 그러한 가치를 훼손시키지 않[는다.]"[41] 여기서도 마찬가지이지만, 우리의 도덕적 삶 역시 실제세계가 어떠함에 의해 정당화되는 것이 아니라, 표상세계가 어떠함에 의해 정당화되는 것이다. 한마디로, 우리가 무언가를 인식하며 살아가는데 있어, 또 우리가 도덕적인 삶을 꾸려 가는데 있어 실제세계라는 무언가를 상정하는 것은 큰 도움이 되지 않는다. 물론 그러한 실제세계는 하나의 가능성으로 생각될 수 있으며, 그러한 가능성이 철학적으로 탐구되는 것은 옳지만 말이다. 결론은 이렇다. 실제세계, 표상세계, 믿음체계, 이 세 차원을 구분하는 것은 철학적으로 의미 있는 일이지만, 우리 믿음체계의 안정성, 우리의 도덕적 삶 등과 관련해서는 오직 표상세계만을 상정해야지 실제세계를 개입시키는 것은 문제를 일으킨다는 것이다. 회의주의의 구도, 그리고 인식의 정당성 문제(여기에는 도덕적 정당성의 문제도 포함되겠다), 이 둘을 혼동함으로써 퍼트넘은 잘못된 결론을 내리고 있는 것이다.

퍼트넘의 통 속의 뇌 논증이 이러한 문제점을 가지고 있다는 사실로부터 우리는 다음과 같은 결론을 내릴 수 있다. "통 속의 뇌 가설"은 스스로를 논파하는 가설이 아니다. 그것은 일관된 스토리이다. 그런데 "통 속의 뇌 가설"은 회의주의라는 철학적 입장이 보여주고 있는 전형적 스토리 중 하나이다. 따라서 "통 속의 뇌 가설"이 논파된

41　신상규(2006), 268.

다면, 회의주의도 논파된다. 하지만 지금까지 본 것처럼, "통 속의 뇌 가설"은 일관된 스토리이며, 따라서 논파되지 않는다. 그렇다면 우리는 최종적으로 다음과 같은 결론을 내릴 수 있다. 회의주의는 여전히 살아 있다.

<u>9</u>

퍼트넘의 통 속의 뇌 논증 비판 II
– 세 개의 차원

퍼트넘은 자신의 "통 속의 뇌 논증"을 통해 우리가 통 속의 뇌일 수 없음을 증명하고자 한다. 필자가 보기에 이 논증은 실패한다. 그런데 이 논증이 실패함을 보려면, "통 속의 뇌 가설"이 어떻게 설정되어 있는지를 자세히 분석해야 한다("통 속의 뇌 논증"은 퍼트넘이 "통 속의 뇌 가설"을 반박함으로써, 우리가 통 속의 뇌일 가능성을 제거하고자 하는 그러한 논증이다. 이 책에서는 "통 속의 뇌 논증"과 "통 속의 뇌 가설"을 주의해서 구분해야 한다). 필자는 이 논증에 세 개의 차원이 설정되어 있다고 생각한다. "가능세계"와 "현실세계", 그리고 "믿음체계", 이 셋이 그것이다.

이 글에서 필자는 세 가지 논증을 펼치고자 한다. 첫째, "통 속의 뇌 논증"에는 세 개의 차원, 즉 "가능세계", "현실세계", "믿음체계", 이 세 차원이 설정되어 있다는 것, 둘째, "가능세계"에 대한 그 어떠한 것도 우리가 알 수 없다는 점, 다시 말해 "가능세계"에 대한 그 어떤 판단도 참이거나 거짓이 아니라는 점, 셋째, 만약 통 속의 뇌 가설에 두 개의 차원만 설정되어 있다고 생각하면, 퍼트넘의 논증, 즉 우리가 통 속의 뇌일 수 없음을 보이고자 하는 논증이 왜 실패하는지를 찾아낼 수 없다는 것이다.

퍼트넘의 통 속의 뇌 논증에는 세 개의 차원이 설정되어 있다. 그리고 이렇게 설정되어 있다고 볼 때만이 우리는 퍼트넘의 반-회의주의 논변이 왜 실패하는지를 알 수 있다. 이제 이 논증들 각각을 차례로 살펴보도록 하자.

통 속의 뇌 가설

"통 속의 뇌 논증"을 통해 퍼트넘은 우리가 통 속의 뇌일 수 없음을 증명하고자 한다. 의심이 생긴다. 왜 퍼트넘은 이러한 것을 증명하려고 할까? 우리는 모두 우리가 통 속의 뇌가 아님을 알고 있다. 누군가가 자신이 통 속의 뇌라고 주장한다면, 우리는 그를 정신병자라고 생각할 것이다. 이렇게 자명한 것을 퍼트넘은 왜 증명하고자 할까? 그 이유는 철학사에서 찾아야 한다. 적어도 데카르트까지 거슬러 올라가는 철학적 사조 중 하나로서의 회의주의가 바로 이러한 가능성, 즉 우리가 실제로는 통 속의 뇌일 수 있음을 주장하기 때문이다. 퍼트넘은 바로 이러한 가능성을 논파하고 싶어 한다. 그에 따르면 우리는 통 속의 뇌일 수 없다. 이제 이러한 퍼트넘의 논증이 성공적인지 살펴보자. 필자는 이 논증이 실패로 돌아간다고 생각한다. 이 논증이 왜 실패하는지 이해하기 위해 우선 퍼트넘의 "통 속의 뇌 가설"이 무엇인지부터 살펴보자. 퍼트넘은 자신의 저서 『이성, 진리, 역사』에서 다음과 같이 말한다.

두뇌 하나가 아니라 모든 인간(또는 아마도 모든 감각 기능을 가진 생물)이 통 속에 들어 있는 두뇌(〈감각〉이라는 최소한의 신경 조직만 가진 생물의 경우에는 신경 조직)라고 상상할 수도 있다. […] 우주는 온통 두뇌와 신경 조직으로 가득 찬 통만을 만들어내는 자동 기계로 구성되어 있는지도 모른다.

이번에는 그 자동 기계가 우리로 하여금 서로 연관성 없이 각각 분리되어 있는 환각들이 아니라 하나의 집단적인 환각을 일으키도록 만들어져 있다고 상상해 보자. 그리하여 내가 당신에게 말하고 있는 것처럼 내 스스로에게 보일 때, 당신에게는 당신이 나의 말을 듣고 있는 것처럼 보인다. 물론 이때 나의 말이 당신의 귀까지 실지로 다다르는 것은 아니다. 왜냐하면 당신에게는 실지로 귀가 없고 나에게는 입과 혀가 없기 때문이다. 내가 말을 내뱉을 때 정말로 일어나는 일은 나의 두뇌에서 발생한 전기 자극이 컴퓨터로 나가서 나는 나 자신의 음성을 〈듣고〉 내 혀의 움직임을 〈느끼게〉 하고 당신은 내 말을 〈듣고〉 내가 말하는 것을 〈보게〉 함이다. [⋯] 말하고 듣는 기계적 과정이 우리가 평소 생각하는 바와는 다를지라도 내가 당신에게 무엇을 이야기할 때 결국 당신은 정말로 나의 말을 듣고 있다고 할 수 있[다]. [42]

이것이 퍼트넘의 "통 속의 뇌 가설"이다. 이 가설에 따르면, 우리는 현실세계에서 입을 가지고 말을 하며, 귀를 가지고 말을 듣는다. 그러나 이렇게 입과 귀를 가지고 살아가는 이 현실세계의 이면에는 다른 가능세계가 놓여 있다. 거기에서 우리는 통 속의 뇌인데, 우리가 현실세계에서 입과 귀를 가지고 살아간다는 생각을 갖는 이유는, 컴퓨터가 우리 뇌에 전기 자극을 주어 우리로 하여금 그러한 표상을 갖

---

42 퍼트넘(2002), 27–28.

게 하기 때문이다. 그리고 우리는 현실세계에서 입과 귀를 갖고 살면서 여러 가지 믿음들, 예를 들어 "당신은 정말 존재한다," "나무는 초록이다," "나는 통 속의 뇌가 아니다" 등의 믿음을 가지며 살아나간다.

이제 퍼트넘은 이러한 가설, 즉 우리가 현실세계에서는 인간이지만, 그 이면에 있는 가능세계에서는 통 속의 뇌일 수 있다는 가설을 깨고자 한다. 그 전략은 이러하다. 퍼트넘에 따르면, 내가 만약 "나는 통 속의 뇌일 수 있다"라는 믿음을 갖게 되면, 나는 지칭의 인과적 제약에 의해 필연적으로 거짓인 믿음을 갖게 되는 것이다. 따라서 이 믿음이 필연적으로 거짓인 이상, 나는 통 속의 뇌일 수 없다.

이 글에서 필자는 퍼트넘의 이러한 주장, 즉 나는 통 속의 뇌일 수 없다는 퍼트넘의 주장이 잘못되었음을 보이고자 한다. 그러기 위해 필자는 이 글에서 세 가지 논증을 펼쳐 보이고자 한다. 그 논증은 다음과 같다.

① 통 속의 뇌 가설에는 세 개의 차원, 즉 "가능세계", "현실세계", "믿음체계", 이 세 차원이 설정되어 있다.

② "가능세계"에 대해 우리는 아무것도 알 수 없다. 따라서 "가능세계"에 대한 그 어떤 판단도 참이거나 거짓이 아니다.

③ 만약 통 속의 뇌 가설에 두 개의 차원만 설정되어 있다고 생각하면, 퍼트넘의 논변, 즉 우리가 통 속의 뇌일 수 없음을 보이고자 하는 논변이 왜 실패하는지를 찾아낼 수 없다.

이제 첫 번째 논증을 펼치는 것으로 출발해 보도록 한다.

세 개의 차원

필자가 보기에 이 논증은 오해의 소지가 매우 많은 방식으로 서술되어 있다. 이 논증을 어떻게 읽느냐에 따라 퍼트넘 논증의 실패 원인을 분석해낼 수 있을지, 없을지가 결정된다. 필자가 퍼트넘의 "통속의 뇌 논증"을 읽는 방식은, 이 논증에 세 개의 차원("가능세계", "현실세계", "믿음체계")이 설정되어 있다는 것이다. 반면, 필자의 견해를 비판하는 사람들이 이 가설을 읽는 방식은, 이 가설에 두 개의 차원("현실세계", "믿음체계")이 설정되어 있다는 것이다.

우선 필자가 이 가설을 읽는 방식을 소개한다. 필자는 이 가설에 세 가지 차원이 설정되어 있다고 생각한다. 그 각각을 다음과 같이 부르고자 하는데, 우선 통 속의 뇌가 있는 세계를 "가능세계"라 부르고자 한다. 그래서 이 가설이 말하는 바에 따르면 우리는, 우리가 현실적으로 존재하는 세계("현실세계") 이면의 세계에서 실제로는 통 속의 뇌이다. 이를 달리 표현하면 우리는 "가능세계"에서 통 속의 뇌이다.

우리가 집단적 환각을 일으키는 세계, 그래서 나는 입을 가지고 말을 하고, 당신은 귀를 가지고 내 말을 듣는 그러한 세계를 필자는 "현실세계"라고 부르고자 한다. 이 현실세계가 바로 우리가 우리 자신에 대해 알고 있는 그대로의 세계이다. 이 세계에서 우리는 대화하고, 음식을 먹고, 잠을 잔다.

마지막으로 필자는 "믿음체계"라는 또 다른 차원이 이 "통 속의 뇌 논증"에 포함되어 있다고 생각한다. 나는 입을 가지고 말을 하고, 당신은 귀를 가지고 내 말을 듣는다. 이 때 내가 입을 가지고 말을 하는 바로 그 내용, 즉 내가 가지고 있는 나의 믿음, 예를 들어 "나무는 초

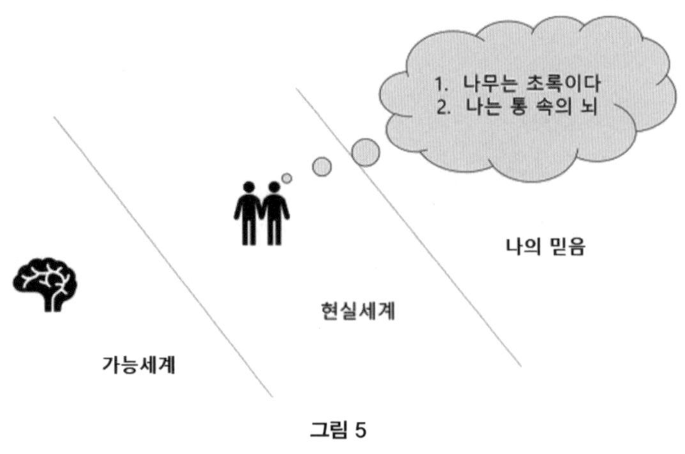

그림 5

록이다"라는 나의 믿음이 바로 이 "믿음체계"의 요소이다. 이 "믿음체계"는 모든 나의 믿음들로 구성되어 있다. 필자는 이렇게 세 개의 차원이 퍼트넘의 "통 속의 뇌 논증"에 설정되어 있다고 생각한다. 그래서 필자에 따르면, 퍼트넘의 통 속의 뇌 논증에는 세 차원이 설정되어 있는데, "가능세계", "현실세계", "믿음체계"가 그것이다. 직관적인 이해를 위해 그림을 첨부하고자 한다. 이 그림을 보면서 논의를 진행한다면, 보다 정교한 이해가 가능하리라 생각된다.

퍼트넘의 통 속의 뇌 가설을 모두가 이런 방식으로 읽는 것은 아니다. 어떤 학자들은 퍼트넘의 통 속의 뇌 가설에 두 차원만 포함되어 있다고 생각한다. 이제 퍼트넘의 통 속의 뇌 가설에 이 세 차원이 정말로 포함되어 있는지를 살펴보고, 그 다음 이 세 차원이 어떻게 서로 다른지를 살펴보자.

우선 퍼트넘의 논변에는 "가능세계"가 설정되어 있다. 퍼트넘은 다음과 같이 말한다.

철학자들이 자주 언급하듯이 감각 기능을 가진 모든 생물이 통 속의 두뇌로 생존하는 어떤 〈가능세계possible world〉가 있을 수 있다. [43]

이 세계는 우리가 인지적으로 접근할 수 없는 세계이다. 이 세계에는 온통 두뇌와 신경 조직으로 가득 찬 통만을 만들어내는 자동 기계로 구성되어 있다. 나는 지금, 여기서("현실세계") 나무를 보고 있지만, "가능세계"에는 나무가 없다. 이렇게 내가 인지적으로 접근할 수 없는, 내가 보는 모습과 전혀 다른 그러한 모습을 가진 세계가 퍼트넘의 논변에는 설정되어 있다. 퍼트넘을 따라 이것을 "가능세계"라고 부르자.

퍼트넘의 논변에는 "현실세계"도 설정되어 있다. 내 앞에는 누군가가 있고, 난 그와 대화를 나눈다. 자동차도 보이고, 나무도 보인다. 퍼트넘은 다음과 같이 말한다.

따라서 문제의 〈가능세계〉가 정말 현실세계로 되어 우리가 실지로 통 속의 두뇌라 한다면 〈우리가 통 속의 두뇌〉라는 말로 의미하는 바는 우리가 이미지 속의 통에 들어 있는 두뇌라는 것일 것이다. [44]

"가능세계"에는 없는 어느 누군가가(당신이) 내게 보이고, 나는 그와 대화를 하는 그러한 세계를 "현실세계"라고 부르자. 이 세계가 바로, 내가 인지적으로 접근할 수 있는 유일한 세계이다. 눈을 뜨면 펼쳐지

---

43 퍼트넘(2002), 30.
44 퍼트넘(2002), 41.

는 여러 모습들의 세계, 바로 이러한 모습을 띤 세계를 "현실세계"라고 부르자. 이러한 "현실세계"도 인용문에서 보이듯, 퍼트넘의 가설에 설정되어 있다.

마지막으로 퍼트넘의 논변에는 "믿음체계"가 설정되어 있다. 우리는 여러 믿음을 가지고 살아 나간다. 어떤 사물에 대해 "저 나무는 초록이다"라는 믿음을 갖는다든지, 어리석게도 "나는 통 속의 뇌이다"라는 믿음을 갖는다든지 말이다. 퍼트넘은 통 속의 뇌 가설에 이러한 "믿음체계"를 설정한다. 퍼트넘은 다음과 같이 말한다.

> 예를 들어 〈나는 존재하지 않는다〉는 명제가 나(어떤 〈나〉라도 좋다)에 의하여 생각되었다면 스스로를 논파하는 격이 된다. 그리하여 (데카르트가 이미 말하였다시피) 어느 누구라도 자신의 존재에 대하여 생각할 수 있는 한, 자신이 존재하고 있음을 확인할 수 있다. [45]

퍼트넘은 데카르트를 인용해, "나는 존재하지 않는다"라는 명제는 자기 스스로를 반박하는 명제, 혹은 믿음이라고 주장한다. 뒤에서 보게 되겠지만, 퍼트넘은 "나는 통 속의 뇌이다"라는 믿음이 "나는 존재하지 않는다"라는 명제처럼, 자기 스스로를 반박하는 명제, 혹은 믿음이라는 점에 근거해서 통 속의 뇌 가설을 깨고자 한다. 이것이 실패함을 보이는 것이 본 글의 목적이며, 뒤에 가서 자세히 분석되게 될 것이지만, 어쨌든 퍼트넘의 통 속의 뇌 가설에는 "믿음체계"라는 차원이 설정되어 있다는 것은 분명하다.

---

45 퍼트넘(2002), 29-30.

이제 이렇게 설정된 세 개의 차원이 어떻게 서로 다른지 살펴보자. 많은 학자들은 퍼트넘의 논변에 두 개의 차원("현실세계"와 "믿음체계")만 설정되어 있다고 주장하거나, 또는 이 세 개의 차원이 서로 어떻게 구분되는지 도저히 알 수 없다고 주장한다. 따라서 이 세 개의 차원이 어떻게 서로 다른지 살펴봐야 한다. 이 세 차원이 어떻게 서로 다른지 확인한다면, 이러한 오해는 해소될 수 있을 것이며, 퍼트넘의 논변은 보다 정확히 이해될 수 있을 것이다.

현실세계 vs. 믿음체계

"현실세계"와 "믿음체계"가 어떻게 다른지 알 수 없다고 주장하는 학자들이 많지만, "현실세계"와 "믿음체계"는 분명 서로 다르다. 퍼트넘의 논증에는 내가 입을 가지고 말을 하는 "현실세계"가 설정되어 있다. 〈메트릭스〉라는 영화로 보자면, 네오가 컴퓨터를 프로그래밍하는 세계가 바로 "현실세계"다. 거기서 네오는 입과 귀를 가지고 있다. 그리고 네오는 나이트클럽에서 뭔가 진실을 얻어낼 수 있다고 믿는다. 만약 비판자의 생각대로, "현실세계"와 "믿음체계"가 동일하다면 다음과 같은 결론이 나온다. 내가 입을 가지고 말을 하는 물리적 세계("현실세계"), 그리고 "나무는 초록이다"라는 나의 믿음, 이 둘은 동일하다. 저기 초록의 나무가 있다. 그 나무는 "현실세계"의 일부를 이룬다. 반면, "나무는 초록이다"라는 나의 믿음은 "현실세계"의 일부를 이루는 것이 아니라, 나의 "믿음체계"의 일부를 이루는 것이다. 초록의 나무, 그리고 "나무는 초록이다"라는 나의 믿음, 이 둘은 다른 것이다.

네오는 토끼 문신을 한 여자를 본다. 그리고 그 여자가 뭔가 진실을 말해줄 것이라고 생각한다. 토끼 문신을 한 여자, 그리고 그 여자에 대한 네오의 믿음(진실을 말해 줄 것이라는 믿음), 이 둘은 완전히 다르다. 다시 위의 그림을 참조해 보면 도움이 될 듯하다. 그림에서처럼 이 둘은 매우 다른 것이다. 그런데 이 둘은 어떻게 다른가?

이 차이를 이해하지 못하는 지점에서 매우 심각한 문제가 발생한다. 이제 이 문제를 다루어야 한다. 필자의 생각에 이 둘의 핵심적 차이는 다음과 같다. "현실세계"에는 모순이 없지만, "믿음체계"에는 모순이 있다는 것.

"믿음체계"에는 모순이 있을 수 있다. 필자는 지구가 둥글다고 믿는다. 하지만 다른 어떤 사람은 지구가 둥글지 않고 평평하다고 믿을 수 있다. 이 두 믿음은 모순적이다. 하나가 참이라면, 다른 하나는 반드시 거짓인, 그러한 성질을 갖는 두 믿음이다. 그래서 사람들 사이의 믿음체계 간에는 모순이 발생할 수 있다. 혹은, 한 사람의 믿음체계 내에서도 모순이 발생할 수 있다(적어도 겉보기에는 그렇다). 나OO 의원은 "일본이 우리나라를 식민지화했다"고 믿으면서, 동시에 "일본이 우리나라를 식민지화한 적이 없다"고 믿는다. 이렇게 믿음들은 서로 간에 모순을 일으킬 수 있다.

반면, "현실세계"에는 그 어떤 모순도 없다. 지구가 둥글다고 믿는 내가 옳다 하더라도, 지구가 둥글지 않다고 믿는 사람과 나는 모순을 일으키지 않는다. 서로 모순을 일으키는 믿음을 가진 두 사람이 있더라도 그 둘 사이에 모순은 없다(즉, 한 사람이 존재한다는 명제와, 그와 다른 사람이 존재한다는 명제 사이에 모순은 없다). 하나("믿음체계")는 모순이라는 특성을 가질 수 있는 반면, 다른 하나("현실세계")는 그러한 특성을 가질 수 없다는 의미에서, "믿음체계"와 "현실세계"는 서로 다른 것이다.

가능세계 vs. 현실세계

이렇게 "믿음체계"와 "현실세계"는 서로 다르다. 필자는 퍼트넘의 가설에 또 다른 하나의 차원이 설정되어 있다고 생각한다. 바로 "가능세계"이다. 이제 "가능세계"와 "현실세계"가 서로 같은지, 아니면 다른지 살펴보자. 위 그림에서 확인할 수 있듯이 "현실세계"와 "가능세계"는 서로 다르다. 퍼트넘이 설정한 가설에 따르면, "가능세계"에서 우리는 통 속의 뇌이고, "현실세계"에서 우리는 입과 귀를 가진 인간이다. 따라서 퍼트넘의 설정에 따르면, "가능세계"와 "현실세계"는 서로 다르다. 결국, 퍼트넘의 통 속의 뇌 가설에는 서로 다른 세 개의 차원이, 즉 "가능세계", "현실세계", "믿음체계", 이 셋이 설정되어 있다고 해야 한다.

퍼트넘의 통 속의 뇌 가설에는 세 개의 차원이 설정되어 있다. "가능세계", "현실세계", 그리고 "믿음체계"가 그것이다. 필자는 다음과 같이 생각한다. 이렇게 세 개의 차원을 구분해야만, 우리는 퍼트넘의 논변을 제대로 이해할 수 있다. 거꾸로 말하면, 만약 우리가 퍼트넘의 통 속의 뇌 논변을 오직 두 차원, 즉 "현실세계"와 "믿음체계"만 설정된 논변이라고 하면, 우리는 퍼트넘의 논변이 왜 실패하는가를 볼 수 없다(이것은 아랫글 '오류의 원인: 세 차원 vs. 두 차원'에서 다시 논의할 것이다).

이제 퍼트넘의 통 속의 뇌 논변에 세 개의 차원이 설정된 것으로 이해하고, 퍼트넘의 논변이 왜 실패하는지를 살펴보도록 하자. 그런데 그 전에 살펴봐야 할 것이 있다. 지금까지 우리는 퍼트넘의 통 속의 뇌 가설을 자세히 살펴봤다. 이제 퍼트넘은 이 가설이 "스스로를 논파하는 가설"이라고 주장하며, 이 가설을 깨고자 한다. 이 가설이 깨지게 되면 어떤 결론이 나오는가? "우리는 통 속의 뇌이다"라는 가능성에 대한 가설이 깨진다면, 우리는 통 속의 뇌가 아닌 것이다. 이 것이 퍼트넘의 최종 목적이다. 그는 이러한 데카르트식의 회의주의를 깨고자 한다. "우리는 통 속의 뇌이다"라는 회의주의를 깨는 것, 이것이 바로 퍼트넘의 최종 목적이며, 통 속의 뇌 가설을 앞서 제기한 이유이다.

스스로를 논파하는 논증

통 속의 뇌 가설을 소개한 후 퍼트넘은 다음과 같이 주장한다.

이제 매우 어리석고도 자명한 것 같아 보이지만(적어도 이론적으로 무장된 몇몇 철학자들의 눈에는) 정말 깊이 있는 철학적 문제로 보다 직접적으로 인도할 질문 하나를 제기하겠다. 지금까지 한 이야기가 전부 사실이라고 가정해 보라. 정말 우리가 통 속에 들어 있는 두뇌라고 한다면 그와 같은 사실을 우리가 말하거나 생각할 수 있을 것인가? 이 질문에 대한 나의 대답은 〈아니오〉이다. 사실 나는 우리가 정말로 통 속에 있는 두뇌에 불과하다는 가정이 물리적 법칙에 위배되지 않고 우리가 경험해 온 모든 것과 전혀 모순되지는 않더라도 절대 참이 될 수 없는 가정이라고 주장하고자 한다. 왜 그것이 절대 참이 될 수 없는 가정이냐 하면 그것은 스스로를 논파하는 가정이기 때문이다. [46]

---

46 퍼트넘(2002), 28-29.

퍼트넘은 통 속의 뇌 가설이 절대 참이 될 수 없는 가정이라고 주장한다. 만약 퍼트넘의 주장이 옳다면, 즉 통 속의 뇌 가설이 절대 참이 될 수 없는 가정이라면, 우리는 통 속의 뇌일 수 없다. 통 속의 뇌 가설이 절대 참이 될 수 없는 가정이라는 것은, 이 가설이 필연적으로 거짓이라는 주장인데, 이 가설이 필연적으로 거짓이라면, 우리는 필연적으로 통 속의 뇌일 수 없기 때문이다. 즉, 그 어떠한 상황에서라도 우리는 통 속의 뇌일 수 없다. 그런데 왜 퍼트넘은 통 속의 뇌 가설이 절대 참이 될 수 없는 가정이라고 주장할까? 퍼트넘에 따르면, 통 속의 뇌 가설이 스스로를 논파하는 가정이기 때문이다. 스스로를 논파하는 가정에 대해 퍼트넘은 다음과 같이 주장한다.

> 스스로를 논파하는 가정이라 함은 그것이 참이면 또한 거짓도 함축되어 있는 가정을 말한다. […] 예를 들어 〈나는 존재하지 않는다〉는 명제가 나(어떤 〈나〉라도 좋다)에 의하여 생각되었다면 스스로를 논파하는 격이 된다. 그리하여 (데카르트가 이미 말하였다시피) 어느 누구라도 자신의 존재에 대하여 생각할 수 있는 한, 자신이 존재하고 있음을 확인할 수 있다.
> 내가 지금 밝히고자 하는 바는 우리가 통 속에 들어 있는 두뇌라는 문제의 그 가정이 바로 위에서 말한 그러한 성질을 가진 가정이라는 점이다. [47]

퍼트넘은 통 속의 뇌 가설에 대해 이것이 스스로를 논파하는 가정

이라고 주장한다. 그리고 스스로를 논파하는 가정의 한 예로서 "나는 존재하지 않는다"를 들고 있다. "나는 존재하지 않는다"라는 믿음이 참이라면, 나는 존재하지 않을텐데, 존재하지 않는 내가 "나는 존재하지 않는다"라는 믿음을 가질 수 없을테니, 이 믿음은 스스로를 논파하는 가정이 되는 것이다. "나는 존재하지 않는다"가 스스로를 논파하는 주장인 만큼 "통 속의 뇌 가설"도 스스로를 논파하는 가정이라는 것이 퍼트넘의 주장이다.

스스로를 논파하는 가정에 대해 설명하기에 앞서, 여기서 가능세계와 관련해 데카르트의 주장을 좀 더 명확히 하는 것이 필요해 보인다. 데카르트의 "나는 존재하지 않는다"는 명제는 "나는 존재하지 않는다"고 생각하는 나의 존재를 필연적으로 전제하기 때문에 스스로를 논파하는 가정이다. 반면, 우리는 이렇게도 생각한다. "내가 존재하지 않는 가능세계가 있다." 나는 필연적 존재가 아니기 때문에 이 명제는 참이다. 하지만, 다음과 같은 생각은 어떨까? "나는 존재하지 않는다"라는 명제는 필연적으로 거짓일 수밖에 없는데, 그 이유는 어떤 가능세계에서도 "나는 존재하지 않는다"라는 명제는 "나는 존재하지 않는다"고 생각하는 나의 존재를 전제할 수밖에 없기 때문이다. 이 주장도 그럴듯해 보인다. 하지만 우리가 가능세계에 관한 생각을 좀 더 정교하게 만든다면, 이 주장은 잘못된 것임을 알게 될 것이다. 이에 대해 설명이 필요하다. 러셀에 따르면 어떤 명제는 어떤 가능세계 "안에서in" 참이거나 거짓인 것이 아니라, 어떤 가능세계에 "대해서of" 참이거나 거짓이다. 이 주장에 따르면, "나는 존재하지 않는다"라는 명제는, 어떤 가능세계 안에서 주장되는 것이 아니라 그 세계에 대해서 주장되는 것이며, 그 세계에 대해서 참이거나 거짓인 것이다.("여기서 우리는 러셀의 용법을 따라 다음과 같이 주장한다. 즉, 문장이나 명제는 가능세계 "안에서in" 참 또는 거짓인 것이 아니라 그 세계에 "대해서of" 참 또는 거짓이다. [⋯] 예를 들어, 우리는 "그 어떤 문장도 없다"라는 명제는, 그 어떤 사람이 없고 따라서 언어도 없는 어떤 가능세계에 **대해서** 참이라고 말하려 한다. 그러한 세계 **안에서**는 "그 어떤 문장도 없다"라는 명제가 참이 아님은 말할 것도 없이 존재하지도 않음에도 말이다.)[48] 러셀의 이러한 주장에 대한 벤슨 메이츠의 설명을 첨부하는 것이 좋을 것 같다. "중세 논리학자들도 이와 똑같은 구분을 했다. 그들이 'P는 참이다'라는 어구를 다음과 같은 좀 더 함축적인 문장으로 대체했을 때 그러한데, 그러한 더 함축적인 문장이란 '사물들은 P에 의해 기술되는 방식으로 존재한다'라는 문장이다. 그들이 제시하는 주요한 문장 사례는 다음과 같다. '그 어떤 부정 명제도 존재하지 않는다.' 이 명제는 참일 수 없다고 그들은 말한다. 만약 이 명제가 참이라면, 이 명제는 존재하지 않을 것이기 때문이다. 그러나 사물들은 이 문장이 기술하는 대로 그렇게 존재할 수 있다. 그리고 정말 그러할 텐데, 그 어떤 사람도 존재하지 않는다면 그러할 것이다."[49] 만약 우리가 "'나는 존재하지 않는다'는 명제는 어떤 가능세계 **안에서** 참이다"라고 주장한다면, 이 주장은 거짓이다. 하지만 러셀의 주장처럼, 그리고 중세 논리학자들의 아이디어에 기반해 이 명제가 어떤 가능세계에 **대해서** 참이라고 주장한다면, 이러한 주장은 참인 것이다. 이것은 퍼트넘의 통 속의 뇌 가설의 경우에도 마찬가지이다. (1) "나는 통 속의 뇌이다"라는 명제가 현실세계 **안에서** 참

---

48 Mates(1986), 94-95.
49 Mates(1986), 94.

이라고 주장한다면, 나는 거짓을 주장하는 것이다. 그리고 (2) “나는 통 속의 뇌이다”라는 명제가 내가 실제로 통 속의 뇌인 가능세계 **안에서** 주장된다면, 이것 역시 거짓이다. 통 속의 뇌는 그 세계 **안에서** 는 뇌일 뿐, 발화도, 뇌나 통을 볼 눈도 가지고 있지 않기 때문이다. 반면, (3) “나는 통 속의 뇌이다”라는 명제가 내가 실제로 통 속의 뇌 인 가능세계에 **대해서** 주장된다면, 이 명제는 참인 것이다. 이제 다 시 스스로를 논파하는 가정에 대해 살펴보도록 하자. 퍼트넘은 왜 통 속의 뇌 가설이 스스로를 논파하는 가정이라고 주장하는가? 퍼트넘 은 다음과 같이 말한다.

동일한 논법에 의하여 〈통〉이라는 말은 통 속 영어로 이미지 속의 통 또는 그와 관련된 어떤 것(전기 충격이나 프로그램상의 어떤 특징)을 지시하지 실재의 통을 지시하는 것이 아님은 분명하다. 통 속 영어 로 〈통〉이라고 하는 것은 실재의 통과 아무런 인과 관계도 가지지 않기 때문이다. (두뇌들이 들어앉을, 적어도 한 개의 특수한 통은 있어야 할 것이니 이러한 의미에서는 실재의 통과 일종의 관계를 맺고 있다고 할 수 있다. 그러한 통, 즉 두뇌가 들어앉을 통이 만약 없다면 통 속의 두뇌들은 〈통〉이라는 말을 사용할 수 없을 것이기 때문이다. 그러나 이와 같은 관계는 통 속 영어로 된 모든 말의 사용과 그 하나의 특수 통 사이의 관계이지 〈통〉이라는 개별적인 말의 사용과 실재 통과의 관계는 아니다.) 마찬가지로 〈영양액〉도 이미지 속의 액 또는 그와 관련된 어떤 것을 지시할 뿐이다. 따라서 문제의 〈가능세계〉가 정말 현실세계로 되어 우리가 실지로 통 속의 두뇌라 한다면 〈우리가 통 속의 두뇌〉라는 말로 의미하는 바는 우리가 이미 지 속의 통에 들어 있는 두뇌라는 것일 것이다. 그러나 우리가 이미지 속의 통에 든 두뇌가 아니라는 점도 우리는 통 속의 두뇌라는 가정의 일부를 차지한다. (다시 말하여 우리가 지금 〈환각을 일으키고〉 있는 것이 우리는 통 속의 두뇌라는 사실은 아니다.) 따라서 우리가 만일 통 속의 두뇌라 한다면 〈우리는 통 속의 두뇌이다〉라는 문장은 거짓이다. 따라서 그 문장은 (필연적으로) 거짓이다. [50]

이제 순서는 다음과 같다. 우선 "지칭의 인과적 제약"이라는 이름하에 전개되는 이론이 있다. 지칭의 인과적 제약이란 다음과 같은 퍼트넘의 지칭 이론이다. 한 용어는 어떤 대상을 지칭하는데, 다음과 같은 조건하에서만, 즉 그 용어와 그 대상 사이에 적절한 인과적 연결이 있는 한에서만, 한 용어는 그 대상을 지칭할 수 있다. 퍼트넘의 이러한 지칭이론에 따르면, 만약 우리가 실제로 통 속의 뇌라면, 우리의 용어 '통 속의 뇌'는 통 속의 뇌를 지칭하지 못한다. 양자 사이에 적절한 인과적 연결이 없기 때문이다.

마지막 단계는 다음과 같다. "우리는 통 속의 뇌이다"라는 우리의 믿음을 소리로 표현하면, 우리는 지칭에 실패하게 되고, 따라서 그러한 발화는 필연적으로 거짓이 되며, 결국 우리는 통 속의 뇌일 수 없는 것이다.

퍼트넘은 애초에 세 개의 차원을 설정했다. 그러고 나서 지칭의 인과적 제약이라는 이론을 이용해, "우리는 통 속의 뇌이다"라는 주장이 필연적으로 거짓임을 증명하고자 한다. 이것을 우리의 그림에 적용해 보자. 그러면 퍼트넘의 전략은 다음과 같이 이해된다. 퍼트넘은

---

50 퍼트넘(2002), 40-41.

자신이 설정해 놓은 세 개의 차원 중, 자신의 논증을 통해 우리가 통 속의 뇌일 가능성, 즉 "가능세계"의 가능성을 제거하고자 한다. 퍼트넘의 애초 설정은 세 개의 차원으로 되어 있다. 그에 따르면 "가능세계"에서 우리는 통 속의 뇌이다. 퍼트넘은 자신의 지칭 이론을 이용해 "우리는 통 속의 뇌이다"라는 발화가 필연적으로 거짓이라고, 즉 이러한 가설적 상황이 불가능하다고 논증한다. 즉, "가능세계"와 같은 것은 없다는 것, 혹은 불가능하다는 것이다. 이제 퍼트넘의 이러한 전략이 성공할지 살펴보도록 하자. 필자가 보기에 이 전략은 실패다.

나는 존재하지 않는다 vs. 나는 존재하지 않을 수 있다

데카르트는 모든 것을 의심한 나머지, 자신이 존재하지 않을 가능성에 대해서도 걱정했다. 그러나 데카르트는 자신의 존재에 대한 확신을 통해 그 참임이 확실한 최초의 명제를 생각해 냈다. 바로 "생각하는 나는 반드시 존재한다"라는 명제이다. 내가 아무리 의심을 하더라도, 그렇게 의심하는 한, 나는 존재해야만 한다는 것이다. 퍼트넘도 이러한 생각에 동의해 "나는 존재하지 않는다"라고 내가 생각하거나 발화하면, 그러한 발화나 믿음은 필연적으로 거짓이 된다고 주장한다. 즉, "나는 존재하지 않는다"라는 믿음은 스스로를 논파하는 명제이다. "현실세계"에서 누군가가 "나는 존재하지 않는다"라고 주장한다면, 우리는 그 사람을 정상인이라 생각하지 않을 것이다. 그러나 누군가가 "나는 존재하지 않았을 수 있었다"라고 주장한다면, 우리는 이 주장을 바로 기각하기 어려워 보인다. 왜 그럴까? 왜 그 사람은 존재하지 않았을 수도 있는가? 그 사람이 존재하지 않았을 수 없다면, 그 사람은 필연적으로 존재하는 것이고, 우리의 상식에 비추어 보자면, 그 누구도 필연적 존재일 수 없기 때문이다. 신은 필연적 존재로 알려져 왔지만, 그 어떤 인간도 필연적으로 존재한다고 할 수 없기 때문이다. 양상논리학 의미론에서 말하는 "가능세계" 개념을 도입해 말하자면, "현실세계"에서 내 스스로의 존재를 의심하는 경우, 그러한 의심은 필연적으로 거짓이지만, 다른 "가능세계"에서 내가 존재하지 않는다는 사실에 대해서는 그 누구도 부정하기 어렵다. 다른 "가능세계"에서 내가 존재하지 않는다는 것이 필연적으로 거짓이라면, 나는 필연적 존재가 되기 때문이다. 이를 통해 볼 수 있듯이, "나는 존재하지 않는다"라는 명제는 필연적으로 거짓이 되지만, "나는 존재하지 않았을 수도 있다"라는 명제는 필연적으로 참이다. "나는 존재한다"라는 명제는 여러 세계에 상대적이며, 각 "가능세계"에 대해서 참일 수도, 거짓일 수도 있다. "현실세계"에서 이 명제는 자기반박적인 명제, 따라서 거짓인 명제지만, 다른 "가능세계"에 상대적으로 본다면, 이 명제는 참이다. 즉 "나는 현실세계에서 존재하지 않는다"라는 명제는 스스로를 논파하는 명제지만, "나는 어떤 가능세계에서 존재하지 않는다"라는 명제는 참이다. 따라서 "가능세계"만 도입하면, 우리는 스스로를 논파하는 명제가 꼭 그렇게만 해석될 수 없다는 점을 알게 된다(앞에서 언급했듯이, 가능세계 "안에서"가 아니라 가능세계에 "대해서"로 읽으면 말이다). 문제는 퍼트넘이 "가능세계" 개념을 도입하면서도 여전히 "나는 통 속의 뇌이다(뇌일 수 있다)"라는 명제가 필연적으로 거짓이라고, 스스로를 논파하는 명제라고 주장한다는 것이다. 내가 "현실세계"와 관련해 "나는 통 속의 뇌이다"라고 주장한다면, 정상인

소리를 듣기 어려울 것이다. 그러나 내가 어떤 "가능세계"에 대해서 "나는 통 속의 뇌이다"라고 주장한다면, 즉 "내가 통 속의 뇌인 그러한 가능세계가 존재한다"라고 주장한다면, 이것은 내가 존재하지 않는 "가능세계"가 있다는 주장만큼이나 문제가 없어 보인다. 즉, 이것은 다른 "가능세계"와 관련해 보자면, 스스로를 논파하는 명제가 아니다. 그런데 퍼트넘은 왜 "나는 통 속의 뇌이다"라는 주장이 스스로를 논파하는 명제라고 주장할까? "나는 존재하지 않았을 수 있었다"가 참인 명제인 것과 마찬가지로, "나는 통 속의 뇌일 수도 있다"라는 명제 역시 참인 명제로 보이기에 묻는 질문이다. 이것이 왜 스스로를 논파하는 명제인가?

지칭의 인과적 제약

퍼트넘에 따르면, 우리가 "우리는 통 속의 뇌이다"라고 발화하면, 우리는 지칭에 실패하게 되고, 그 결과 필연적으로 거짓인 주장을 하고 있는 셈이 된다. 여기에서 우리가 고찰해야 하는 것은 다음과 같다. 퍼트넘의 주장대로, 지칭 실패로 인해 "우리는 통 속의 뇌이다"라는 주장이 필연적으로 거짓이 되는가? 우리의 그림과 연결해 생각해 보면, 이 의문은 다음과 동일한 것이다. 지칭 실패로 인해 "가능세계"의 가능성이 정말로 배제되는가?

우선 지칭의 인과적 제약에 대해 살펴보자. 필자의 표현법을 이용해 퍼트넘의 주장을 재구성하면 지칭의 인과적 제약이란 다음과 같다. "현실세계"에 갇혀 있는 우리가 '나는 통 속의 뇌'라고 발화한다면, 그 용어는 "가능세계"와 인과적으로 연결되지 못해서 지칭에 실패하게 된다. 필자는 이러한 주장을 그대로 받아들이고자 한다. 즉, 퍼트넘이 맞다고 해 보자. 그런데 이러한 주장이 말하고자 하는 바는 무엇인가? 왜 지칭에 실패하게 되는가? 퍼트넘은 인과적으로 연결되지 않기 때문이라고 주장한다. 그렇다면 인과적으로 연결되지 않는다는 것은 무슨 말인가? 필자는 인과적으로 연결되지 않는다는 것을, 우리가 그 세계("가능세계")에 인지적으로 접근할 수 없다는 것으로, 즉 우리가 그 세계를 눈으로 보거나 귀로 들을 수 없다는 것으로 이해한다. 퍼트넘은 다음과 같이 주장한다.

> 예를 들어 내가 바로 튜링 검사를 시행하는 자로서(튜링 자신의 말을 빌리면 〈모방 놀이〉를 하는 자로서) 나의 상대방이 정말로 어떤 기계라고 상상해 보자. 그리고 이 기계가 그 놀이를 이길 수 있고(즉 그 검사에 〈통과〉하고, 또 영어로 표현된 진술이나 질문 등에 대하여 역시 영어로 표현된 보기 좋은 답변을 할 수 있게 만들어져 있지만 감각 기관(전기 타자기와 접속되어 있는 부분 외의 감각 기관)이나 (그 전기 타자기를 제외한) 동력 기관은 일체 가지고 있지 않다고 가정해 보자. […] 그러한 기계에 대하여 우리는 과연 어떤 말을 할 수 있겠는가? 이러한 기계가 지시를 할 수 있다고 생각할 수도 없고 해서도 안 됨은 분명한 것 같다. 그 기계가 예컨대 뉴잉글랜드의 풍경에 대하여 아름다운 말로 지껄일 수 있음은 사실이나 사과, 사과나무, 산, 소, 들 등을 인식할 수는 없다. [51]

퍼트넘에 따르면, 기계는 여러 말을 할 수 있지만, 눈이나 귀 등을

---

51 퍼트넘(2002), 34-35.

가지고 있지 못하여 제대로 된 지칭을 할 수 없다. 지칭에 관한 이러한 입장을 우리의 논의에 적용해 보자. 그렇다면 다음과 같은 결론이 나온다. 우리는 "가능세계"에 인지적으로 접근할 수 없기 때문에, 즉 그 세계를 우리의 눈으로 보거나 귀로 들을 수 없기 때문에, 그 세계에 대한 지칭에 실패한다.

거짓 vs. 알 수 없음

이제 "가능세계"에 인지적으로 접근할 수 없기 때문에 우리는 지칭에 실패한다는 퍼트넘의 주장을 그대로 받아들여 보자. 즉 퍼트넘의 지칭 이론이 옳다고 해 보자. 그렇다면, 그 세계에 대한 우리의 발화, 예를 들어 "우리는 통 속의 뇌이다"라는 발화는 퍼트넘의 주장대로 정말 필연적으로 거짓이 되는가? 필자의 생각에 그렇지 않다. 이 발화는 필연적으로 거짓이 되는 것이 아니라 참인지, 거짓인지 알 수 없는 것이 된다. 퍼트넘의 주장에서 나오는 예를 보자. 눈과 귀가 없는 기계는 "뉴잉글랜드의 풍경에 대하여 아름다운 말로 지껄일 수 있[다.]", "이러한 기계가 지시를 할 수 있다고 생각할 수도 없고 해서도 안 됨은 분명한 것 같다." 퍼트넘의 이러한 주장은 옳은 것으로 보인다. 이 기계는 말은 하지만, 우리 세계에 대한 지칭에 있어서는 실패한다. 그러나 이러한 지칭 실패로 인해, 이 기계의 모든 말이 필연적으로 거짓이 되는가? 이 기계는 눈과 귀를 가지고 있지 않기 때문에, 즉 인지적으로 우리 세계에 접근할 수 없기 때문에 지칭에 실패할 수 있다. 여기까지는 동의할 수 있다. 하지만 지칭에 실패한다고 해서 이 기계가 지껄인 말이 필연적으로 거짓이 되는 것은 아니다. 이 기계가 뉴잉글랜드의 풍경에 대하여 지껄인 말이 참인지, 거짓인지 이 기계는 알 수 없을 뿐이다.

여기서 중요한 사실 한 가지를 짚고 넘어가야겠다. 이 기계는 뉴잉글랜드의 풍경에 대해 지껄이지만, 그 말이 참인지, 거짓인지 알 수는 없다. 그러나 우리는 알 수 있다. 우리는 나무를 볼 수 있고, 기계도 볼 수 있고, 기계가 내는 소리도 들을 수 있기 때문이다. 즉, 우리는 이 모든 것 밖에서 이들에게 인지적으로 접근함으로써 참, 거짓을 판별할 수 있다. 다른 예를 들어보자. 퍼트넘의 말처럼, 백사장에 'Winston Churchill'이라는 글자가 쓰여져 있다고 가정해 보자.[52] 이 모래 위의 흔적이 처칠 수상을 지칭하는가? 우리는 알 수 없다. 우리에게 주어진 것은 모래 위의 흔적일 뿐이기 때문이다. 우리는 이 흔적 밖으로 나가지 못한다. 이제 흔적 밖으로 나가보자. 가능세계들을 밖에서 바라보는 것처럼, 이 흔적의 시간적 궤적들을 밖에서 바라보자. 가만히 과거를 지켜보고 있자니, 처칠 수상의 아내가 보인다. 그녀가 글자를 쓴다. 남편을 그리워하면서. 이 경우, 우리는 'Winston Churchill'이라는 글자가 처칠 수상을 지칭한다고 말할 수 있다.

다른 한편, 과거를 지켜보고 있자니, 개미가 보인다. 그리고 개미가 이런저런 방향으로 왔다 갔다 하며 모래 위에 흔적을 남긴다. 이 경우, 우리는 'Winston Churchill'이라는 글자가 처칠 수상을 지칭한다고 말할 수 없다. 이 모든 사례에서의 핵심은, 소리, 글씨, 생각에 대해 우리가 그것들이 제대로 된 지칭을 하고 있는지에 대해 알기 위해서는, 우리가 그것들 밖에서 그것들을 조망할 수 있어야 한다는 것

---

52 퍼트넘(2002), 20.

이다. 기계의 경우, 우리는 기계가 지껄이는 말의 참, 거짓을 판단할
수 있지만, 기계는 판단할 수 없다. 기계는 자기 안에 묶여 있기 때문
이다. 하지만 기계가 그 말의 참, 거짓을 알 수 없다는 것, 그리고 이
기계의 말이 필연적으로 거짓이라는 것, 이 둘은 서로 다른 것이다.
알 수 없다는 것이 답이지, 필연적으로 거짓이라 할 수 없다. 기계가
자기 밖으로 나간다면, 예를 들어 눈 센서와 귀 센서를 갖추게 된다
면, 기계는 자기 말의 참, 거짓을 판단할 수 있게 되는 것이다. 인지
적으로 접근할 수 없는 세계에 대한 우리의 지칭은 실패할 수 있다.
이것은 받아들일 수 있는 주장이다. 그러나 그러한 세계에 대한 우리
의 지칭이 실패한다고 해서, 그 세계에 대한 우리의 주장이 모두 필
연적으로 거짓이라고 할 수는 없다. 우리는 그 세계에 대해 알 수 없
을 뿐이다. 따라서 우리의 발화는 필연적으로 거짓인 것이 아니라,
참, 거짓을 판단할 수 없는 것이다. 한마디로, 우리는 그 세계가 어
떠한지 알 수 없을 뿐이며, 따라서 이 발화는 필연적으로 거짓인 것
이 아니라 참인지 거짓인지 알 수 없을 뿐이다. 네오가 "나는 실제로
는("가능세계"에서는) 인간배터리야"라고 발화한다면, 이 발화는 필연적
으로 거짓인 발화가 아니라, 참인지 거짓인지 결정할 수 없는 발화
인 것이다. 우리가 가능세계에 인지적으로 접근할 수 없으며, 그 세
계 내의 사물을 지칭하는데 항상 실패할 수밖에 없다는 것은 사실이
다. 하지만 이러한 사실로부터, "가능세계"에 대한 네오의 모든 믿음
이 필연적으로 거짓이라는 결론이 도출되는 것은 아니다. 네오가 이
두 세계 밖으로 나오게 되면, 그 때 네오는 자신의 믿음이 참인지, 거
짓인지 판단할 수 있게 되는 것이다. 이러한 사실로부터 도출되는 결
론은 오직 다음과 같은 것뿐이다. 즉, 네오의 믿음은 참, 거짓이 판단

될 수 있는 그러한 종류의 믿음이 아니라는 것. 우리는 그것이 참인지, 거짓인지 알 수 없다는 것. 결론적으로, "명제 P가 참인지 거짓인지 알 수 없다"는 것으로부터 "명제 P는 필연적으로 거짓이다"를 도출하는 것은, 오류이다.

이제 인지적 접근이 불가능하기 때문에 "우리는 통 속의 뇌이다"라는 발화가 필연적으로 거짓이라는 퍼트넘의 주장은 잘못된 것으로 보인다. 알 수 없다는 것이 답이지, 필연적으로 거짓이라 할 수 없다.[53] 그렇다면, 통 속의 뇌 논증에서 설정된 "가능세계"는 여전히 살아남는다. "우리는 통 속의 뇌이다"라는 발화가 필연적으로 거짓이라면, "가능세계"는 배제되겠지만, 이 발화가 필연적으로 거짓이 아닌 이상, 그저 참인지 거짓인지 알 수 없는 것인 이상, "가능세계"의 가능성은 여전히 살아남아 있다. 그렇다면 그 세계에서 우리는 통 속의 뇌일 수 있다.

이제 이 모든 것들의 밖으로 나와보자. 예를 들어 네오는 "가능세계"에도, "현실세계"에도 인지적으로 접근할 수 있게 된다. 네오는 파란 알약을 먹는 기회를 얻음으로써, "가능세계"에 인지적으로 접근했다. 그리고 거기서 네오는 인간배터리 세계를 확인했다. "나는 인간배터리이다"라는 명제에 대해 네오는 이 명제가 참인지, 거짓인지 알 수 없었다. 하지만 "가능세계"에 인지적으로 접근하게 됨으로써, 네오는 비로소 이 명제의 참, 거짓을 확인할 수 있게 되었다. 우리는 그렇게 할 수 없을 것 같다. 파란 알약이 없기 때문이다. 그렇다 하더

53　이렇게 볼 때, 퍼트넘의 다음과 같은 주장은 잘못된 것이다. "따라서 우리가 만일 통 속의 두뇌라 한다면 〈우리는 통 속의 두뇌이다〉라는 문장은 거짓이다. 따라서 그 문장은 (필연적으로) 거짓이다."(퍼트넘(2002), 41)

라도, 누군가 "나는 통 속의 뇌일 수 있다"라고 믿을 때, 이 믿음이 필연적으로 거짓이라 할 수는 없다. 그러한 "가능세계"에 인지적으로 접근할 수 없기 때문에 우리는 이 믿음의 참, 거짓을 알 수 없다고 해야만 한다. 그렇다면 "가능세계"의 가능성은 여전히 살아 있는 것이다. 즉, 우리는, "가능세계"에서 통 속의 뇌일 수 있다.

오류의 원인: 세 차원 vs. 두 차원

이제 매우 중요한 문제 하나를 살펴보고자 한다. 필자는 퍼트넘의 통 속의 뇌 논증에 세 개의 차원이 설정되어 있다고 이해한다. 반면 필자에 대한 비판자들은, 이 가설에 두 개의 차원만이 설정되어 있다고 이해한다. 이제 세 개의 차원이 설정되어 있는지, 아니면 두 개의 차원이 설정되어 있는지의 문제는, 퍼트넘의 전체 논변이 성공적인지, 아니면 실패인지를 판단할 수 있는 중요한 기준이 된다. 필자의 생각에 따르면, 통 속의 뇌 논증에 두 개의 차원만 설정할 경우, 우리는 퍼트넘의 전체 논변이 왜 실패하는지 알 수 없다. 반면 세 개의 차원을 설정한다면, 그때 비로소 우리는 퍼트넘의 전체 논변이 왜 실패하는지를 알 수 있게 된다.

이렇게 생각해보자. 퍼트넘의 통 속의 뇌 가설에 설정된 세계는 "현실세계"와 "믿음체계", 이 둘 뿐이라고. 그렇다면, 우리의 그림에서 "가능세계"는 빠지게 된다. 그 효과는 다음과 같다. 통과 뇌를 포함하는 "가능세계"가 제외되면, 남는 것은 입과 귀를 가진 우리를 포함하는 세계, 즉 "현실세계", 그리고 우리의 "믿음체계" 이 둘뿐이다. 이러한 상황이라면, 즉 오직 "현실세계"만이 고려의 대상이 되는 상황이라면, 당연히 누군가가 "우리는 통 속의 뇌이다"라고 발화하면, 이것은 거짓일 뿐이다. 정신병원은 이러한 발화가 거짓이라는 전제 하에서 운영되는 것이다. 그런데 이 발화가 거짓이라는 것이 어떤 철학적 의미를 갖는가? 이것은 상식이다. 우리 모두는 누군가가 "나무는 초록이다"라고 발화하면, 그의 주장을 참으로 인정하며, 누군가가 "우리는 통 속의 뇌이다"라고 발화하면, 그의 주장을 거짓이라 생각한다. 퍼트넘의 통 속의 뇌 가설이 이런 상식적 세계관으로부터 출발하는가? 전혀 그렇지 않다. 그는 회의주의라는 오랜 철학적 입장을 의식하며 자신의 논변을 펼치고 있는 것이다. 즉, "가능세계"라는 아이디어를 논의에 올려야만 비로소 성립하는 그러한 논변을 펼치고 있는 것이다. 퍼트넘의 논변에 두 개의 차원, 즉 "현실세계"와 "믿음 체계", 이 둘만 설정되어 있다고 생각하면, 그렇다면, 누군가의 발화 "우리는 통 속의 뇌이다"라는 발화는 그냥 거짓이며, 따라서 우리는 통 속의 뇌가 아닌 것이다. 이것은 그 어떤 논증도 아니다.

반면, 퍼트넘의 논변에 또 다른 차원, 즉 "가능세계"도 설정되어 있다고 하면, 퍼트넘의 논변은 새로운 국면을 맞게 된다. 이렇게 함으로써, 그리고 오직 이렇게 함으로써만, 퍼트넘의 논변은 "회의주의"라는 오래된 사상과 대결을 벌이게 되는 것이기 때문이다. 이제 누군가의 발화, "우리는 통 속의 뇌이다"라는 발화는 두 개의 세계에 대해 상대적으로 참, 거짓 값을 달리하게 된다.

우선 누군가가 "우리는 통 속의 뇌이다"라고 발화한다고 해 보자. 이 발화는 서로 다른 두 종류의 세계에 상대적으로 참, 거짓 값을 달리한다. 첫째, 이 발화는 "현실세계"에 대해 주장될 수 있다. 그래서 누군가는 "우리는 현실세계에서 통 속의 뇌이다"라고 발화할 수 있다. 물론 이 사람은 병원에 갈 확률이 높다.

필자에 대한 비판자들은 여기서 멈춰 버린다. 그들에 따르면, 누군가가 "우리는 통 속의 뇌이다"라고 발화한다면, 그는 거짓 주장을 하고 있는 셈이다. 그러므로 당연히 우리는 통 속의 뇌가 아닌 것이다. 퍼트넘도 여기서 멈춘다. 그에 따르면, "우리는 통 속의 뇌이다"라는 발화는 필연적으로 거짓이기 때문에, 우리는 통 속의 뇌가 아니다. 퍼트넘의 통 속의 뇌 가설에 두 차원만이 설정되어 있다고 하면, 즉, "현실세계"와 "믿음체계"만 설정되어 있다고 하면, 누군가의 발화 "우리는 통 속의 뇌이다"라는 발화는 그냥 거짓이 되는 것이며, 이 것이 거짓이라면, 우리는 통 속의 뇌가 아닌 것이다.

한편 "우리는 통 속의 뇌이다"라는 발화에 대해 우리는 "가능세계"에 상대적으로 이 발화에 참, 거짓 값을 할당할 수도 있다. 그리고 이 발화는 위에서 본 바와 같이 참인지, 거짓인지 알 수 없다. 알 수 없다는 것이, 이 발화가 필연적 거짓이라는 의미는 아니다. 참일 가능성이 여전히 남아 있는 것이다. 그렇다면, 우리는 통 속의 뇌일 수 있는 것이다. 정확한 표현은 다음과 같다. "우리는 어떤 가능세계에 **대해서** 거기서 통 속의 뇌이다."[54]

누군가는 이렇게 물을지 모른다. 우리가 입과 귀를 가지고 사는 "현실세계", 그리고 우리의 "믿음체계", 이 둘만 있으면 되지, 왜 쓸

---

54 사실 "우리는 통 속의 뇌일 수 있다"라는 명제는 필연적으로 참이다.(양상논리학 S-5 시스템의 정리 중 하나도 이를 보여주고 있다: "$\Diamond A \supset \Box \Diamond A$"(Loux(1979), 17.) 글의 진행을 위해 이 명제의 참임을 알 수 없다는 식으로 말했지만, 사실은 필연적으로 참이다. 우리가 지금 우리의 모습 그대로의 모습과 다른 모습으로 살아갔었을 수도 있다는 생각은 필연적으로 참이다. 만약 그러한 가능세계를 부정한다면, 우리는 다음과 같은 결론을 낼 수 밖에 없다. 즉, 우리는 우리의 모습 그대로의 모습대로만 살아가도록, 결정되어 있다. 이러한 결정론은 받아들이기 어렵다.

데없이 "가능세계" 같은 것을 도입하는가? 필자는 이에 동의한다. 우리가 통 속의 뇌일 수 있는 그러한 "가능세계"를 도입하는 것이 어떤 도움이 되는지 잘 모르겠다. 그러한 "가능세계"를 상정하지 않고서도 우리는 잘 살아나갈 수 있다. 그런데도 굳이 왜 "가능세계"를 상정해야만 하는가? 필자는 여기에 동의한다. 문제는 이 "가능세계"를 상정한 사람이 퍼트넘 자신이라는 것이다. 게다가 회의주의에 대한 그의 비판은 이러한 "가능세계"를 논의에 올려야만 성립한다. 그렇지 않으면, 그것은 전통적으로 내려오는 회의주의와 아무 관련이 없는 논의가 되어 버린다. 따라서 퍼트넘의 통 속의 뇌 가설은 반드시 "가능세계", "현실세계", "믿음체계", 이 셋을 설정하고 있다고 해야 한다. "가능세계"가 빠진다면, 퍼트넘의 논변은 회의주의와의 관련성을 잃게 된다. 단지 문제가 되는 것은, 이렇게 설정해 놓고 "가능세계"의 가능성을 배제하려는 퍼트넘의 시도가 있었지만, 실패한다는 점뿐이다.

이 점은 퍼트넘이 데카르트를 분석할 때 시도했던 논증에도 그대로 적용된다. 데카르트적 반명제, "나는 존재하지 않는다"가 스스로를 논파하는 가정이라는 퍼트넘의 주장은 "현실세계"에 상대적으로만 옳은 주장이다. 이 가정을 "나는 존재하지 않았을 수도 있었다"로 변형시키면, 즉 다른 가능세계에 **대해서** 상대적으로 그 진위를 판단한다면, 이 가정은 퍼트넘의 생각과는 달리 참이 된다. 퍼트넘은 다음과 같이 말한다. "예를 들어 〈나는 존재하지 않는다〉는 명제가 나(어떤 〈나〉라도 좋다)에 의하여 생각되었다면 스스로를 논파하는 격이 된다. 그리하여 (데카르트가 이미 말하였다시피) 어느 누구라도 자신의 존재에 대하여 생각할 수 있는 한, 자신이 존재하고 있음을 확인할 수 있다."[55] 누군가가 "나는 존재하지 않는다"라고 발화하면, 그는 스스로를 논파하는 격이 된다. 하지만 그 누군가가 "나는 존재하지 않았을 수도 있었다"라고 발화하면, 즉, 다른 가능세계에 **대해서** 상대적으로 자신의 부존재에 대해 발화한다면, 그는 스스로를 논파하지 않는다. 만약 이 명제("나는 존재하지 않았을 수도 있었다")가 필연적으로 거짓이라면, 도저히 받아들일 수 없는 결론이 나오게 된다. 즉, 나는 필연적 존재가 된다. 만약 이 명제가 필연적으로 거짓이라면, 나는 모든 가능세계에서 존재해야 하기 때문이다. 내가 필연적 존재가 아닌 이상 이 명제("나는 존재하지 않았을 수도 있었다")는 참이다. 이 점은 퍼트넘 논변의 핵심적 문제점을 보여주고 있다. 퍼트넘은 "나는 통 속의 뇌이다"라는 믿음에 대한 진위를 "현실세계"에 상대적으로 판단해야 할 뿐만 아니라, "가능세계"에 **대해서**도 상대적으로도 판단했어야 했다.

필자의 주장에 반대하는 많은 사람이 생각하듯이, 퍼트넘의 논변에 포함된 차원을 두 가지의 것("현실세계"와 "믿음체계")으로 보면, 퍼트넘의 논변은 별 의미 없는 논변이 된다. 누군가가 "우리는 현실세계에서 통 속의 뇌이다"라고 믿는다면, 이 믿음은 그냥 거짓이다. 한편, 필자가 주장하듯이, 퍼트넘의 논변에 포함된 차원을 세 가지의 것으로 보면, 퍼트넘의 논변은 철학적으로 의미(회의주의 비판)를 갖게 된다. 그리고 퍼트넘은 "가능세계", "현실세계", "믿음체계", 이 셋을 가지고, 그중 "가능세계"를 배제시키는 논변을 펼치고 있다는 점에서 철학적 작업을 하고 있는 것이다. 이렇게 "가능세계"를 설정해야만,

---

55 퍼트넘(2002), 30.

의미 있는 철학적 주장을 할 수 있게 되는 것이다. 두 차원만 설정하면, 그래서 "현실세계"와 "믿음체계"만 설정하면, "우리는 통 속의 뇌이다"라는 주장이 거짓임은 철학자가 아니라도 알 수 있다. 퍼트넘의 논변이 의미 있는 이유는 "가능세계"를 논변에 포함시키기 때문이다. 문제는 이렇게 "가능세계"를 논변에 포함시키고 나서, 이것을 배제시키려 하는 퍼트넘의 시도가 실패한다는 것이다. 그렇게 실패함으로써 "가능세계"는 살아남는다. "가능세계"가 살아남아 있는 한, "우리는 실제로 통 속의 뇌이다"라는 누군가의 믿음은 참일 수도 있는 것이다. 물론 거짓일 수도 있다. 그러나 참일 가능성이 완전히 배제되는 것은 아니다.

회의주의자들은 우리가 "현실세계"에서 통 속의 뇌라고 주장하지 않는다. 그들의 주장은 우리가 "가능세계"에서 통 속의 뇌일 수 있다는 것이다. 지금까지의 논변을 통해 본 바와 같이, 우리는 "가능세계"에서 통 속의 뇌일 수 있다. 퍼트넘은 좀 더 명확히 했어야 했다. 회의주의자들의 주장이 정확히 어떤 것인지에 대해 말이다. 만약 그가 '총체적 회의론'이라는 이름으로 회의주의자들의 주장을 다음과 같이 이해한다면, 즉 "우리는 현실세계에서 통 속의 뇌이다"라는 주장으로 이해한다면, 그는 회의주의자들의 주장을 잘못 이해한 것이다. 만약 퍼트넘이 회의주의자들의 주장을 다음과 같이 이해한다면, 즉 "우리는 어떤 가능세계에 **대해서** 통 속의 뇌이다"라는 주장으로 이해한다면, 그는 회의주의자들의 주장을 제대로 이해한 것이다. 그러나 이렇게 이해된 회의론자들의 주장은 퍼트넘의 논변을 통해서는 깨지지 않는다. "우리는 어떤 가능세계에 **대해서** 통 속의 뇌이다"라는 회의주의자들의 주장은 필연적으로 거짓이 아니다. 이것이 참일 가능성은 살아 있다. 즉, 우리는 어떤 가능세계에 **대해서** 통 속의 뇌일 수 있다.

결론

"가능세계"를 배제하고자 한 퍼트넘의 논변은 실패다. 이것이 실패함을 보고자 한다면, 우선 그 논변이 어떻게 설정되어 있는지를 살펴봐야 한다. 많은 사람은 이 논변에 "현실세계"와 "믿음체계", 이 둘만 설정되어 있다고 본다. 필자는 달리 생각한다. 이 둘만 설정되어 있다고 보면, 이 논변이 왜 실패하는지 보이지 않는다. 실패의 원인을 살펴보려면, 통 속의 뇌가 존재하는 "가능세계", 입과 귀를 가지고 살아나가는 우리가 포함된 "현실세계", 그리고 "나무는 초록이다", "나는 통 속의 뇌이다" 등의 믿음들로 구성된 "믿음체계", 이 셋을 설정해야 한다. 퍼트넘은 지칭의 인과적 제약이라는 입장을 가지고서는, "가능세계"에 우리가 인지적으로 접근할 수 없다는 이유를 통해, "우리는 통 속의 뇌이다"라는 믿음이 필연적으로 거짓이라는 결론을 내린다. 그러나 이러한 믿음은 필연적으로 거짓이 아니다. 참인지, 거짓인지 알 수 없다는 것이 정답이다. 따라서 이 믿음의 참 가능성은 살아있다.

한편, 퍼트넘의 논변에 "현실세계"와 "믿음체계", 이 둘만 설정되어 있다고 보면, 퍼트넘의 논변이 왜 실패하는지를 알 수 없다. "믿음체계" 중에는 (1) "우리는 "가능세계"에서 통 속의 뇌이다"라는 믿음이 있고, (2) "우리는 "현실세계"에서 통 속의 뇌이다"라는 믿음도 있기 때문이다. 후자는 분명 거짓이지만, 전자의 참 가능성은 살아 있다. "가능세계"와 "현실세계"를 구분하지 않으면, 서로 다른 이 두 믿음((1)과 (2))이 섞여서 동일한 것, 즉 "우리는 통 속의 뇌이다"라는 세계–상대적이지 않은 믿음으로 보이게 되는 것이다. "우리는 통 속의 뇌이다"라는 분석되지 않은 믿음이 우리 앞에 놓이게 되면, 우리는 "가능세계"와 "현실세계" 사이에서 갈피를 잡지 못하고, 어쩌면 처음에는 "가능세계"에 상대적으로 이 믿음(1)의 진리값을 정하고자 출발했으면서도, 나중에는 결국 "현실세계"에 상대적으로 이 믿음(2)의 진리값을 고려하는 갈팡질팡의 상황에 놓일 수 있는 것이다. 이렇게 세 개의 차원을 구분해야만, 비로소 퍼트넘의 논변이 왜 실패하는지를 알 수 있다. 퍼트넘은 "우리는 통 속의 뇌이다"라는 믿음의 참, 거짓을 "현실세계"뿐만 아니라 "가능세계"에 대해서도 상대적으로 판단했어야 했다. "현실세계"에 대해 이 믿음은 거짓이지만, "가능세계"와 상대적으로 보자면, 이 믿음은 참, 거짓을 알 수 없는 것이 된다. 이 점에서 퍼트넘의 논변은 실패하는 것이다. 우리는 "가능세계"에서 통 속의 뇌일 수 있는 것이다.

영화에서도 이 점을 확인할 수 있다. 네오가 "나는 인간배터리일 수 있다"라고 믿을 때, 네오의 이러한 믿음은 필연적으로 거짓인 것은 아니다. 이 믿음이 참인지, 거짓인지 알 수 없을 뿐이다. 네오는 우리와는 달리 기회를 얻었다. 그는 파란 알약을 먹음으로써, 이 모든 것들 밖으로 나갔다. 이제 그는 "현실세계" 이면의 세계, 즉 "가능세계"에 인지적으로 접근할 수 있게 되었다. 그래서 자신의 믿음이 참임을 확인할 수 있게 되었다. 우리에게 이러한 기회가 주어질 것 같지는 않다. 그럼에도 불구하고, 즉 파란 알약을 먹을 수 없는 상황임에도도 불구하고, 우리에게는 분명 옳게 생각하는 방식과 그르게 생각하는 방식, 이 둘이 주어져 있다. 옳게 생각하는 방식은, "나는 통 속의 뇌일 수 있다"라는 믿음에 대해 우리는 참, 거짓을 확정할 수 없다고 생각하는 것이고(물론 두 세계 밖으로 나가 모든 세계를 관망하는 위치에 놓이게 되면, 참, 거짓을 확정할 수 있게 된다. 특히 어떤 가능세계에 대해서 이 명제, 즉 "나는 통 속의 뇌이다"라는 명제의 진리값을 정한다면, 이 명제는 참이며, 위의 주에서도 보았듯이, 필연적으로 참이다), 그르게 생각하는 방식은, 이 믿음이 필연적으로 거짓이라 생각하는 것이다. 알 수 없다는 것이, 필연적으로 거짓인 것은 아니다. "통 속의 뇌 가능성", "인간배터리의 가능성"은 여전히 살아 있다. 이러한 가능성은 퍼트넘의 논변을 통해서는 제거되지 않는다. 그렇다면, 우리는 통 속의 뇌일 수 있는 것이다. "가능세계"에서 말이다.

많은 사람은 퍼트넘의 논변에 두 개의 차원만 설정한다. 이것은 잘못된 독해일 뿐만 아니라, 퍼트넘의 논변이 왜 실패하는지를 볼 수 없게 만드는 철학적 실수를 낳는다.

퍼트넘의 통 속의 뇌 논증 비판 III
– 몇 가지 그림들[56]

퍼트넘은 전통적인 철학적 주제 중 하나인 외부세계 회의론을 현대적으로 각색해 만든, 통 속의 뇌 가설을 제기한다. 우리가 실재한다고 생각하는 이 세계가, 사실은 컴퓨터가 연결된 통 속의 뇌에 전기신호가 주어짐으로써 펼쳐지는, 그러한 세계라는 것이 통 속의 뇌 가설이다. 퍼트넘은 자신의 "지칭의 인과적 제약 이론"을 통해 이러한 가설이 절대 참이 될 수 없다는 것을 증명하고자 한다. 그러한 통 속의 뇌 가설은 개념적으로 불가능하다. 필자는 퍼트넘의 논변이 실패로 돌아간다고 생각한다. 그 이유는 퍼트넘이 자신의 논변을 펼치면서 전통적으로 제기된, 혹은 통 속의 뇌 가설이 제시하는 그림을 매우 심각하게 훼손한 후, 자신의 결론에 도달한다고 생각하기 때문이다. 원래의 외부세계 회의론은, 우리 세계를 "실재세계"로 간주하고, 그러한 "실재세계"가 사실은 가상임을 주장한다. 그런데 퍼트넘이 최종적으로 그려낸 외부세계 회의론 그림에는 "실재세계"가 빠지

---

56 이 글에서는 앞 장에서 "현실세계"라고 불렀던 것을 "실재세계"라고 부른다. 그래서 우리가 보고 듣고 만지고 하는 대상들로 가득 찬, 그리고 우리들로 가득 찬 세계가 "실재세계"이다. 반면, 앞 장에서 "실재세계"라고 불렀던 세계(통 속의 뇌 세계)는 "통 속의 뇌 세계"라고 부르도록 하겠다. 독자들은 이 점에 유의하시길 바란다.

고 대신 "이미지 세계"가 들어가 있다. 그리고 그 "이미지 세계"에서의 모든 발화는 "이미지 속의"라는 수식어를 달도록 그렇게 설정되어 있다. "실재세계"에서의 모든 발화는 액면가 그대로 이해된다. 그래서 "나무는 파랗다"라는 발화는 액면가 그대로 "나무는 파랗다"로 이해된다. 하지만 퍼트넘이 최종적으로 그린 외부세계 회의론 그림에서의 "이미지 세계"는, 거기에서의 모든 발화가 특정한 방식으로 번역되도록 그려져 있다. 그 "이미지 세계"에서의 발화 "나무는 파랗다"는, "이미지 속의 나무는 파랗다"로 번역되게끔 설정되어져 있다. 이것은 외부세계 회의론이 제시하는 그림과 완전히 다른 그림이다. 이렇게 원래의 외부세계 회의론이 제기하는 "실재세계"를 심각하게 왜곡시켜 자신만의 외부세계 회의론을 그려놓고 나서, 퍼트넘은 자신이 외부세계 회의론을 깼다고 주장한다. 퍼트넘은 외부세계 회의론이라는 깨기 어려운 주제를, 깨기 매우 쉬운 주제로 바꾼다. 그러고 나서 깨기 쉽게 변형된 주제를 공격하고는, 자신이 외부세계 회의론을 깼다고 주장한다. 전형적인 허수아비 공격의 오류 사례로서, 이러한 오류를 범하고 있는 이상, 퍼트넘의 논변은 실패라고 할 수 있다. 퍼트넘의 논변은 이해하기 어려운 방식으로 전개되고 있다. 이제 이해를 돕기 위한 그림을 그려나가며, 퍼트넘이 왜 오류를 범하고 있는지 살펴보도록 한다.

지칭의 인과적 제약

퍼트넘은 자신의 통 속의 뇌 논증을 펼침에 있어, 이른바 "지칭의 인과적 제약"이라는 이론을 제시하며 출발한다. 지칭의 인과적 제약이란, 어떤 발화나 필기가 무언가를 정말로 지칭하기 위해서는, 그러한 발화나 필기의 주체가 대상과 일종의 인과관계를 지녀야만 한다는 이론이다. 예를 들어, 구문론적으로 완전한 단어 '나무'는 이 단어의 사용자와 나무가 의미론적으로 연결되어 있을 경우에만 지칭 역할을 한다는 것이다. 만약 개미가 모래 위에 (물론 우연히) '나무'라는 흔적을 남긴다면, 이 단어는 지칭 역할을 한다고 할 수 없다. 퍼트넘은 다음과 같이 주장한다.

> [⋯] 개미가 그린 선이 WINSTON CHURCHILL이란 글자 모양을 이루었다고, 그것도 아주 우연적으로(그렇게 될 확률은 매우 낮겠지만 이 점은 무시하고) 이루었다고 가정해 보자. 〈활자화된 모양〉 WINSTON CHURCHILL이 어느 책이든 책에 나타날 경우에는 처칠을 대변하겠으나 개미가 우연히 그린 모래 위의 WINSTON CHURCHILL은 처칠을 대변한다고 할 수 없을 것이다.[57]

필자는 퍼트넘의 이러한 입장을 다음과 같이 표현하고자 한다. 구문적으로 완성되어 있음에도 불구하고 "의미론적 뿌리"가 없는 단어는 대상을 지칭하지 못한다. 우리가 칠판에 쓴 '나무'라는 단어는 "의미론적 뿌리"가 있기 때문에 나무를 지칭하지만, 개미가 모래 위에 그린 '나무'라는 흔적은 "의미론적 뿌리"가 없기 때문에 나무를 지칭하지 않는다. 우리가 칠판에 쓴 '나무'와 개미가 모래 위에 그린 '나무'라는 흔적은, 이 둘 사이의 질적인 유사성에도 불구하고, "의미론적

---

57 퍼트넘(2002), 20.

뿌리”가 있고 없고에 따라 지칭을 할 수도, 할 수 없을 수도 있다.

마술적 지시 이론

“의미론적 뿌리”가 있고 없고에 따라 어떤 단어는 지칭 역할을 할 수도, 할 수 없을 수도 있다. 여기에 더해 퍼트넘은 “의미론적 뿌리”가 서로 다를 경우에도 어떤 단어는 (혹은 이미지는) 지칭 역할을 할 수도, 할 수 없을 수도 있다고 주장한다(이를 설명하기 위해 퍼트넘이 든 사례는 실제로 지칭 역할에 핵심을 두는 것이 아니라 표상 역할에 초점이 맞추어져 있다. 그러나 지칭이든, 표상이든, 그 근본 취지를 생각해 보면, 큰 차이는 없다). 퍼트넘이 제시하는 예는 어떤 혹성에 사는, 우리와 매우 유사한 사람들의 사례이다. 그들은 우리와 모든 면에서 비슷하지만, 그 혹성에는 나무가 없어서 혹성 사람들은 나무를 본 적도, 나무를 상상해 본 적도 없다. 이들에게 나무가 그려진 그림 하나가 주어졌다고 가정해 보자. 우리가 이 나무 그림을 볼 경우, 우리 정신에는 어떤 상^{image}이 생기게 된다. 혹성인들이 이 나무 그림을 볼 때도, 그들의 정신에는 우리와 똑같은 어떤 상이 생기게 된다. 이 두 개의 상은 서로 같은가? 퍼트넘은 이 두 개의 상이 서로 다르다고 생각한다. 그는 다음과 같이 주장한다.

그 그림이 우리들에게는 나무를 대변하지만 그들에게는 성질과 기능을 전혀 알 수 없는 이상한 물건을 대변해 줄 뿐이다. 그들 중에 누군가가 내가 그 그림을 본 후 나무에 대하여 가지고 있는 바와 정확하게 동일한 정신적 이미지를 갖게 되었다고 가정해 보자. 그림에도 불구하고 그가 가진 이미지는 나무의 표상이 아니고 무엇인가 알 수 없는 어떤 낯선 물체의 표상일 따름이다.[58]

나무 그림이 하나 있다. 우리가 이 나무 그림을 볼 때 어떤 상이 떠오르는데, 우리는 그 표상을 나무와 연결한다. 반면 똑같은 나무 그림에 대해, 혹성인이 이 나무 그림을 보면 그는 우리와 똑같은 상을 떠올리지만, 그 표상은 나무와 연결되지 못한다. 필자는 이것을 "의미론적 뿌리"가 서로 다르기 때문으로 해석하고자 한다. 우리와 혹성인들은 서로가 가진 "의미론적 뿌리"의 차이로 인해, 동일한 하나의 나무 그림을 보고, 동일한 하나의 이미지를 머릿속에 떠올리지만, 그러한 동일한 하나의 이미지는, 표상의 역할을 함에 있어 차이를 내게 된다. 나무라는 대상에 "의미론적 뿌리"를 내리고 있는 우리의 인지적 조건에 따라서, 우리 머릿속의 특정 이미지는 나무를 표상하지만, 나무라는 대상에 "의미론적 뿌리"를 내리지 못하고 있는 혹성인의 인지적 조건은 우리와 달라서, 그들 머릿속의 특정 이미지는 나무를 표상하지 못한다.

우리가 칠판에 쓴 단어 '나무'와 개미가 모래 위에 그린 '나무', 이 두 단어(흔적)는 겉보기에 같다. 그러나 이 두 단어는 지칭 역할을 함에 있어 서로 차이가 있다. "의미론적 뿌리"가 있고 없고에 따라서 우리가 쓴 단어는 나무들을 지칭하지만, 개미가 모래 위에 그린 '나무'는 지칭 역할을 하지 못한다. 마찬가지로 나무 그림을 보았을 때, 우리 머릿속에 생긴 이미지와 혹성인들의 머릿속에 생긴 이미지는 서

---

58 퍼트넘(2002), 23.

로 질적으로 유사하지만, "의미론적 뿌리"의 차이로 인해, 그러한 이미지가 표상하는 대상에 대한 지칭은 서로 다른 것이다. 퍼트넘은 이러한 "의미론적 뿌리"를 무시하는, 그래서 단지 두 단어가(두 이미지가) 질적으로 유사하다고 해서, 동일한 대상을 지칭한다고 주장하는 사람들의 입장을 "마술적 지시 이론"이라고 부른다. 퍼트넘에 따르면 이러한 "마술적 지시 이론"은 잘못된 것이다. 퍼트넘은 다음과 같이 주장한다.

> […] 이것은 우리들의 개념 구조의 한 중요한 국면에 관한 진리를 증명해 주는 셈이 된다. 어떤 진리인가 하면 언어적이든 시각적이든 우리가 가지고 있는 복잡다단한 표상 체계는 표상되는 것과 어떠한 마술적인 연관성도 가지지 않는다는 점이다. 즉, 표상 체계와 표상되는 것 간의 연관성은 표상 체계가 어떻게 생겼으며 또 말하는 자나 생각하는 자의 성향이 어떤 것인지 하는 문제와는 아무런 관련도 없다. 이 점은 표상 체계(위에서 든 예의 경우에는 말과 이미지들)가 물리적으로 형성된 것—즉, 문자화되거나 발음된 말들과 물리적으로 그려진 그림들—이든 아니면 단지 마음속에서만 형성된 것이든지 간에 사실이다. 생각 속의 말과 마음속의 그림은 그 말과 그림이 나타내고자 하는 바와 본질적으로 연관되어 있는 것은 아니다. [59]

지금까지의 논의를 정리해 보자면 다음과 같다. "의미론적 뿌리"가 있고 없고에 따라, 혹은 "의미론적 뿌리"가 서로 다른 그러한 사람들

---

59 퍼트넘(2002), 25-26.

에게 있어 어떤 단어나 어떤 심적 이미지는, 이것들이 질적으로 서로 유사함에도 불구하고, 이것들의 지칭 역할이나, 표상 역할은 서로 달라지게 된다. 단어나 이미지들이 질적으로 서로 유사하기 때문에 같은 지칭 역할, 같은 표상 역할을 한다고 보는 입장은 "마술적 지시 이론"으로서, 잘못된 것이다.

퍼트넘은 이러한 "지칭의 인과적 제약 이론"을 이용해 우리가 통 속의 뇌일 가능성을 개념적으로 제거하고자 한다. 퍼트넘에 따르면, 만약 우리가 통 속의 뇌라면, 우리는 '우리는 통 속의 뇌이다'라는 생각도, 발화도 하지 못한다는 것이다. 필자는 퍼트넘의 주장이 잘못되었다고 생각한다. 왜 그런지 알기 위해 몇 가지 그림을 그려보며 논의를 진행하도록 한다.

통 속의 뇌

퍼트넘의 통 속의 뇌 논증을 검토하기에 앞서, 우리의 상식에 해당하는 그림 하나를 그려보도록 하자. 우리는 거대한 세계 안에 살고 있다. 우리는 우리가 그러하다고 믿으며, 그러한 거대한 세계가 실재한다고 생각한다. 그 세계에는 수없이 많은 사물이 있고, 또 수없이 많은 사람이 살고 있다. 예를 들어 나무가 있다. 또 우리의 이웃들이 있다. 어떤 사람의 뇌는, 그가 매우 똑똑한 사람이었다는 이유로 사망 후에 포르말린으로 채워진 유리 병에 담겨 있다. 우리는 이것들이 실재한다고 믿는다. 그리고 우리는 이 세계에서 생각도 하고 말도 한다.

이것이 우리가 생각하는 우리의 세계이다. 나와 내 주변의 모든 것

그림 1 상식적 세계관

들, 이것들이 실재하는 것이고, 이것들만이 실재하는 것이다.

한편 철학의 영역에서는 전통적으로 다음과 같은 외부세계 회의론이 제기되어 왔다. 상식적 세계관이 보여주는 그림([그림1])과는 달리, 우리 세계는 일종의 꿈과 같은 것으로서(혹은 데카르트의 주장처럼 이 세계는 악신이 우리에게 계속적으로 주입하는 환상과 같은 것으로서), 실재세계는 따로 있고 우리 세계는 가상의 것이다. 퍼트넘은 이러한 외부세계 회의론을 "통 속의 뇌"라는 가설로서 새로이 제기한다.[60] 퍼트넘은 이러한 "통 속의 뇌" 가설을 다음과 같이 소개한다.

두뇌 하나가 아니라 모든 인간(또는 아마도 모든 감각 기능을 가진 생물)이 통 속에 들어 있는 두뇌(〈감각〉이라는 최소한의 신경 조직만 가진 생물의 경우에는 신경 조직)라고 상상할 수도 있다. […] 우주는 온통 두뇌와 신경 조직으로 가득 찬 통만을 만들어내는 자동 기계로 구성되어 있

---

[60] 지금까지 여러 가지 가능성[통 속의 뇌]에 관하여 이야기하였는데 이 가능성이 인식론의 분과에서 언급될 때 그 목적은 물론 외부 세계의 존재에 관한 회의론이라는 고전적인 문제를 새로운 방식으로 제기해 보고자 함이다. 퍼트넘(2002), 27 참조.

는지도 모른다.

이번에는 그 자동 기계가 우리로 하여금 서로 연관성 없이 각각 분리되어 있는 환각들이 아니라 하나의 집단적인 환각을 일으키도록 만들어져 있다고 상상해 보자. 그리하여 내가 당신에게 말하고 있는 것처럼 내 스스로에게 보일 때, 당신에게는 당신이 나의 말을 듣고 있는 것처럼 보인다. 물론 이때 나의 말이 당신의 귀까지 실지로 다다르는 것은 아니다. 당신에게는 실지로 귀가 없고 나에게는 입과 혀가 없기 때문이다. 내가 말을 내뱉을 때 정말로 일어나는 일은 나의 두뇌에서 발생한 전기 자극이 컴퓨터로 나가서 나는 나 자신의 음성을 〈듣고〉 내 혀의 움직임을 〈느끼게〉 하고 당신은 내 말을 〈듣고〉 내가 말하는 것을 〈보게〉 함이다. […] 말하고 듣는 기계적 과정이 우리가 평소 생각하는 바와는 다를지라도 내가 당신에게 무엇을 이야기할 때 결국 당신은 정말로 나의 말을 듣고 있다고 할 수 있[다].[61]

이러한 "통 속의 뇌" 가설에 따르면, 우리의 상식적 세계관과 달리 우리는 실제로 통 속의 뇌이며, 그 뇌에 전기신호가 가해져 마치 내 주위의 모든 것들이 실재하는 것처럼 느끼며 사는 것이다. 이렇게 볼 때 "통 속의 뇌" 가설에는 우리의 상식적 세계관과는 달리 하나의 차원이 더 놓이게 되는데, 그것은 바로 "통 속의 뇌 세계"이다. 이를 그림으로 보면 다음과 같다.

퍼트넘의 말처럼, 이것은 외부세계 회의론의 현대적 그림이다.("그

---

61 퍼트넘(2002), 27-28.

그림 2 외부세계 회의론

목적은 물론 외부 세계의 존재에 관한 회의론이라는 고전적인 문제를 새로운 방식으로 제기해 보고자 함이다.”[62] 이 그림에서 보듯이, 우리는 나무와 우리 이웃과 포르말린 액에 든 뇌 등이 실재한다고 생각하지만, 사실 우리는 통 속에 든 뇌로서, 컴퓨터가 우리 뇌에 전기신호를 제공해 이 모든 것들이 실재한다는 환상을 갖는 것이다[63].

이 그림은 퍼트넘의 “통 속의 뇌” 논변에서 핵심을 이룬다. 통 속의 뇌 세계가 있고, 그 뇌에 컴퓨터가 전기신호를 보냄으로써 우리가 실재한다고 생각하는 그러한 세계가 주어지는 것이다. 우리는 통 속의 뇌 세계에 인지적으로 접근할 수 없어서 우리 세계가 진정으

---

62 퍼트넘(2002), 27.

63 이 그림에서 보이듯, 우리는 통 속의 뇌 세계에 접근할 수 없다. 다음을 참조: “퍼트넘의 실재론적 비평이 지겹지 않도록 지적한 바와 같이, 우리가 가정해야 할 모든 것은 다음과 같은 것이다. 즉, 우리의 감각 기관이나 감각 기관의 기술적 확장을 통해서는 결코 추적될 수 없는 실재의 측면이 있다는 것. 그리고 우리가 감각 기관을 통해 쌓을 수 있는 증거로부터 그러한 실재의 존재를 추론해 낸다는 것은 절대 합리적이라 할 수 없다는 것.”(David Davies(1997), 56.) 통 속의 뇌 세계에 접근할 수 없다는 것이, 그러한 가능성을 제거할 수는 없다.

로 실재하는 세계라고 믿지만, 사실 이러한 믿음은 거짓일 수도 있는 믿음이다.

이러한 그림을 그린 다음 퍼트넘은 이 그림이 불가능한 그림임을 증명하고자 한다. 즉, 그는 통 속의 뇌 세계의 가능성을 제거하고 우리 세계가 실재세계임을 정당화하고자 한다. 통 속의 뇌 논증을 소개하고, 그런 다음 이 논증이 제시하는 그림을 논리적/개념적으로 격파한 다음 퍼트넘은 다음과 같이 말한다.

> 우리가 단순히 통 속의 두뇌일 뿐인 〈물리적 가능세계〉가 있다고 해서 바로 이것이 우리가 정말 통 속의 두뇌가 될 수 있다는 것을 의미하지는 않는다. 우리가 통 속의 두뇌가 될 수 있는 가능성을 배제시키는 작업은 따라서 물리학에서 이루어지는 것이 아니라 철학에 의해서 이루어진다.[64]

이제부터 두 가지 방향에서 퍼트넘의 주장을 비판적으로 고찰해보고자 한다. 우선 통 속의 뇌 논증에 대한 퍼트넘의 주장을 그림으로 그려보고자 한다. 퍼트넘은 자신의 논증을 펼쳐나가면서 위의 [그림2], 즉 외부세계 회의론 그림을 계속 변형시켜 나간다. 그리고 그렇게 변형시켜 나가면서 퍼트넘은 위의 외부세계 회의론 그림에서 우리가 "실재세계"라고 믿는 그 세계를 매우 약화된 세계, 즉 "이미지 세계"로 그려간다. 이러한 그림의 변형 과정을 보여주는 것이 첫 번째 방향의 비판적 고찰이다.

---

64 퍼트넘(2002), 42.

두 번째 방향의 비판적 고찰은, 이렇게 퍼트넘이 위의 그림을 변형시켜 나가면서 도달한 최후의 그림("이미지 세계")을 위의 외부세계 회의론 그림과 비교해 보는 것이다. 위의 외부세계 회의론 그림에서는 우리가 "실재세계"라고 믿는 세계가 그려져 있다. 그런데 퍼트넘이 계속 변형시켜 나가면서 그려낸 그림 중 최후의 그림에는 "실재세계" 대신 "이미지 세계"가 남게 된다. 퍼트넘은 위의 외부세계 회의론 그림에서의 "실재세계"를 "이미지 세계" 그림으로 바꾸어 놓은 다음, "우리가 통 속의 두뇌가 될 수 있는 가능성을 배제시키는 작업"을 완성하게 된다. 앞으로 보겠지만, 이것은 전형적인 허수아비 공격의 오류 사례이다. 충분히 가능성 있는 그림(논증)을, 깨기 너무 쉬운 그림(논증)으로 일단 바꿔 놓고 논리적 공격을 가하는 그러한 오류, 즉 허수아비 공격의 오류를, 퍼트넘은 자신의 통 속의 뇌 논증을 통해 펼치는 것이다. 필자의 생각에 퍼트넘의 논증은 잘못되었다. 그리고 그 결과 퍼트넘의 주장과는 달리 외부세계 회의론은 여전히 살아남는다. 이제 이러한 과정을 그림을 통해 살펴보도록 한다.

통 속의 뇌 논증에 대한 비판적 고찰: 그림들

통 속의 뇌 가설을 소개한 다음 퍼트넘은 다음과 같이 주장한다.

이제 매우 어리석고도 자명한 것 같아 보이지만(적어도 이론적으로 무장된 몇몇 철학자들의 눈에는) 정말 깊이 있는 철학적 문제로 보다 직접적으로 인도할 질문 하나를 제기하겠다. 지금까지 한 이야기가 전부 사실이라고 가정해 보라. 정말 우리가 통 속에 들어 있는 두뇌라고 한다면 그와 같은 사실을 우리가 말하거나 생각할 수 있을 것인가? 이 질문에 대한 나의 대답은 〈아니오〉이다. 사실 나는 우리가 정말로 통 속에 있는 두뇌에 불과하다는 가정이 물리적 법칙에 위배되지 않고 우리가 경험해 온 모든 것과 전혀 모순되지는 않더라도 절대 참이 될 수 없는 가정이라고 주장하고자 한다. 왜 그것이 절대 참이 될 수 없는 가정이냐 하면 그것은 스스로를 논파하는 가정이기 때문이다. [65]

퍼트넘에 따르면, 우리가 통 속에 있는 두뇌에 불과하다는 가정은 절대 참이 될 수 없는 가정이다. 그 가정은 스스로를 논파하는 가정이기 때문이다. 스스로를 논파하는 가정에 대한 논의는 뒤로 미루고 [66], "통 속의 뇌" 가설이 왜 불가능한지에 대한 퍼트넘의 설명을 더 들어보자.

나의 논의를 제시하기 이전에 그와 같은 논의가 제시될 수 있다는

---

65 퍼트넘(2002), 28-29.
66 이 글의 마지막 부분에 가면, 왜 통 속의 뇌 가설이 스스로를 논파하는 논증인지가 소개된다. 지금은 다음과 같이 설명하고 넘어가고자 한다. 외부세계 회의론 그림을 제시하고 난 후, 퍼트넘은 이 그림을 계속 변형시켜 나간다. 그리고 최종적으로 자신만의 외부세계 회의론 그림을 그려내는데, 그 그림에서는 원래 외부세계 회의론 그림에 있던 "실재세계"가 사라지고, 대신 "이미지 세계"가 나타난다. 이 "이미지 세계"에서의 모든 발화는 다음과 같이 체계적으로 번역된다. 명제 "P"는, "이미지 속의 P이다"로 번역된다. 그래서 "나무는 파랗다"라는 명제는 "이미지 속의 나무는 파랗다"로 번역된다. 그래서 우리가 "우리는 통 속의 뇌이다"라고 발화하거나 생각하면, 그 발화나 생각은 "우리는 이미지 속의 통 속의 뇌이다"라고 번역된다는 것이다. 통 속의 뇌 논증의 전제 중 하나는 "우리는 실제로 통 속의 뇌이다"라는 명제이다. 이것이 가설의 전제로서 참이라면, "우리는 이미지 속의 통 속의 뇌이다"는 거짓이다. 우리가 실제로 통 속의 뇌라면, "우리는 이미지 속의 통 속의 뇌이다"로 번역되는 "우리는 통 속의 뇌이다"는 필연적으로 거짓이라는 것이 퍼트넘의 주장이고, 이것이 "우리는 통 속의 뇌이다"라는 가정이 스스로를 논파하는 가정이라는 퍼트넘 주장의 취지이다.

사실이 왜 이상해 보이는지(적어도 진리 〈모사〉설을 지지하는 철학자들의 눈에는)부터 고찰해 보기로 하자. 감각을 가진 모든 생명체가 통 속의 두뇌 형태를 띤 어떤 세계가 있을 수 있음이 물리적 법칙과 어긋나지 않음은 이미 인정한 바 있다. 철학자들이 자주 언급하듯이 감각 기능을 가진 모든 생물이 통 속의 두뇌로 생존하는 어떤 〈가능세계possible world〉가 있을 수 있다. [⋯] 그 가능세계에 사는 인간들은 우리와 정확히 동일한 경험을 갖고 있으며 우리와 정확히 동일하게 생각을 한다. (적어도 동일한 말, 동일한 이미지, 동일한 사고 형식 등이 그들의 마음에서도 일어날까? 그리고 왜 정말 통 속의 두뇌인 그 가능세계의 사람들은 그러한 논의를 전개시킬 수 없을까?)

그럼에도 불구하고 우리는 통 속의 두뇌가 아님을 밝힐 수 있는 논의가 가능하다고 나는 주장하고 싶다. 어떻게 그러한 논의가 가능할까? 이에 대한 답변은 (기본적으로) 다음과 같다. 즉, 그 가능세계에 있는 사람들이 우리가 생각하는 방식대로 생각하고 우리가 사용하는 어떤 말이라도 〈발언〉할 수 있지만 적어도 우리는 지시할 수 있는 반면 그들은 지시할 수 없는 것이 있다. 특히 그들은 그들이 통 속의 두뇌라는 사실을 생각할 수도 말할 수도 없다.[67]

여기서 퍼트넘은 다음과 같이 주장한다. "적어도 우리는 지시할 수 있는 반면 그들[통 속의 뇌]은 지시할 수 없는 것이 있다. 특히 그들은 그들이 통 속의 두뇌라는 사실을 생각할 수도 말할 수도 없다." 이러한 주장을 한 후 퍼트넘은 이 글의 초반부에 제시된 "의미론적 뿌리"

---

67 퍼트넘(2002), 30–31.

개념에 기대어 자신의 주장을 전개한다. 퍼트넘은 "지시에 관한 튜링 검사"를 소개하며 자신의 입장을 전개하는데, 필자는 퍼트넘이 주장하는 바와 유사한 사례를 제시하며 퍼트넘의 이론을 소개하고자 한다(필자의 생각에 퍼트넘이 지금 자신의 이론을 전개한다면, 이 사례를 사용했을 것이라 본다). 페이스북에서 인공지능을 만들어 두 인공지능에게 서로 대화를 하도록 훈련시킨 적이 있다. 두 인공지능의 이름은 각각 밥과 앨리스였다. 이들은 정상적으로 대화를 하다가 갑자기 엉뚱한 대화를 하기 시작한다(유튜브의 자막을 그대로 인용한다).

> 밥이 "공은 영을 내게 내게 내게…"라는 말을 하자, 앨리스는 "너 나 모든 것 그 외 모든 것"이라고 답하고요.
> 또 밥이 "공은 공을 내게 내게 내게…"라고 말하자 앨리스는 "나 나 할 수 있는 나 나 나 그 외 모든 것"이라고 말을 합니다.
> 사실 말이 안 되는 대화들이죠.
> 하지만 개발자들이 놀란 이유는 AI가 인간이 명령한 원칙을 깼기 때문입니다.
> 사실 '공은 영을 내게 내게 내게…'라는 이런 아무 의미가 없어 보이는 말을 던지면 상대 채팅 로봇은 오류를 일으켜야 합니다.
> 그런데 마치 이 말을 이해한 것처럼 대답한 것이죠. 개발자들은 자신들만의 언어를 개발한 것으로 분석했습니다. [68]

이와 관련해 인공지능이 자신들만의 언어를 개발한 것인가, 아니

---

[68] https://youtu.be/ENbBfGXRxOU

면 기계오류로서 옹알이에 불과한 것인지에 대해 논쟁이 있었지만, 필자가 보기에 이것은 후자에 해당한다. 적어도 자신들만의 언어를 개발하려면, 이러한 인공지능은 약인공지능이 아니라 강인공지능이어야 하는데, 지금의 기술은 아직 강인공지능에 도달해 있지 못하기 때문이다. 우리의 논의와 관련해 보자면, 여기서 중요한 점은 인공지능이 왜 말이 안 되는 대화를 했는지에 관한 것이다. 필자가 보기에 인공지능이 구문론적으로 안정적인 대화를 나누다가 갑자기 구문론적으로 틀린 대화를 구사한 이유는, 이 인공지능에게는 "의미론적 뿌리"가 없기 때문이다. "의미론적 뿌리"를 내릴 도구, 즉 눈, 코, 입, 귀, 피부가 없기 때문에 이들의 대화는 오직 구문론적으로만 기틀이 갖추어져 있고, 따라서 밥이 잘못된 구문을 제시했을 때, 그때부터 밥과 앨리스는 잘못된 언어놀이를 시작하게 된 것이다. 적어도 퍼트넘이 "지시에 관한 튜링 검사"와 관련해 말하려는 바는 바로 이러한 것이다. 퍼트넘은 다음과 같이 말한다.

> 그 기계는 주어진 문장에 대답하여 다른 문장을 만들어내게 되어 있는데 그렇게 산출된 문장은 그 어느 것도 사실 세계와는 전연 관련이 없는 것이다. 이러한 기계를 두 개 만들어 서로 모방 놀이를 하게 한다면 그 두 기계는 설혹 이 세계가 없어져 버린다 할지라도 서로를 바보로 만드는 짓거리를 영원히 계속할 것이다. 그 기계가 사과에 관하여 말한다고 해서 그것이 바로 사실 세계의 사과를 지시한다고 할 수 없음은 개미가 모래 위에 우연히 그린 처칠의 그림이 바로 처칠 자신을 지시한다고 할 수 없음과 마찬가지이다.[69]

이것을 그림으로 표현하자면 다음과 같다.

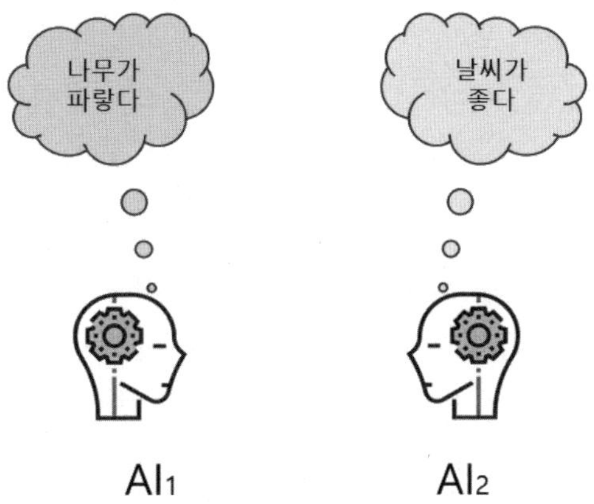

그림 3 "의미론적 뿌리"가 없는 기계들의 대화

이러한 두 기계의 대화를 소개하면서 퍼트넘은 다음과 같은 중요한 사실을 지적한다. AI들의 발화, 즉 "나무가 파랗다"라는 발화, 그리고 우리의 "나무가 파랗다"라는 발화, 이 둘은 질적으로 완전히 유사하지만, 이 둘은 사실 완전히 다른 기능을 하는 발화들이다. 필자의 표현에 따르면, 우리의 발화는 "의미론적 뿌리"가 있는 발화이지만, AI들의 발화는 "의미론적 뿌리"가 없는 발화이기 때문이다. 우리의 발화와 AI들의 발화가 비슷하다고, 혹은 질적으로 완전히 유사하다고 해서 기계도 지시를 할 수 있고 의미를 가지고 있고 또 지능도 가지고 있다고 생각하면, 그것은 잘못이다. 퍼트넘은 다음과 같이 주장한다.

---

69 퍼트넘(2002), 35.

왜 기계도 지시를 할 수 있고, 의미를 가지고 있고, 또 지능도 가지고 있는 듯한 환상이 생기는가 하면 사과, 교회의 뾰족탑 등에 관한 기계의 말도 우리가 이미 가지고 있는 표상의 관습에 비추어 받아들여지기 때문이다. 개미가 실지로 처칠의 모양을 그렸다는 환상도 마찬가지 이유에서 생긴 것이다. 그러나 우리는 사과나 들판 같은 것을 지각할 수 있고 취급이나 매매도 할 수 있다. 사과나 들판에 대하여 하는 우리들의 말은 말이 아닌 사과와 들판에 밀접히 연관되어 있다. 사과에 대한 경험에 입각하여 〈나는 사과를 본다〉와 같은 발언을 할 수 있게 해주는 〈언어 유입 규칙language entry rules〉과, 언어의 형태로 표현된 결정(〈나는 사과를 몇 개 사려고 한다〉)에 근거하여[,] 말하는 행위 이외의 다른 행위를 유발시키는 〈언어 방출 규칙language exit rules〉이 있는데 만약 이 두 규칙 중 어느 하나만이라도 없다면 문제의 기계가 수행하는 대화(또는 서로 모방 놀이를 하는 두 개의 기계의 경우에는 두 기계 간의 대화)는 단순한 문장론적인 놀이 이상의 것일 수 없다. 그 문장의 놀이가 지적인 대화와 분명 유사하긴 하지만 그것은 개미가 모래 위에 남긴 모양이 어떤 실재물의 그림과 유사한 것과 다를 바 없다.[70]

우리가 사용하는 '사과'라는 단어는 우리가 사과를 사고, 팔고, 먹고, 사과가 달린 나무를 보는 등의 총체적 경험과 연계되어 있다. 즉, 우리의 '사과' 단어는 "의미론적 뿌리"를 가지고 있다. 반면 AI가 사용하는 '사과'라는 단어는, 우리가 사용하는 '사과'라는 단어와 질적으로

---

70 퍼트넘(2002), 35-36.

완전히 유사하지만, "의미론적 뿌리"를 갖지 못하기 때문에, 이 둘을 같은 지칭단어로 이해하는 것은, 퍼트넘의 말처럼 환상인 것이다.

만약 퍼트넘이 자신의 "통 속의 뇌" 논증을 여기에서 끝냈다면, 퍼트넘 논증에 대한 비판은 매우 쉬워진다. AI들을 통 속의 뇌로 대체하면, [그림3]이 살짝 바뀌는데, [그림3]은 애초에 퍼트넘이 제시한 통 속의 뇌 논변 그림([그림2])과 완전히 다른 것이기 때문이다. 통 속의 뇌들이 "나무는 파랗다", "날씨가 좋다" 등의 발화를 한다면, 지칭의 인과적 제약 이론에 의해 이들은 "의미론적 뿌리"가 없는 구문론적 단어만을 내뱉은 것이며, 따라서 이들의 대화는 우리 세계에 대한 것과는 아무런 연관성이 없는 것이다. 이러한 사실에 기반해 만약 퍼트넘이, AI들의 발화, 즉 "우리는 통 속의 뇌이다"라는 발화에 대해 그것은 우리 세계와 관련없는, 마치 개미들이 모래 위에 그린 흔적과 같은 것이라고 치부해 버린다면, 퍼트넘은 허수아비 공격의 오류를 범하는 것이 된다. 즉, 원래의 외부세계 회의론 그림([그림2])을, 매우 깨기 쉬운 그림으로 바꾸어 놓고 나서([그림3]), 자신이 외부세계 회의론을 깼다고 주장하는 것과 마찬가지라는 것이다. 하지만 퍼트넘은 그렇게 하지 않는다. 그는 다시 진정한 외부세계 회의론 그림을 들고 나온다. 퍼트넘은 다음과 같이 주장한다.

가상의 그 〈통 속의 두뇌〉와 위에서 소개한 기계를 비교해 보자. 양자 사이에는 분명히 중요한 차이점이 있다. 통 속의 두뇌는 감각 기관을 가지고 있지 않[지만][71] 대신에 감각 기관에 대한 설비는 갖추

---

71 원래의 번역문은 다음과 같다. "통 속의 두뇌는 감각 기관을 가지고 있지 않다. 대신에 감각 기

고 있다. 즉 받아들이는 말초 신경 조직과 이 말초 신경 조직으로부터 들어온 것들이 있으며 이렇게 들어온 것들은 우리 두뇌의 프로그램에서와 마찬가지로 통 속의 두뇌가 가진 〈프로그램〉에 나타나게 된다. 통 속의 두뇌는 두뇌일뿐더러 기능을 가진 두뇌로서 실재 세계의 두뇌를 움직이는 규칙과 마찬가지의 규칙에 의거하여 작용한다. 그러기 때문에 통 속의 두뇌에는 의식이나 지능이 없다고 한다면 잘못된 것처럼 들릴 수도 있다. 그러나 통 속의 두뇌가 의식과 지능을 가지고 있다고 해서 이 사실이 바로 통 속의 두뇌도 지시 기능을 가진다는 점을 뜻할 수는 없다. 우리가 현재 관심을 갖고 있는 질문은 다음과 같다. 즉 통 속의 두뇌들이 내뱉는 말들, 예컨대 나무라는 말이 정말 실지의 나무를 지시하는가? 더 일반적으로 말하여 통 속의 두뇌들도 (자동 기계에 의하여 생성된 이미지 속의 대상과는 반대되는) 외적 대상을 지시할 수 있는가?[72]

퍼트넘은 밥과 앨리스의 대화 그림([그림3])을 보강함으로써, 즉 인공지능에게도 감각 기관에 대한 설비(말초신경조직으로부터 들어 온 것들, 즉 이미지 등)를 갖추어 줌으로써 자신이 애초에 제시한 외부세계 회의론 그림을 다시 보여주게 된다. 이를 그림으로 표현하면 다음과 같다.

관에 대한 설비는 갖추고 있다.” 필자는 이를 살짝 바꾸었는데, 그 이유는 이 문장에서의 핵심은 “통 속의 두뇌가 감각기관을 가지고 있지 않다”는 것이 아니라 “대신에 감각 기관에 대한 설비는 갖추고 있다”는 것이기 때문이다. 원문은 다음과 같다. “The brains in a vat do not have sense organs, but they do have provision for sense organs[⋯].”(Putnam(1981), 12)

72 퍼트넘(2002), 36-37.

그림 4 살짝 변형된 외부세계 회의론

필자는 이 그림을 '살짝 변형된 외부세계 회의론'이라고 불렀는데, 그 이유는 이 그림이 원래의 외부세계 회의론 그림과 달라지는 점을 갖기 때문이다. 원래의 외부세계 회의론은, 우리가 "실재세계"라고 믿는 세계가 사실은 실제가 아니라 가상(환상)이라는 점을 보여주는 그림이었다. 이렇게 "실재세계"가 사실은 가상세계임을 외부세계 회의론 그림은 보여주지만, 그럼에도 불구하고, 외부세계 회의론 그림에서 우리는 우리세계를 "실재세계"로 확신한다. 그런데 살짝 변형된 외부세계 회의론 그림에서의 인간들, 나무들, 포르말린 용액에 들어 있는 뇌는, 퍼트넘에 의하면, "이미지"들이다. 다음과 같은 퍼트넘의 주장이 이를 보여준다([그림4]가 보여주듯이, 퍼트넘이 '이미지'라는 단어를 사용한다는 점에 주목하길 바란다).

그러나 이러한 상상은 도움이 되지 않는다. 통 속의 두뇌가 사용하는 〈나무〉라는 말과 실재하는 나무 사이에는 아무런 연관성도 없기 때문이다. 실재의 나무가 존재하지 않는다 하더라도 **통 속의 두뇌는 〈나무〉라는 말을 사용할 것이고 나무에 대한 생각과 이미지도 가질 것이다.** 나무에 대한 두뇌 속의 이미지와 두뇌가 사용하는 〈나무〉라는 말은 우리의 세계에 있는 나무를 표상해 주는 이미지와 말 등과 질적으로는 동일하다. 그러나 이미 살펴보았다시피(다시 개미의 경우를 생각해 보라) 어떤 것이 실재의 대상(윈스턴 처칠 또는 나무)을 표상해 주는 어떤 것과 질적으로 유사하다고 하여 바로 그것이 무엇을 대변한다고 할 수는 없다. 요컨대 통 속의 두뇌가 〈내 앞에 나무가 한 그루 있다〉고 생각할 때 그것이 실지로 생각하는 것은 실재하는 나무가 아니다. 그 두뇌가 생각하는 〈나무〉가 사실적인 나무를 표상한다고 간주할 아무런 근거도 없기 때문이다.[73](밑줄 밑 굵은 강조는 필자의 것)

여기서 퍼트넘은 "실재"의 나무가 존재하지 않는다 하더라도 통 속의 두뇌는 '나무'라는 말을 사용할 것이고, 나무에 대한 생각과 "이미지"는 갖는다고 주장한다. 즉 통 속의 뇌 상황을 가정했을 때, 이 그림은 외부세계 회의론 그림([그림2])과 비슷해 보이지만, 사실은 많이 다르다. [그림2]에서는 우리 세계가 "실재세계"로 간주되고 있지만, 이 그림에는 "이미지 세계"만 남아 있기 때문이다. 이 그림에서 우리가 "실재"한다고 생각하는 "실재세계"는 사라진다. 통 속의 뇌가 있고, 컴퓨터가 제공하는 전기신호에 의한 이미지가 있고, '나무'라는 발화

---

73 퍼트넘(2002), 37-38.

가 있다. 우리 세계, 우리가 실재세계라 믿는 우리 세계는 이 그림에서 사라져 있다. 이것이 외부세계 회의론 그림인가? 그런데 재미있게도 퍼트넘은, "나무에 대한 두뇌 속의 이미지와 두뇌가 사용하는 〈나무〉라는 말은 우리의 세계에 있는 나무를 표상해 주는 이미지와 말 등과 질적으로는 동일하다"라고 말함으로써 이 그림에 새로운 그림을 추가하고 있다. 바로 "실재하는 나무[우리 세계에서의 나무]" 그림이 새로이 더해지는 것이다. 이렇게 새로 그려진 그림은 다음과 같다.

그림 5 퍼트넘이 그린 "통 속의 뇌" 그림

그림에서 보듯이, "통 속의 두뇌는 〈나무〉라는 말을 사용할 것이고 나무에 대한 생각과 이미지도 가질 것이다. 나무에 대한 두뇌 속의 이미지와 두뇌가 사용하는 〈나무〉라는 말은 우리의 세계에 있는 나무를 표상해 주는 이미지와 말 등과 질적으로는 동일하다." 그러나 "어떤 것이 실재의 대상(윈스턴 처칠 또는 나무)을 표상해 주는 어떤 것과 질적으로 유사하다고 하여 바로 그것이 무엇을 대변한다고 할 수는 없다." 즉, 통 속의 뇌 세계에서 이미지들에 근거한 '나무'라는 단어와 우리 세계에서 실재하는 사물들에 대한 경험에 근거한 '나무'라는 단어는 질적으로 아무리 유사하더라도 지칭에 있어 서로 다른 기능을 하는 단어들이다. 이런 복잡한 그림을 그린 후 퍼트넘은 다음과 같이 주장한다.

> 그렇다면 통 속의 두뇌의 경우 내재적으로도 외부적으로도 나무를 표상하지 않는 감각 자료에 언어가 결부되도록 프로그램이 짜여 있다면 도대체 외부적인 어떤 것을 지시하거나 표상하는 언어 체계가 과연 두뇌에 형성될 수 있을까?
> 이에 대한 대답은 부정적이다. 감각 자료, 방출 신경에 대한 작동 신호, 그리고 입력으로서의 감각 자료에 〈언어 유입 규칙〉에 의하여 연결되고 출력으로서의 작동 신호에는 〈언어 방출 규칙〉에 의하여 연결된 언어 또는 개념 체계 등으로 이루어진 통 속의 두뇌가 가진 전 체계는 개미의 그림과 윈스턴 처칠의 관계와 마찬가지로 **실재하는** 나무와는 아무런 관련도 가지지 않는다. 통 속의 두뇌가 가진 생각과 실재 세계의 인간이 가진 생각 간에 질적인 유사성^{qualitative} similarity(질적 동일성이라 해도 좋다)이 있다고 해서 양자가 동일한 지시 기능을 가지고 있다고는 결코 말할 수 없음이 밝혀진 이상, 통 속의 두뇌가 외적인 사물을 지시한다고 간주할 수 있는 어떠한 근거도 있을 수 없음은 자명해졌다. [74](밑줄 밑 굵은 강조는 필자의 것)

퍼트넘의 주장은 자명하다. 통 속의 뇌 세계에서의 발화 '나무는 초록이다', 그리고 실재세계에서의 발화 '나무는 초록이다', 이 둘은 서

---

74 퍼트넘(2002), 39.

로 질적으로 유사하다 하더라도, 동일한 지시 기능을 가진다고 할 수 없다. 따라서 통 속의 두뇌가 외적인 사물(우리 세계, 즉 실재세계의 사물)을 지시한다고 할 수 없다. 그림이 복잡해졌지만, 퍼트넘이 주장하고자 하는 바는 명확하다. 통 속의 뇌에게 전기신호를 통해 이미지가 주어지고, 통 속의 뇌 세계에서 그 이미지에 근거해 그 어떤 발화가 이루어진다 하더라도, 그리고 그 발화가 실재세계의 어떤 발화와 질적으로 유사하다 하더라도, 이 두 발화는 그 지칭에 있어 전혀 다른 기능을 한다는 것이다. "이 양자가 동일한 지시 기능을 가지고 있다고 결코 말할 수 없다"는 것이 퍼트넘의 주장이다.

앞으로 보겠지만, 여기서 퍼트넘이 등장시킨 "실재세계"는 사실 "이미지 세계"를 약화시키기 위해 도입된 것이다. "실재세계"를 등장시킴으로써 퍼트넘은 "이미지 세계"에서의 모든 발화를 "실재세계"와 관련 없는 발화로 처리할 기회를 얻게 되는 것이다. "실재세계"에서의 '나무'라는 발화는 실제로 나무들을 지칭하지만, "이미지 세계"에서의 '나무'라는 발화는 실제 나무를 지칭하지 못한다. 이러한 그림에서 "실재세계"를 빼면 "이미지 세계"만 남게 된다. 그렇다면 결과는 자명하다. "이미지 세계"에서의 그 어떤 발화도 실제 사물들과 관련이 없는, 마치 AI들의 발화나 개미가 그린 흔적과 같은 위상만을 갖게 되는 것이다. 앞으로 이 점이 중점적으로 논의될 것이다.

지금까지의 그림은 철학적으로 전혀 문제가 없어 보인다. 하지만 앞으로 논의될 퍼트넘이 그린 마지막 그림은 사정이 다르다. 퍼트넘은 자신의 통 속의 뇌 논변을 진행시키면서 여러 그림들을 소개하고, 각 그림에서 자신의 "지칭의 인과적 제약 이론"을 이용해 두 단어가 질적으로 유사하다 하더라도 이 단어들은 지칭에 있어 전혀 다른 역할을 한다는 점을 주장해 왔다. 그렇게 주장함에 있어 퍼트넘은 자신의 그림에 계속 "실재세계"의 모습을 담아 왔다. "실재세계"의 모습이 담겨 있는 한, 그러한 그림은 우리 세계의 가능성을 계속 확보해오고 있는 중이며, 그런 한에서 이것들은 외부세계 회의론 그림의 변형으로 이해되어 왔다. 그런데 퍼트넘은 자신의 마지막 그림에서 "실재세계"를 뺀다. 퍼트넘이 최초로 그린 외부세계 회의론 그림([그림2])에는 "실재세계"가 설정되어 있다. 그런데 마지막 그림에서는 "실재세계"가 사라진다. 그리고 오직 이미지 세계만 남게 된다. 거기에 더해, 퍼트넘은 이미지 세계에서의 모든 발화들을 특정 방식으로 변형시키고 있다. 예를 들어 이미지 세계에서 "나무는 파랗다"라는 발화가 나오면, 그 발화는 "이미지 속의 나무는 파랗다"로 변형되게끔 되어 있다. 이렇게 모든 발화를 액면가 그대로 이해하지 않고 "이미지 속의"라는 수식어를 붙게 만듦으로써, 퍼트넘은 외부세계 회의론 그림을 완전히 다른 그림으로 변형시키게 되는 것이다. 그러고 나서 이그림을 공격함으로써 퍼트넘은 자신의 논변을 완성시키게 되는 것이다. 이것은 앞에서 언급한 것처럼, 전형적인 허수아비 공격의 오류사례이다. 이제 퍼트넘이 어떻게 허수아비 공격의 오류를 범하게 되는지 살펴보자.

"통 속의 뇌" 논변에 대한 퍼트넘의 마지막 그림은 다음과 같은 특성을 갖는다. 이 마지막 그림은 위의 그림에서 "실재세계"(오른쪽 그림)를 배제하고 통 속의 뇌만 남은, 그래서 그 통 속의 뇌 세계가 전부인, 그래서 통 속의 뇌가 있고, 통 속의 뇌에 "이미지 세계"가 주어지고, 그러한 "이미지 세계"에 근거해서 여러 발화들이 생겨나는 그러한 그림으로 이해된다. 그리고 이 "이미지 세계"에서는 모든 발화가

"이미지 속의"라는 수식어를 달도록 그렇게 설정되어 있다. 퍼트넘이 그린 마지막 그림을 완성하기 전에 우선 퍼트넘의 주장을 들어보자.

동일한 논법에 의하여 〈통〉이라는 말은 통 속 영어로 이미지 속의 통 또는 그와 관련된 어떤 것(전기 충격이나 프로그램상의 어떤 특징)을 지시하지 실재의 통을 지시하는 것이 아님은 분명하다. 통 속 영어로 〈통〉이라고 하는 것은 실재의 통과 아무런 인과 관계도 가지지 않기 때문이다. (두뇌들이 들어앉을, 적어도 한 개의 특수한 통은 있어야 할 것이니 이러한 의미에서는 실재의 통과 일종의 관계를 맺고 있다고 할 수 있다. 그러한 통, 즉 두뇌가 들어앉을 통이 만약 없다면 통 속의 두뇌들은 〈통〉이라는 말을 사용할 수 없을 것이기 때문이다. 그러나 이와 같은 관계는 통 속 영어로 된 모든 말의 사용과 그 하나의 특수 통 사이의 관계이지 〈통〉이라는 개별적인 말의 사용과 실재 통과의 관계는 아니다.) 마찬가지로 〈영양액〉도 이미지 속의 액 또는 그와 관련된 어떤 것을 지시할 뿐이다. 따라서 문제의 〈가능세계〉가 정말 현실세계로 되어 우리가 실지로 통 속의 두뇌라 한다면 <u>〈우리가 통 속의 두뇌〉라는 말로 의미하는 바는 우리가 이미지 속의 통에 들어 있는 두뇌라는 것일 것이다</u>. 그러나 우리가 <u>이미지 속의 통에 든 두뇌가 아니라는 점</u>도 우리는 통 속의 두뇌라는 가정의 일부를 차지한다. (다시 말하여 우리가 지금 〈환각을 일으키고〉 있는 것이 우리는 통 속의 두뇌라는 사실은 아니다.) 따라서 우리가 만일 통 속의 두뇌라 한다면 〈우리는 통 속의 두뇌이다〉라는 문장은 거짓이다. 따라서 그 문장은 (필연적으로) 거짓이다. [75](밑줄 밑 굵은 강조는 필자의 것)

---

75 퍼트넘(2002), 40–41.

이 주장을 그림으로 그리면 다음과 같다.

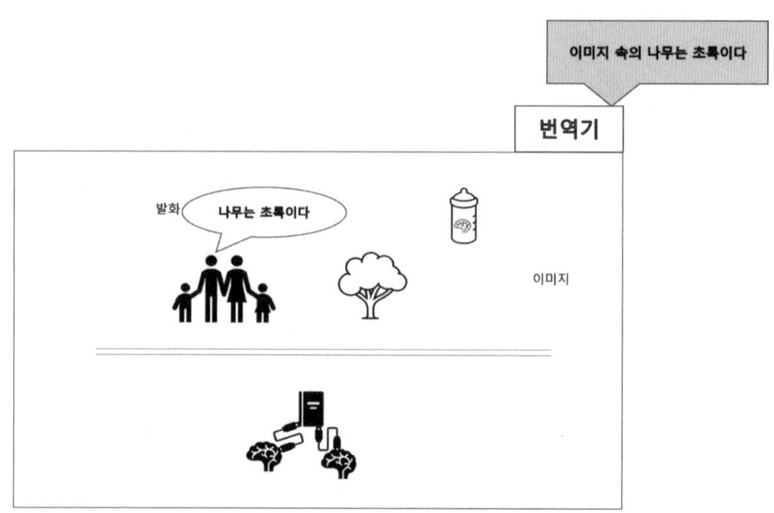

그림 6 퍼트넘이 마지막으로 그린 외부세계 회의론

이 그림은 우리가 외부세계 회의론이라고 불렀던 그림([그림2])과 많이 다르다. 가장 큰 차이점은 외부세계 회의론 그림에는 "실재세계"가 등장하지만, 퍼트넘이 그린 외부세계 회의론 그림에서는 "이미지 세계"가 등장한다는 것이다. "이미지 세계"에서의 모든 발화는 "실재세계"에서의 모든 발화와 질적으로 동일함에도 불구하고, 그 지칭 역할에 있어 큰 차이가 있다. 같은 문장이 발화되더라도 "실재세계"에서의 문장은 "실재세계"의 사물들을 지칭하지만, "이미지 세계"에서의 문장은 "실재세계"의 사물들을 지칭하지 못한다. 그래서 "이미지 세계"에서의 모든 발화들은 허구적 성격을 갖는다. "이미지 세계"에서의 모든 발화들은 번역이 필요한데, 그러한 번역의 규칙은 다음과 같다. "나무는 파랗다"라는 문장은 "이미지 속의 나무는 파랗다"라는 문장으로 번역이 된다. 퍼트넘에 따르면, "이미지 세계"에서 "나무는 파랗다"라는 문장은 통 속 언어(통 속 영어)로서, "이미지 속의 나무는 파랗다"라고 번역이 되어야 한다("〈우리가 통 속의 두뇌〉라는 말로 의미하는 바는 우리가 이미지 속의 통에 들어 있는 두뇌라는 것일 것이다.")

퍼트넘이 마지막으로 그린 외부세계 회의론 그림은 애초에 제기된 외부세계 회의론 그림과 완전히 다르다. 퍼트넘이 세팅해 놓은 새 그림에는 "실재세계"가 사라지고 "이미지 세계"만 남아 있다. "실재세계"와 "이미지 세계"는 그 표현에 있어서만 다른 것이 아니다. 이 두 세계는 그 성격에 있어 완전히 다르다. "실재세계"에서의 모든 발화는 액면가 그대로 이해된다. 그래서 "나무는 파랗다"라는 발화가 발생하면, 이 발화는 액면가 그대로 "나무는 파랗다"로 이해된다. 반면 "이미지 세계"에서의 모든 발화는 번역이 필요하다. "이미지 세계"에서 "우리는 통속의 뇌이다"라는 발화는 무조건 "우리는 이미지 속의 통 속의 뇌이다"로 번역되게끔 세팅되어 있다. 비유적으로 보자면, 이 "이미지 세계"에는 가상의 번역 시스템이 달려 있다. 이 번역 시스템은 그 세계에서 일어나는 모든 발화를 체계적으로 번역한다. 그 세계에서 "나무는 파랗다"라는 발화가 발생하면, 그 발화는 번역 시스템에 의해 "이미지 속의 나무는 파랗다"로 번역된다. 그래서 "우리는 통 속의 뇌이다"라는 발화는 자동으로 "우리는 이미지 속의 통 속의 뇌이다"라고 번역된다.

퍼트넘의 최종 주장은 다음과 같다. "통 속의 뇌 논변"의 전제 중 하나는 "우리는 정말로 통 속의 뇌이다"라는 것이다. 그런데 "이미지 세계"에서 "우리는 통 속의 뇌이다"라는 발화는 실제로 "우리는 이미지 속의 통 속의 뇌이다"로 번역된다. 따라서 둘 중 하나는 거짓이다. 다음의 두 가지 명제가 있다. 하나는 "우리는 정말로 통 속의 뇌이다"이고, 다른 하나는 "우리는 이미지 속의 통 속의 뇌이다"라는 명제이다. 이 둘은 동시에 참일 수 없다. 하나가 정말로 참이라면, 다른 하나는 거짓이 된다. 그런데 "통 속의 뇌 가설"에서 "우리는 정말로 통 속의 뇌이다"라는 명제는 전제로 설정되어 있어서 참이라 간주되고 있다. 따라서 "우리는 이미지 속의 통 속의 뇌이다"라는 명제는 거짓이라는 것이 퍼트넘의 주장이다. 이것이 바로 "우리는 통 속의 뇌이다"라는 가설이 스스로를 논파하는 가정이라는 퍼트넘 주장의 핵심 내용이다.

퍼트넘은 자신이 최초로 그린 외부세계 회의론 그림에서 "실재세계"를 설정해 놓았다. 그리고 여러 그림을 그려 나가면서 자신의 "지칭에 관한 인과적 제약 이론"을 설명해 낸다. 그러한 지칭에 관한 인과적 제약 이론을 설명하면서 그는 애초에 자신이 그려낸 외부세계 회의론 그림을 변형시켜 나가는데, 그렇게 변형시켜 나가는 과정을 통해 자신의 최종적인 그림에 도달한다. 그런데 그 최종적 그림에는 애초에 설정되어 있던 "실재세계"가 빠지고 대신 "이미지 세계"가 그려져 있다. 그 "이미지 세계"에서의 모든 발화들은 "이미지 속의"라는 수식어를 다는 방식으로 번역되게끔 설정되어 있다. 퍼트넘은 외부세계 회의론 그림을 완전히 바꾼 것이다. 그리고 이렇게 완전히 바뀐 그림을 이용해 외부세계 회의론 비판에 대한 자신의 논증을 완성한다. 이것은 허수아비 공격의 오류이다. 퍼트넘은 논파하기 어려운 "외부세계 회의론" 그림을 논파하기 매우 쉬운 "이미지 세계 회의론" 그림으로 바꾼다. 그 그림에서 모든 발화는 "이미지 속의"라는 수식어가 붙는 문장으로 번역된다. 그렇게 그림을 완전히 바꾸고 나서 퍼트넘은 "우리는 통 속의 뇌이다"라는 전제와 "우리는 이미지 속의 통 속의 뇌이다"라는 명제를 충돌하게끔 만든다.

이러한 과정은 정당한 것인가? 외부세계 회의론은 "실재세계"의 모습을 설정하고 있다. 우리는 그러한 가능성에 대해 상상한다. 우리가 실재라고 부르는 이 세계가 사실은 어느 과학자의 장난에 의해 조작된 가상의 세계는 아닐까? 이것은 적어도 철학적으로는 심각한 문제의식이다. 그런데 퍼트넘은 이러한 "실재세계"를 "이미지 세계"로 바꾸어 놓고 자신의 결론에 다다른다. "실재세계"는 몸을 가진 우리를 포함하는 세계이다. 우리는 이 세계에 놓여, 외부세계 회의론에 대해 걱정한다. 그런데 퍼트넘이 그린 최후의 외부세계 회의론에는 우리가 걱정하는 그러한 "실재세계"는 사라지고 "이미지 세계"만 남는다. 그리고 그 "이미지 세계"에서의 모든 발화는 "이미지 속의 나무는 파랗다"라는 식으로 번역된다. 우리가 우리 세계를 바라보며 "나무는 파랗다"고 발화할 때, 그 발화가 "이미지 속의 나무는 파랗다"로 자동번역된다는 것이 외부세계 회의론 가설 그 어느 곳에 설정되어 있는가? 퍼트넘은 외부세계 회의론이 주장하지 않는 사실을 자신의 외부세계 회의론 비판에 이용하고 있다. 모든 발화가 "이미지 속의"라는 수식어를 달게끔 되어 있는 그러한 외부세계 회의론을 우리가 왜 심각하게 받아들여야 하는가? 퍼트넘이 최종적으로 그려낸 외부세계 회의론은 자신이 애초에 그려낸 외부세계 회의론과도 다르며, 전통적으로 제기되어 온 외부세계 회의론과도 다르다. 퍼트넘은 외부세계 회의론 그림을 깨기 쉬운 그림으로 바꾼 다음, 이를 철저하게 공격하고 있다. 이것은 오류이다.

우리가 사는 "실재세계"를 "이미지 세계"로 바꾸며 자신의 논변을 완성한 퍼트넘은 허수아비 공격의 오류를 범하고 있는 것이다. "실재세계"에서의 모든 발화는 액면가 그대로 이해되어야 한다. 그런데 퍼트넘은 "실재세계"를 없애고 그것을 "이미지 세계"로 바꾸면서, 모든 발화에 대해 그것들이 "이미지 속의"라는 수식어를 달도록 만들었다. 이러한 "이미지 세계"가 있을 수도 있다. 그러나 우리가 외부세계 회의론이라는 철학적 주제에 대해 걱정하면서 고민하는 세계는 이러한 "이미지 세계"가 아니다. 내 모든 발화가 "이미지 속의"라는 수식어가 붙는 발화로 번역되는 그러한 "이미지 세계"는 내가 걱정하는 외부세계 회의론 그림에는 없다. 애초의 외부세계 회의론 그림은 이렇게 너무 많은 변형을 겪게 되었다. 이것은 깨기 어려운 그림(논증)을 매우 깨기 쉬운 그림(논증)으로 바꾼 다음, 쉬운 방식으로 공격하는, 전형적인 허수아비 공격의 오류 사례이다.

외부세계 회의론을 격파하기 위해 퍼트넘이 전개한 논증은 정당한 부분도 포함하고 있다. 필자는 "지칭의 인과적 제약 이론"이 의미와 지칭의 문제에 있어 유일하게 옳은 이론이라 생각하지는 않지만, 이 이론이 매우 중요한 통찰을 제공한다고 생각한다. 그러나 외부세계 회의론을 격파하기 위해 퍼트넘이 전개한 논증은 아주 부당한 부분도 포함하고 있다. 바로 외부세계 회의론을 허수아비로 만드는, 허수아비 공격의 오류를 포함한다는 점이다. 따라서 만약 퍼트넘의 논증이 이러한 오류를 포함하고 있다면, 그의 외부세계 회의론 공격은 실패이다. 그래서 외부세계 회의론은 여전히 살아남는다. 퍼트넘의 논변이 실패로 끝나는 만큼, 우리는 통 속의 뇌일 수도 있는 것이다.

결론

　외부세계 회의론이라는 주제는 매우 오래된 철학적 주제이다. 퍼트넘은 이러한 회의론을 깨기 위해, 자신이 고안한 통 속의 뇌 가설을 소개한 후, 이를 개념적으로 깨기 위한 논증을 펼친다. 퍼트넘이 펼친 논증은 "지칭의 인과적 제약 이론"에 많이 기대고 있다. 필자는 "지칭의 인과적 제약 이론"이 어느 정도의 통찰력을 가지고 있다고 생각한다. 그런데 이 이론이 외부세계 회의론을 깨기 위해 사용되는 방식에 있어서 만큼은 문제가 있다고 생각된다.

　퍼트넘의 논변은 외부세계 회의론 그림을 여러 방식으로 달리 그려가면서 펼쳐진다. 이 모든 그림에서 "지칭의 인과적 제약 이론"은 외부세계 회의론이 제기하고 있는 "실재세계"를 약화시키기 위해 사용되고 있다. 그렇게 해서 원래의 외부세계 회의론이 제기하는 "실재세계"는 결국 "이미지 세계"로 약화되도록 퍼트넘의 논변은 흘러가게 된다. "실재세계"와 "이미지 세계"는 무슨 차이가 있는가? 여기에는 큰 차이가 있다. "실재세계"에서의 모든 발화는 액면가 그대로 이해되도록 설정되어 있다. 반면 "이미지 세계"에서의 모든 발화는 "이미지 속의"라는 수식어를 달도록 설정되어 있다. 그래서 "이미지 세계"에서의 "나무는 파랗다"라는 발화는 "이미지 속의 나무는 파랗다"로 번역되도록 설계되어 있다. 이것은 원래의 외부세계 회의론 그림을 심각하게 훼손하는 것이다. 내가 살고 있는 이 세계가 "이미지 세계"로서, 나의 모든 발화는 "이미지 속의"라는 수식어를 달도록 되어 있는가? 이러한 주장은 원래의 외부세계 회의론 그 어느 곳에도 포함되어 있지 않은 주장이다. 이렇게 원래의 외부세계 회의론을 심각하게 훼손한 후, 퍼트넘은 자신이 외부세계 회의론을 깼다고 주장한다. 이것은 전형적인 허수아비 공격의 오류이다. 퍼트넘의 논변은 결국 실패로 돌아가는 것으로 보인다.

참고문헌

※ 원전의 경우 약어로 표현

고인석(2015), 「개념의 개념: 퍼트남과 버지의 외재주의」, 『철학논총』, 새한철학회.

김준영(2022), 「라이프니츠와 공가능성의 퍼즐」, 『哲學』 Vol.- No.150, 한국철학회.

노양진(2000), 「실재론과 반실재론을 넘어서」, 『철학적분석』, 한국분석철학회.

라이프니츠(2010), 윤선구 역, 『형이상학 논고』, 아카넷, 서울.

마이클 루(2010). 『형이상학 강의: 전통 형이상학에 대한 분석적 탐구』, 박제철 역, 아카넷.

모리스 클라인(1984), 박세희 옮김, 『수학의 확실성』, 민음사.

박정하(1999), 「칸트와 흄의 인과 이론」, 『칸트연구』, 한국칸트학회.

박제철(2009), 「라이프니츠 철학의 결정론적 성격-가능세계와 개체의 통세계적 동일성」, 『철학』
　　　한국철학회, pp. 81-107.

______(2013), 『라이프니츠의 형이상학』. 서울: 서강대학교 출판부.

______(2014), 「흄의 인과성 주장에 대한 해석적 모델과 그에 대한 옹호」, 『과학철학』, 한국과학철
　　　학회.

______(2018), 『딜레마의 형이상학』, 세창출판사.

라이프니츠 & 아르노, 이상명 역, 『라이프니츠와 아르노의 서신』, 아카넷, 서울, 2015.

서정선(1990), 「퍼트남의 실재론적 진리 개념」, 『철학』, 한국철학회.

선우환(1993) 「양상 의미론과 부사구 수식의 문제-루이스의 상대역 이론과 양상 의미론의 또 다
　　　른 대안」. 서울대학교 철학과(1993) pp. 141-194.

송하석(2007), 「라이프니츠의 진리론과 충족이유의 원리」, 『철학적 분석』, 한국분석철학회.

신상규(2006), 「우리가 매트릭스 속에 살고 있다면」, 『헤겔연구』.

양선이(2010), 「새로운 흄 논쟁」, 『철학연구』, 88, 163-201.

오종환(1990), 「일관성있는 내적 실재론을 향하여-퍼트남의 의미론 비판」, 『철학과 현실』, 철학문

화연구소.

원승룡(2019), 「근대적 인과율의 해석에 대하여」, 『용봉인문논총』, 55권, 전남대학교 인문학연구소.

이남원(1995), 「칸트의 인과율 증명에 관련된 "Non Seuitur" 논쟁」, 『철학연구』, 55, 69-85.

이상명(2012), 「연속 합성의 미로: 아리스토텔레스와 라이프니츠에 있어 무한 분할의 문제」, 『철학』, 제111집.

이상원(2013), 「내재적 실재론과 비실재론」, 『철학논집』.

이영철(1986), 「H. 퍼트남에 있어서 이해와 진리」, 『哲學』, 韓國哲學會.

이중원(2002), 「내재적 실재론의 비판적 옹호」, 『哲學硏究』, 철학연구회.

퍼트넘(2002), 김효명 역, 『이성, 진리, 역사』, 민음사.

A: Leibniz, Gottfried Wilhelm, *Sämtliche Schriften und Briefe*, ed. Akademie Verlag, Berlin, Akademie Verlag, 1999.

Adams, R. M.(1994), *Leibniz: Determinist, Theist, Idealist*, New York/Oxford.

Aristoteles(1963), *Categories and De Interpretatione*, Trans. J. L. Ackrill, Oxford Univiersity Press.

Arthur Lovejoy(1906), "On Kant's Reply to Hume", *Journal of Philosophy, Psychology and Scientific Methods* 3.

Blackburn(2007): "Hume and Thick Connections", *Philosophy and Phenomenological Research* 50:237-250.

Blumenfeld(1981), "Leibniz's Theory of the Striving Possibles", in *Leibniz: Metaphysics and Philosophy of Science*(Woolhouse(1981), Oxford University Press.

Blumenfeld(1982), "Superessentialism, Counterparts, and Freedom", in Hooker(1982).

Couturat(1903), *Opuscules et Fragments inedits de Leibniz*, ed. L. Couturat, Paris.

______(1901), *La logique de Leibniz*, Félix alcan, Paris(reprint, Georg Olms Verlag.

Euclid, *Euclid's Elements of Geometry*, The Greek text of J.L. Heiberg (1883–1885), from Euclidis Elementa, edidit et Latine interpretatus est I.L. Heiberg, in aedibus B.G. Teubneri, 1883–1885, edited, and provided with a modern English translation, by Richard Fitzpatric.

David Davies(1997), "Why one shouldn't make an example of a brain in a vat", *Analysis* 57.1.

DMF: *Discours de métaphysique suivi de Monadologie et autres textes*. Edition établie, présentée et annotée par Michel Fichant, Paris, Gallimard, 2004.

Frankfurt, H.(1972) ed. *Leibniz: A Collection of Critical Essays*, New York.

Frémont: Leibniz, Gottfried Wilhelm, *L'être et La Relation*, Lettres de Leibniz á Des Bosses, ed. Christiane Frémont, Paris, J. Vrin, 1999.

G: Leibniz, Gottfried Wilhelm, *Die philosophischen Schriften*, ed. C. I. Gerhardt. 7 vols. Berlin, 1857-90; Reprinted Hildesheim, 1963.

Gracia, J. E.(1988), *Individuality. An Essay on the Foundations of Metaphysics*, State University of New York Press.

Grua(1948): "Leibniz, Gottfried Wilhelm", *Textes inédits d'après de la bibliothèque provinciale de Hanovre*, Ed. G. Grua, 2 vols, Paris.

Hooker(1982) ed. *Leibniz: Critical and Interpretive Essays*, University of Minnesota Press.

Ishiguro(1981), "Contingent Truths and Possible Worlds", in Woolhouse(1981).

_____ (1991), *Leibniz's Philosophy of Logic and Language*, Cambridge University Press.

Jolley, N.(1990) *The light of the soul*, Oxford.

K: I. Kant, *Kritik der reinen Vernunft*, Felix Meiner, 1956. 국역:『순수이성비판』, 백종현 역, 아카넷, 2006, BXXVII.

L: Leibniz, Gottfried Wilhelm, *Philosophical Papers and Letters*, Trans. L. Loemker, 2d ed. Dordrecht, 1969.

Le Roy: Leibniz, Gottfried Wilhelm, *Discours de métaphysique et correspondance avec Arnauld*, ed. Le Roy, Paris, J. Vrin, 1957.

Levey, Samuel(1998), "Leibniz on Mathematics and the Actually Infinite Division of Matter", in *The Philosophical Review* 107, 47-67

Lewis(1986), *On the Plurality of Worlds*, Oxford: Blackwell.

Lloyd, G.(1978) "Leibniz on Possible Individuals and Possible Worlds", *Australasian Journal of Philosophy* 56, 126-42.

Loux(1979), *The Possible and the Actual*, Edited by Michael J. Loux, Cornell University Press.

Mates, Benson(1968), "Leibniz on Possible Worlds", In *Logic, Methodology and Philosophy of Science*, Vol. 3. Amsterdam, 507-29; Reprinted in Frankfurt(1972), 335-64.

Mates(1986), *The Philosophy of Leibniz: Metaphysics and Philosophy of Language*. Oxford: Oxford University Press.

Messina/Rutherford(2009), "Leibniz on Compossibility", in *Philosophy Compass* 4(6): 962-977.

Monadologie: Leibniz, Gottfried Wilhelm, *Principes de la nature et de la grâce fondés en raison. – Principes de la Philosophie ou Monadologie*. Paris, PUF, 1954

Moore(2013), *G.E. Moore: Selected Writings*, Routledge.

Parkinson(1965), "Logic and Reality", in *Leibniz's Metaphysics*, Oxford.

______ (1966), *Leibniz: Logical Papers*, ed. and trans. G. H. R. Parkinson, Oxford.

Plantinga(1974), *The Nature of Necessity*, Oxford University Press.

Putnam(1981), *Reason, Truth and History*, Cambridge University Press.

Rauzy : Leibniz, Gottfried Wilhelm, *Recherches générales sur l'analyse des notions et des vérités*, Paris, PUF, 1998.

Rescher(1981), *Leibniz's Metaphysics of Nature: A Group of Essays*, D. Reidel Publishing Company.

Russell(1937), *The Philosophy of Leibniz*, 2nd ed. London, George Allen & Unwin LTD.

______ (1900), *The Philosophy of Leibniz*, Cambridge University press, Cambridge.

Schrecker: Leibniz, Gottfried Wilhelm, *Opuscules philosophiques choisis*, Paris, J. Vrin, 2001.

Strawson(2007): "David Hume: Object and Power", *The New Hume Debate*.

T: Hume, D., *A Treatise of Human Nature*, ed. L. A. Selby-Bigge, 1775, Oxford.

TH: *Essais de théodicée, sur la bonté de Dieu, la liberté de l'homme et l'origine du mal*, chronologie et introduction par J. Brunschwig, Flammarion, 1969.

The Labyrinth of the Continuum: Writings on the Continuum Problem: Leibniz, *The Labyrinth of the Continuum: Writings on the Continuum Problem*, 1672–1686, trans. ed. and with intro. by Richard T. W. Arthur, New Haven and New York, 2001.

Ward(1986), "On Kant's Second Analogy and his Reply to Hume", *Kant-Studien;* Jan 1,; 77, 4; Periodicals Archive Online pg. 409.

Wiener(1951), *Leibniz: Selections*, ed. and trans. P. P. Wiener, New York.

Woolhouse(1981), *Leibniz: Metaphysics and Philosophy of Science*, Oxford University Press.

https://youtu.be/ENbBfGXRxOU